SEITAI

Laura López Coto

SEITAI

Inteligencia vital

El descubrimiento japonés para cultivar tu salud y mejorar tu vida

Prólogo de Katsumi Mamine Miwa

edaf

www.edaf.net

MADRID - MÉXICO - BUENOS AIRES - SANTIAGO
2022

Diseño de la cubierta e ilustraciones de interior: Marta Elza
Maquetación y diseño de interior: Diseño y Control Gráfico, S.L.

Editorial Edaf, S.L.U.
Jorge Juan, 68,
28009 Madrid, España
Teléf.: (34) 91 435 82 60
www.edaf.net
edaf@edaf.net

Ediciones Algaba, S.A. de C.V.
Calle 21, Poniente 3323 - Entre la 33 sur y la 35 sur
Colonia Belisario Domínguez
Puebla 72180, México
Telf.: 52 22 22 11 13 87
jaime.breton@edaf.com.mx

Edaf del Plata, S.A.
Chile, 2222
1227 Buenos Aires (Argentina)
edaf4@speedy.com.ar

Editorial Edaf Chile, S.A.
Avda. Charles Aranguiz Sandoval, 0367
Ex. Circunvalación, Puente Alto
Santiago - Chile
Telf: +56 2 2707 8100 / +56 9 9999 9855
comercialedafchile@edafchile.cl

Abril de 2022

ISBN: 978-84-414-4142-2
Depósito legal: M-5033-2022

PRINTED IN SPAIN | IMPRESO EN ESPAÑA

COFÁS

Índice

Capítulo 4

Capítulo 5

Sí, hubo épocas en que no solo me olvidé de quién era,
sino que a lo que yo era se le olvidó ser.

—SAMUEL BECKETT

Dedicado

A mis maestros Haruchika Noguchi y a Katsumi Mamine Miwa, este último lamentablemente fallecido el 14 de abril de 2020.

A Itsuo Tsuda, por servir como puente entre Oriente y Occidente y escribir libros maravillosos de los que se han alimentado muchos practicantes de lo espontáneo.

A Francisca Garrido, porque sus manos y sus enseñanzas trasmiten un Seitai genuino.

A Ricardo, mi compañero de vida.

A Araceli y Gonzalo, dadores y precursores de mi existencia.

A Yiannis Lymtsioulis por sus aportaciones creativas. A Anita, a David, a Carlos, a Charo, a Concha, a Beto, a Norma, a Nancy, a Rosa, a Kumi y a Ti, por acercarte y explorar el camino que ofrecen la cultura Seitai y su aliada, la inteligencia vital.

Y a cualquiera que encuentre en estas páginas algo realmente valioso para su vida.

Para ti

El Seitai te impulsará en cualquier actividad en la que estés involucrado, tanto íntima y personal como profesional. Te dará una nueva visión con la que enfocar tu empresa, tu creación artística, la relación con tus alumnos, con tus pacientes...

Te ayudará a mantener tu cuerpo en el eje y flexible si eres deportista, músico, actor, bailarín, deportista... Te dará una nueva perspectiva para comprender a los demás y a ti mismo...

El Seitai es el perejil que le va a todas las salsas, es la «ducha» orgánica para mantener fresco el vaivén de cada tejido que forma ese conjunto increíble y único del organismo que, en definitiva, eres tú.

Es tu herramienta vital de reseteo y renovación personal.

La fluidez vital está a punto de reentrar en tu vida.

¡¡Feliz lectura!!

Prólogo

Hace unos cinco años, una pareja de periodistas de Madrid, Laura López Coto y su marido, Ricardo Sanz, empezó a venir a Barcelona para asistir a los cursos que suelo impartir en verano y en invierno sobre la Cultura Seitai.

Al poco tiempo, me pidieron que los aceptara en mis clases de los miércoles, donde profundizo con gente que lleva mucho tiempo en este conocimiento. En ellas promuevo entrenamientos sobre cómo realizar el Seitai soho, la delicada pero muy necesaria orientación cultural de la salud y de la vida.

Aunque era poco tiempo el que llevaban visitando mi *dojo*, noté que ellos, que ya habían empezado unos años antes, ya tenían integrado el Seitai en sus vidas. Su deseo, y algo que mencionaré después, me movieron a aceptar.

Siempre arranco el curso de Observación Seitai en octubre, pero suelo hacer un encuentro previo el último miércoles de septiembre. Para mí es muy importante que la gente interesada venga ese día. La pareja así lo hizo, y a partir de entonces no faltó ni un solo día durante todo ese curso. Su asistencia fue regular, pero al año siguiente, por motivos suyos de trabajo, no pudieron venir ese último miércoles de septiembre, que yo tengo tanto en cuenta. Sin embargo, Laura se había ocupado de obtener la grabación de ese día, la había transcrito y encuadernado y me la hizo llegar. Me dijo que, a pesar de no haber estado presentes, de alguna manera sí lo habían estado.

Yo leí aquella síntesis en la que se reproducían mis palabras, adaptadas a la lectura.

Por lo visto, esa transcripción no era la única. Ella se dedicó a transcribir tanto el curso de Observación Seitai como los cursos largos de verano e invierno. Aquel trabajo metódico y silencioso, lleno de fotos, era de una gran calidad y podría resultar muy útil en el futuro para que lo leyeran otras personas. Fue entonces cuando descubrí que Laura tenía la capacidad de resumir, de una manera extraordinaria, un contenido muy muy complicado.

Me quedé impresionado con esos escritos. Laura lograba condensar lo que yo quería transmitir en todos esos cursos de Seitai que llevo ofreciendo desde hace muchos años.

Para mí estuvo muy claro que semejantes síntesis verbalizadas no eran la obra de cualquiera, sino de alguien que, antes de conocerme, ya comprendía lo más importante del Seitai. Es más, considero que antes de conocer el Seitai, ella ya buscaba algo profundamente innovador, como es esta cultura que profundiza en lo más fundamental de la existencia humana de una manera sencilla y natural.

Esto, que es tan sencillo y al mismo tiempo complicado, Laura lo hacía con una alta capacidad intelectual y sensitiva. Fue por eso por lo que pensé que ella podía colaborar conmigo en la redacción de un libro que yo llevaba dos años escribiendo: *El movimiento vital*. Consideré que ella podría no solo revisar mi castellano, sino proporcionar un estilo para una lectura más fluida.

Ella aceptó. Y al poco tiempo me empezó a enviar las incursiones que poco a poco iba realizando en mi obra. A mí me encantó la forma en la que ella lograba agilizar un contenido que, como ya he dicho, no es fácil.

Nunca me arrepentí de haberle confiado mi trabajo.

Con su gran ayuda, en noviembre de 2013 terminé el libro y se lo entregué a la editorial, junto con otros dos libros más. En diciembre me comunicaron que editarían los tres, pero que el primero que publicarían sería *El movimiento vital*.

En el libro faltaba el prólogo y se lo pedí a un catedrático de la Universidad Autónoma de Barcelona, Pere Godall, que me conocía desde hacía treinta años y que lo hizo muy bien, hablando brevísimamente del sentido general de la cultura Seitai. Justo cuando pensaba mandar a la editorial el libro con aquel prólogo, Laura me mandó una nueva transcripción, una síntesis de un curso que yo había impartido en el verano de 2013 durante una semana. Ese curso me lo había planteado como un reto, plasmando en él el contenido del libro que yo escribía por entonces. En esa síntesis tan extraordinaria, ante la que me quedé de nuevo impresionado, Laura había escrito una introducción, que también me gustó. Aquella coincidencia inesperada fue lo que motivó que pidiera permiso a Laura para poder usar aquel prefacio suyo como prólogo de mi obra *El movimiento vital*.

El libro salió en junio de 2014 y se hizo una presentación. Laura fue una de las personas que me acompañó y que formó parte, junto a otras, de las que hablaron sobre su experiencia y vivencia en esta extraordinaria cultura que ofrece el Seitai.

Pasado poco tiempo, Laura me mandó un manuscrito de unas ochenta páginas que estaba empezando a escribir, para ver si podía echarle un vistazo y para saber qué opinaba yo. Esta vez, Laura se había embarcado en la creación de su propio libro, el embrión del que hoy tienen ustedes entre manos. Casi nunca acepto este tipo de peticiones porque tengo mucho, muchísimo trabajo, y lógicamente son muchas las personas que vienen a mi *dojo*, pero en este caso acepté.

En un par de días le puse un mensaje y le dije que por favor siguiera escribiendo. El contenido de esas líneas era buenísimo... Así se lo dije.

¿Y por qué era buenísimo?

El Seitai es la gran obra de observación y descubrimiento que realizó un auténtico maestro, un gran sabio: Haruchika Noguchi (1911-1976). Él expuso algo totalmente innovador e imprescindible para la existencia humana, y que curiosamente hasta ahora resulta desconocido para la mayoría. Esto, que aún permanece oculto al conocimiento humano, es algo que no solo se puede demostrar de una manera vivencial, sino que se puede exponer de una forma teórica irrefutable.

Esta inmensidad es por fin accesible y hoy en día se puede exponer ante cualquiera.

El Seitai tiene dos vertientes: la del conocimiento inacabable, para aquellos que quieren profundizar, y la de lo aplicable a la vida más cotidiana de todo ser humano. Todo lo que encierra el Seitai es algo universal que puede ser realizado por cualquiera, sea cual sea su origen, su lengua, su edad, su extracción social...

Laura aporta lo que yo no podía realizar con mi torpe castellano, como japonés que soy. Ella les va a ofrecer un enfoque del Seitai muy serio, pero al mismo tiempo con un lenguaje vivo, realmente suelto y espontáneo, y de una manera inédita hasta el momento.

Es eso precisamente lo que percibí nítidamente en aquellas líneas que ella fue realizando a lo largo de cuatro años, antes de animarse a escribir su propio libro.

El trabajo de Noguchi abre infinitas puertas y exploraciones, y una de ellas es la formulación: hacer que sus descubrimientos inmensos lleguen al gran público y por supuesto a todas las áreas que están relacionadas con la salud, la educación, la cultura, las artes, la ciencia...

Estas páginas vienen a incrementar esa posibilidad de transmisión, porque el Seitai es algo precioso que tiene mucho que aportar a la cultura humana y que merece ser conocido. El libro de Laura aúna ese deseo mío de que cada vez haya más personas que integren esta maravilla en sus propias vidas.

Es por eso por lo que la he animado mucho a continuar y terminar su obra. Durante el proceso de escritura de este libro, ella siempre me ha tenido al tanto, por si consideraba necesario realizar algunas correcciones. Pero realmente no ha sido mucho lo que he tenido que sugerir modificar.

Laura desarrolla en todo momento sus exposiciones tomando lo más esencial del Seitai de una manera intachable.

Esto viene a ser un nuevo impulso para que la extraordinaria cultura de la vida y de la salud pueda tener su merecida difusión.

De todo el libro, en realidad, solo había una cosa que me preocupaba. Laura me dedica bastantes páginas, algo que considero que sería bueno reducir. Un libro de Seitai tan ágil y entretenido, a mi entender, puede correr el riesgo de resultar pesado hablando tanto de mí. Así se lo comuniqué, pero realmente en esto no me ha hecho ningún caso.

Solo me resta sugerirles que se dejen impregnar por este prodigio llamado Seitai. Van a quedar fascinados por todo lo que contiene este libro, que no es otra cosa que lo descubierto por el gran maestro H. Noguchi durante el siglo pasado.

Me alegro mucho de que se exponga de esta manera por primera vez y que ustedes tengan la oportunidad de acceder al Seitai a través de alguien que usa el mismo idioma que ustedes.

Para mí, esto resulta un gran acontecimiento...

KATSUMI MAMINE MIWA (Tokio 1944 - Barcelona 2020)

Alumno de la Cultura Seitai desde 1944. Alumno y transmisor Seitai desde 1972

Barcelona, 3 de enero de 2015[1]

---

[1] Mamine trabajó incesantemente en su *dojo* de República Argentina desde 1972 hasta marzo de 2020, fecha en la que se decretó el confinamiento de la población por la pandemia del COVID-19. Solo un mes más tarde, falleció.

Antes de nada
El principio del botón mal abrochado

Mi nombre es Laura López Coto y soy periodista. Hace más de 20 años empecé una investigación vital sobre Seitai.

El Seitai es una cultura que engloba todos los descubrimientos trascendentales que hizo en el siglo pasado Haruchika Noguchi (Japón, 1911-1976). Sus hallazgos son la revelación y constatación de que hay un botón mal abrochado. A la cultura humana, tanto en Oriente como en Occidente, se le ha escapado algo fundamental: la observación de la vida a través de la manifestación espontánea del movimiento. Cuando se tenga en cuenta esta perspectiva, empezará a encajar todo lo que ahora mismo no encaja.

El Seitai abre un nuevo paradigma para comprender la salud, la educación, las relaciones personales, la empresa... para vivir en una sociedad más acorde y ajustada al ser humano.

Sus conocimientos abarcan todo lo vital y lo cultural en que estamos implicados cada uno de nosotros.

Sí, a nosotros que somos tan inteligentes, que somos tan listos, a nosotros que queremos desentrañar todos los misterios, incluidos esos reductos reservados a la poesía y al amor, se nos ha pasado por alto la importancia del movimiento y de su inteligencia vital. Se nos ha escapado observar cómo ese movimiento se estructura en todo momento para hacer que la vida se cree, se manifieste y, en definitiva, viva.

Desde el principio tuve claro que en todo esto había algo maravilloso y que lo tenía que transmitir, compartir... Sin embargo, a pesar de ser algo muy sencillo y que se podía vivir instantáneamente, su traducción en palabras era muy complicada. Su comunicación era muy difícil, incluso con las personas más cercanas. Mis amigos, mi familia siempre me miraban como si les estuviera hablando de una cosa realmente extraña. Y es normal que pensaran eso. Intentaba transmitirles algo viejo, pero totalmente renovado. La tendencia general, era compararlo con otras cosas ya existentes creadas por el ser humano. «¡Ah, eso es como...!». Pero no, no era como nada, y sin embargo incluía todo.

Al final, incapaz de comunicar lo que yo vivía, opté por callar.

Y así pasó un tiempo hasta que tuve la suerte de encontrarme a alguien que se había topado en el pasado con el mismo problema. Katsumi Mamine, un japonés discípulo de Noguchi y afincado en Barcelona, llevaba cuarenta años investigando la manera de transmitir el Seitai. Para ello se había embarcado en el estudio de la ciencia y en comprobar empíricamente que cada aportación y descubrimiento realizados por Noguchi tenían una demostración científica.

Su sorpresa fue que todo eso tan transcendental aparecía en cada uno de los datos de la ciencia, pero desperdigado, no como un conocimiento ordenado. Nadie lo estaba teniendo en cuenta. Algo tan claro y evidente solo ha sido capaz de observarlo un único ser humano: Haruchika Noguchi.

El trabajo de Mamine me dejó estupefacta. Por fin tenía herramientas para comunicar el Seitai. Sus libros son una maravilla, y servirán para contrastarlos con investigadores y personas de ciencia.

Yo he tomado todo esos conocimientos ordenados y los he expuesto con un lenguaje accesible para cualquiera, incluso para los que están fuera del ámbito Seitai o científico.

Deseo que este libro te sugiera una hoja de ruta vital, un kit salvavidas con el que abrirte a lo espontáneo. Que la salud y la vida plena surjan. Que la salud y la educación sean una consecuencia, no una meta.

Espero, sinceramente, que disfrutes leyendo como yo he disfrutado escribiendo sobre la inconmensurable e ignorada Inteligencia Vital.

Capítulo 1
Comienza el viaje

Antes de partir, ¿te has asegurado de hacer un equipaje inteligente...? Ojos nuevos, vida nueva

> Los analfabetos del siglo XXI no serán aquellos que no sepan leer y escribir, sino aquellos que no puedan aprender a desaprender y a reaprender de nuevo.
>
> —Alvin Toffler (doctor en leyes y ciencia)

CI... IE... IA... ¿Alguien está teniendo en cuenta la IV?

IV no es un número romano. Ni el siglo en que Constantino estableció Bizancio como capital de su imperio. IV es la fórmula que te creó. Es el ingenio que te mantiene vivo.

Es el método magistral con el que la vida opera en cada una de las áreas trascendentales de tu existencia. Es tu regalo de bienvenida a este mundo. Habitas en el misterio y lo sabes.

Sabes muchas cosas. Sabes que estás vivo, sabes que desde que naciste has tenido que aprender los códigos y normas que operan en la sociedad en que vives, has sabido identificarte, o no, con tu familia... Pero hay una información fundamental que late en el subsuelo y que aún no has descodificado: desconoces cómo has llegado hasta aquí.

Y es de ahí de donde manan todas las preguntas existenciales.

A día de hoy, aún no sabes por qué vives, cómo te mantienes vivo, cuánto tiempo podrás disfrutar de este estado de gracia que significa estar vivo...

Da igual, tengas respuestas o no, posees el chip del conocimiento, porque estás vivo gracias a la inteligencia.

¿A la inteligencia racional, planificadora y analítica que se desprende del resultado de tu cociente intelectual, hallado a través de una serie de test que determinan que tienes 140, 116 o 95...?

¿Es gracias a la inteligencia emocional, que sabe manejarse en un entorno social con más o menos habilidad, sorteando los problemas con cierto control emocional y empático...?

¿Es gracias a la inteligencia artificial desarrollada actualmente por la ciencia, que intenta dotar a los robots y a las computadoras de razón y de emoción?

¡No! Estás vivo gracias a la inteligencia vital.

La inteligencia vital (IV) está encriptada en cada una de tus células; está en ti y en la naturaleza; es la que te hace pensar, te empuja a actuar, te hace emocionarte, te pone en alerta y te defiende de cualquier peligro que te amenace, la que te inocula el deseo sexual. Es la que ha creado a tus hijos, creó a tus padres y te creó a ti. La que es capaz de responder a los estímulos internos y externos, manteniendo tu lugar en este mundo interrelacionado e intercomunicado.

IV es la inteligencia que te hace vibrar con lo profundo, que te hace sentir que no solo eres una *cara bonita*. Tú eres psique, eres funciones fisiológicas, eres energía, eres células... Eres sistemas orgánicos que actúan coordinadamente en cada momento. Eres ideas, eres acción, eres emoción, eres tu defensa, eres cada lance sexual. Siempre eres tú, actúe la inteligencia que actúe en función de los deseos y las necesidades vitales.

Todo ese engranaje inteligente coordinado hace que tu vida fluya. Es el talento que te mantiene con vida. Tu inteligencia es orgánica, impregna tu cuerpo entero. Está presente en todo tu organismo y su organización es integral.

¡Claro que eres razón y planificación! Eres un ser intelectual. Sí. Pero también eres un ser emocional. Y ser emocional no quita que seas un ser pragmático, y esa psique pragmática no te impide proteger lo que es tuyo o de los tuyos. Pero ¿estás obligado a mantener una psique defensiva en todo momento? No, porque también eres capaz de estremecerte ante un amanecer con la psique idónea para sintonizar con la vibración y conectar con tantos y tantos misterios que encierra la vida. Eres un ser de psique profunda, habilitado para imbricarte con los símbolos vitales que te colocan en disposición de apreciar el cosmos.

Y más vale que sea así y que hayas tenido la pericia de conservar todo ese universo de interrelación e interactuación engrasado, porque, si no, querrá decir que en algún momento te adentraste en el camino de la traición.

¿En qué momento empezaste a creer que tus habilidades intelectuales y filosóficas eran más poderosas que toda esa organización inteligente que hay en ti?

Recibimos muchas exigencias sociales, pero se nos ofrecen pocas *herramientas vitales*.

La mayoría de los mensajes que has heredado de esta cultura son unos conocimientos maravillosos, pero un poco alborotados. Y es que falta algo importantísimo. Falta coordinación.

Hay mucha gente haciendo cosas admirables, pero no hay, por expresarlo de una manera metafórica, un departamento con criterio global para cribar, organizar y extraer brillo a tanto conocimiento. Este departamento virtual tendría que estar dotado de un alto grado de inteligencia vital capaz de desechar lo inocuo. ¿Cuántos candidatos pasarían la prueba para integrar un proyecto tan ambicioso?

¿En cuánto calculas tu IIV, tu índice de inteligencia vital? Creo que muy pocos aprobaríamos las oposiciones, porque la mayoría nos hemos criado en el mundo de la ISC, la inteligencia social y cultural, y en esta todo vale y nada vale. El valor se mide según parámetros de cuantía económica. Vale mucho lo que no vale nada, y destruimos lo que vale mucho. Se pagan millones de dólares por un jarroncito chino de la dinastía Ming, mientras se arrasan bosques de árboles primigenios con miles de años de vida, verdaderas obras de arte de la naturaleza, sin que se nos mueva una ceja.

Un informativo recoge la increíble noticia de que abre sus puertas la feria de yates de Miami, donde podemos quedarnos boquiabiertos ante el lujo náutico que allí se exhibe. Sin embargo, no hay espacio entre los titulares, ni tan siquiera en los breves misceláneos, para el pobre leopardo nublado, extinguido de la faz de la tierra *in sæcula sæculorum*, amén.

Se considera un lujazo exclusivo pagar 3000 € por una botella de *champagne* etiqueta negra en una cama balinesa con derecho a sombrilla en una playa de Ibiza, y no se tiene en cuenta que un pozo en una aldea remota de África puede resucitar a una población sedienta, que incluye por supuesto a niños inocentes.

> Tenemos un desequilibrio orgánico porque carecemos de algo que sigue abundando en la naturaleza y que un día no muy lejano nos perteneció, pero que en la actualidad está alcanzando el mismo destino que deparamos al pobre y malogrado leopardo nublado: la inteligencia vital.

Nadie niega que hemos alcanzado cotas de conocimiento emocionantes, pero ¿realmente todo eso está dando como resultado un ser humano pleno?

Yo, sinceramente, lo que percibo es que hay una especie de inercia orientada a mantener unas estructuras que se tambalean desde hace tiempo. ¿Por qué nos empeñamos en mantener tremendos andamiajes cada vez más obsoletos y vacilantes?

¿Qué está impidiendo adaptarlos a las necesidades reales de cada uno de los individuos que integramos esta sociedad? ¿No es increíble que todo lo que hemos ido construyendo se haya convertido en algo tan pesado y tan difícil de manejar?

Percibo nuestra sociedad como un hipopótamo gigante, muy pesado y al mismo tiempo vacío. Su peso es tan enorme que lo arrasa todo, incluido algo fundamental y trascendente en la vida: la creatividad e iniciativa humanas.

¿Se debe el ser humano al hipopótamo? ¿Debe el ser humano ofrecerse en sacrificio a esa bestia que todo lo engulle y que cuando eructa devuelve un ligero vaho? ¿Es más importante esa estructura hercúlea que nosotros mismos? ¿Está el ser humano en un punto satisfactorio de crecimiento y desarrollo...? ¿Ofrece esa propuesta de *lifestyle* una vida plena?

Asistimos a un momento de avances fascinantes... Pero también somos los convidados de piedra ante muchos *retrocesos vitales*. La autodestrucción no parece un síntoma de evolución muy consciente. Nuestro presente es inquietante y nuestro futuro incierto.

¿Y qué es lo que nos está distorsionando de esa manera? El ruido. El exceso de ruido nos atonta. Si reducimos la estridencia y recuperamos la sensibilidad, si restablecemos el tono, la frecuencia, la intensidad, la melodía, respetando el ritmo de cada uno, quizá podamos empezar a separar el grano de la paja. Y para eso hace falta un lenguaje común y universal, unas bases que puedan sustentar todo este engranaje. Es necesario un eje recio, pero al mismo tiempo flexible y abierto, capaz de sintonizar todas las iniciativas humanas, tanto en lo colectivo como en lo individual.

Para ello es trascendental recuperar los conocimientos que nos proporciona la inteligencia vital. Detrás de esta expresión existe toda una inmensidad. Existe algo muy fresco, práctico y aplicable, que estoy segura que se tendrá en cuenta a partir de ahora.

Esa inmensidad es lo que voy a ofrecerte en este libro. Recibirás muchas referencias, pero no solo serán empíricas y demostrables intelectualmente. Todas esas reseñas las vas a poner en práctica y las vas a vivir. Vas a desenvolverte sin problemas en esta atmósfera tan creativa en la que se mueve sin corsés la inteligencia vital.

La IV está en ti y tú perteneces a la IV.

Se trata de retomar lo que trajiste incorporado en tu *kit vital*. La IV no es una técnica, ni un método. Supongo que ya te has dado cuenta. No todo lo que se nos ofrece como ciencia es ciencia, ni tampoco es salud todo lo que se nos dice que es saludable, ni es educación todo lo que se nos presenta como educación. No es cultura todo lo que se etiqueta bajo el epígrafe de cultura, ni son carencias todas las necesidades que se nos presentan como tales. Por lo tanto, tampoco gozan de un arraigo inmutable las estructuras, ni deben permanecer de puntillas, como algo indestructible. Lo que no se mueve es porque está muerto o porque nunca existió.

El término «vital» está engarzado en otro concepto fundamental, que es el de movimiento. Todo es movimiento. Estamos encaramados a una corriente imparable de movimiento. El movimiento renueva. El movimiento limpia, oxigena y refresca lo que está demasiado estancado. El movimiento es una brújula precisa y una fuente de conocimiento.

> La vida es movimiento... Movimiento vital. Y el motor del movimiento vital es la inteligencia vital... O viceversa... *Seitai*, cuerpo ordenado. Organismo en su punto. Capacidad de autorregulación.

¿No es un contrasentido vivir en la sociedad de la opulencia, la prevención, los avances... Y que cada día aparezcan nuevas dolencias, nuevos misterios y retos que resolver? ¿Por qué los centros de salud están llenos? ¿Realmente todos son enfermos? ¿Y si existiera interés en la creación de pacientes crónicos y dependientes para nutrir a uno de esos hipopótamos?

¿Es tan importante satisfacer las necesidades de los grandes laboratorios, aunque ello vaya en contra de las personas?

Construimos *castillos infranqueables* guiados por unos planos que se nos ofrecen como inapelables. Pero cuando terminamos de descargar el camión y de colgar la última cortina, nos damos cuenta de que no son confortables. Hace mucho frío allí. No sabíamos que intramuros están habitados por el abatimiento y el aburrimiento. ¡Pero cuesta tanto hacer una mudanza! ¿Y qué pasó con aquella persona enérgica y vital que puso la primera piedra de su morada? ¿Qué fue de la ilusión, de la curiosidad? No existe IV sin estos ingredientes.

Las señales de la vida nos resultan molestas. No queremos escucharlas, hasta que un día, ese runrún, esa letanía incómoda, deja de emitirse. La gota ya no cae fluida, sino que ha quedado atrapada en la estructura. Ese proceso calcáreo comienza una dinámica de inercia hacia el infinito, una metamorfosis pétrea hacia su condición de estalactita.

En realidad, el runrún es un tesoro que nos proporciona la naturaleza para llamar nuestra atención. Está hecho de un principio activo que genera conexiones puras con la vida real. Instintivamente, ese sensor almacena material vivo a modo recordatorio, y es nuestra herramienta para detectar e identificar lo que no va bien. Es el mejor aliado para dotarnos del vigor necesario con el que tomar decisiones vitales. Yo soy muy fan de lo molesto, porque suele ser el origen de todo cambio y evolución.

Hay cifras sobre todo tipo de *estalactitas*. Las más conocidas son las enfermedades y los desajustes: colesterol, tensión, catarros, juanetes, infartos... Morimos mayoritariamente porque colapsa nuestra actividad cardiorrespiratoria. ¡Toma, claro! Si el corazón se para y la respiración se detiene, por muy listos que seamos nos vamos de este mundo, sí o sí.

Pero, que yo sepa, ningún médico ha firmado un parte de defunción argumentando: «disfunción en la organización y coordinación de la inteligencia vital del fallecido, lo que ha provocado un grado de rigidez en sus órganos, vértebras, nervios, en definitiva, en sus células y psique, incompatible con la vida. Certifico que la muerte se produjo por estalactita del tipo B», con resultado de muerte en vida.

Tenemos los *tejidos vitales* encharcados de *ignorancia vital*.

¿No sería bonito recibir como condecoración última un parte de defunción en el que el médico certificara *muerte natural*? Morir así significa haber vivido.

Ahora estás más cerca porque vas a familiarizarte con la penta inteligencia vital. Este es el motor que pone en marcha, engrasa y coordina nuestro movimiento vital.

Vivir de espaldas a nuestra inteligencia vital nos ha conducido al error trágico de considerar que vivimos gracias a los controles médicos, a sus diagnósticos, a sus fármacos. Pero que no te engañen. Dispones de una capacidad natural que se puede desarrollar. La IV la puedes entrenar, afinar y sensibilizar. Y esa es la gran noticia. La IV se puede cultivar. Pero aquí no acaban las buenas noticias: la inteligencia vital se puede entrenar, afinar y sensibilizar de una manera muy fácil a través de la práctica del katsugen undo y el yuki. Y aún mejor: es gratis.

Tu yo cultural por fin va a conocer a tu yo espontáneo.

Las estanterías de las librerías están plagadas de títulos sentenciadores y convincentes: *Sé el amo de tu casa, y si puedes, de la de tu hermana también, Diez maneras de callar a tu suegro sin que tu pareja te abandone, 69 posturas que llevarán a tu perro al éxtasis, cuando lo cruces...*

Hay muchos textos que te prometen cambios de vida, crecimientos personales, etc. Pero el Seitai no es un invento, ni un método milagroso. Ni siquiera es un método. El Seitai es un descubrimiento a la altura de los grandes hallazgos humanos, como el fuego, la electricidad, la penicilina... El Seitai es trascendental.

La vida hace magia. Esto lo sabemos todos, pero hemos crecido en una cultura que no rinde culto a la vida espontánea y maravillosa. Sabemos que la vida vive. Pero ignoramos cómo existe y cómo hace para existir. Y ese es el gran descubrimiento de Haruchika Noguchi. Él desentrañó cómo la vida se organiza a través de una estructura precisa en cinco movimientos inteligentes.

¿Por qué es tan importante conocer la estructura de la vida? Para ello me he ido al significado de la palabra.

Estructura (sustantivo):

1. Conjunto de relaciones que mantienen entre sí las partes de un todo.
2. Modo de estar organizadas u ordenadas las partes de un todo.

Pues bien, la vida también maneja su propia estructura.

Toda inteligencia, toda función orgánica, toda función fisiológica, todo movimiento celular, toda energía, toda vibración, toda creación, toda convivencia, toda salud, todo, absolutamente todo fluye en un cosmos formado por cinco dimensiones. El Seitai es algo precioso que abarca una inmensidad inagotable de conocimiento y de vivencia. Todo tiene un orden y un rigor. Y eso es lo que nos espera a partir de ahora. Vamos a conocer cosas maravillosas.

La vida tiene su hoja de ruta. Dispone de su fórmula para hacer garabatos. Está a la vista, lo sentimos de manera intuitiva, pero por algo que aún no puedo comprender, nadie lo ha tenido en cuenta como conocimiento. Esto tan increíble y tan visible se nos ha pasado por alto a tooooodos los humanos, menos a uno.

Su nombre es Haruchika Noguchi (Japón, 1911-1976). Él ha regalado a la humanidad un conocimiento de tal envergadura, que variará para siempre el rumbo de las cosas.

El Seitai cambia nuestro enfoque. Tu inteligencia no está formada por una línea lógica entre A y B reducida a una cifra. Ni forma un plano, ni es tridimensional... Tu inteligencia no es solo racional, ni solo emocional. Tu inteligencia forma un cosmos en cinco dimensiones. Todas ellas configuran tu inteligencia vital. Y esa inteligencia vital espontánea incrementa exponencialmente tu inteligencia adquirida en tu cultura. Tu inteligencia vital es una esfera en cinco dimensiones en permanente diálogo con tu tan familiar inteligencia vestida y educada.

¿Y cómo vas a aprender de la IV?

Primero, tomando conciencia de su existencia, observándola, siguiendo su *lógica*. Admirando su sabiduría. Dejándote seducir por ella, liberando tu organismo de toda presión a través del movimiento vital espontáneo. Ese movimiento, espontáneo e inteligente y de una finura increíble, es el ardid que utiliza la vida para crear su gran obra.

La gran obra de la vida es su diversidad infinita; jamás repite creaciones. Vas a descubrir cómo vive tu vida, te dediques a lo que te dediques, vivas donde y con quien vivas, vivas de la manera en que vivas. El contenido de este libro se te abrirá si lo lees con el organismo entero, con todo tu ser. No esperes un manual. No esperes una técnica. No esperes un libro de autoayuda, aunque te ayudará. No esperes un libro de ciencia, aunque hable de ella. No esperes un método terapéutico, aunque tu concepto de salud cambiará radicalmente. No esperes un manual sobre cómo gestionar tu empresa, sobre cómo mejorar tu vida familiar y tus relaciones humanas en general, aunque sus referencias impulsarán todas ellas. No esperes una brújula para conseguir la felicidad y la paz interior. No busques, no esperes, y entonces... ¡Encontrarás!

Este libro encierra una cultura nueva que aporta herramientas vitales para aplicar a la vida cotidiana. Hasta ahora, creías que tu cabeza era tu gran valor, y su domesticación, tu éxito. Pero eso no es así. El látigo de domador de leones no sirve de nada, porque lo más importante de tu existencia lo has aprendido orgánicamente y tu intelecto ha tenido muy poco que ver en todas esas actividades.

Ese es el legado maravilloso de Haruchika Noguchi. Y ese legado tenía un problema hasta hace apenas dos años. No existía una formulación base. Y si ahora existe y puedo estar transmitiéndotela es gracias a un alumno suyo, Katsumi Mamine. Sus cuarenta años de estudio de la ciencia y sus casi sesenta años de aprendizaje del Seitai han dado como resultado una exposición brillante de todos esos hallazgos realizados por Noguchi en el siglo pasado.

Este libro es una exposición sencilla, accesible a cualquiera, con información intelectual y analítica; pero también dispondrás de prácticas para que empieces a vivir la experiencia.

Hasta el momento, este conocimiento estaba recogido en muy pocos libros, y solo unos cuantos están al alcance del público. No existe en la universidad (de momento), y nadie te lo podrá transmitir en su integridad, porque, como todo lo bueno, lo adquirirás enrolándote en la aventura. Solo tú, por ti mismo, podrás descubrir todas las maravillas que la vida ha preparado para ti.

> Es urgente recuperar la espontaneidad. Pretendemos que la vida no pase por nosotros, deseamos mantener un cuerpo impoluto. Sin embargo, la vida nos ha dado un cuerpo para gastarlo en el noble acto de vivir. Llegar al último aliento con un organismo hecho jirones que dejen el rastro inequívoco de haber vivido tendría que ser nuestro fin último.

¿De qué sirve un coche cubierto por una funda encerrado en un garaje? ¿De qué sirve una boca que no sonríe, unos ojos que no lloran, unas piernas que no caminan, un sexo que no vibra? ¿De qué te sirve vivir muriendo, encerrado en una burbuja de miedo? ¿De qué te sirve ser un listo paranoico y abrumado?

Cuando la IV entra en acción, lo hace orgánicamente, cósmicamente. La especialización está muy bien, pero está sobrevalorada. La IV te dará una visión sideral de la existencia. Todo aquello que se te antojaba estancado se revitalizará y entrará en una inercia muy diferente a la actual. Y como toda revelación, lo hará por sí sola. Nadie pudo indicar a Buda el camino hacia la iluminación. Ninguna madre puede adquirir el libro de instrucciones para gestar a su hijo. Tampoco ninguna farmacia te podrá vender supositorios de inteligencia vital.

La IV es como el aire, como el agua de los océanos: es imprescindible, y tan solo tendrás que tomarla. Si estás buscando un gurú o alguien que te solucione la existencia, este es tu sitio. Prepárate para tomar el papel protagonista, porque tú serás el gurú.

¡Aprender de uno mismo y de la creación! ¡Eso es poseer un alto índice de IV!

Ha sido así desde que naciste. Tus padres jamás pudieron enseñarte a parpadear, ni a respirar, ni cómo debías enamorarte, ni de quién... Pudieron intervenir en la elección de tu profesión, pero si de verdad esa elección no salió de tu deseo vital, por muy bien que te vayan las cosas, sentirás el odioso goteo de la frustración que te perfora lo profundo.

Nuestros padres y maestros podrían orientarnos no solo en cómo sobrevivir en el mundo de las cosas, sino a fluir en el mundo de la vida espontánea.

Tu vida trabaja por y para ti, y eso se puede cultivar. Ella es la alquimista. La vida es la que nos respira, la que nos digiere los alimentos que introducimos en nuestro estómago, la que se mancha las manos desechando cualquier sustancia tóxica y nociva que penetra en nuestro organismo... Todos estos acontecimientos cotidianos importantísimos y trascendentales los están realizando millones de inteligencias celulares organizadas por una maestra de ceremonias llamada inteligencia vital.

Vida. Es nuestro misterio más cotidiano. Vida, vida, vida.

¿Te animas a contar?

Seguro que en este libro sale más de mil veces.

Este libro te hablará sobre la vida y también de cómo se coagula esa vida. Y cuando la vida se coagula, se rebela, llamando nuestra atención en forma de enfermedad, de inquietud mental, de excitación infundada.

La vida no quiere maltratarnos, pero para que no nos maltrate, tenemos que tenerla en cuenta, escucharla y saber que vivimos en el milagro de la inteligencia vital. Vivir es un milagro. Quizá seas de los que creen en otras vidas, pero ¿hay algo más importante en este momento que vivir esta que nos ha sido regalada?

Todo lo vital es ameno y divertido. No existe el esfuerzo. Quien disfruta de su vida jamás se cansa, aunque trabaje veinte horas seguidas. La vida es perfecta. Cuando nos hacemos integrantes de la inteligencia vital, todo cobra sentido. Empezamos a disfrutar a tope. Ya no existimos como autómatas. Abandonamos esa entelequia de vivir en el futuro esperando el viernes, la jubilación, pagar la hipoteca...

Vivimos inmersos en miles de realidades: la que nos enseñaron en casa, la de la sociedad que nos ha tocado vivir, la que nos hemos creado nosotros mismos, la que tenemos en cada momento en función de la marea que estemos atravesando... Pero la realidad percibida no tiene nada que ver con la realidad que *realmente* es.

La inteligencia vital actúa como la música. Con algo básico crea lo irrepetible y lo único.

La música, por medio de siete notas. La IV, combinando de manera infinita cinco movimientos. Cinco psiques. Cinco mentes. Cinco talentos. Cinco grandes sistemas orgánicos. Cinco grupos celulares embrionarios. Cinco vibraciones energéticas. Cinco sentidos. Cinco dedos. Cinco lumbares.

En la vida no existe el plagio. Cada una es única e irrepetible. Cada vida posee una inteligencia propia. No tener en cuenta este gran principio vital solo genera frustración y encogimiento.

Aquello que percibías cuando eras niño es real, no era imaginación. Coordinación, que la vida fluya en un vaivén continuo que te lleve de tus inquietudes particulares a las colectivas... De tu mundo interior al cósmico...

No pierdas de vista esta *guía de viajes* vital tan especial y recurre a ella siempre que te apetezca, porque cada vez encontrarás algo nuevo.

Iniciamos viaje. Este tren tiene un origen y un destino.

Ya te has dado cuenta, ¿verdad? No se trata de un aséptico AVE. La alta velocidad, tan útil para los negocios, carece de valor para un viajero vital. Nos va mejor este tren sin asientos. Jugar requiere contacto con el suelo... Caminaremos descalzos por el vagón.

Nos revolcaremos... Sentiremos la piel húmeda, extenuada por el juego. Haremos el amor con la IV. Seremos, aunque sea por una vez, hedonistas. Seres ávidos, en busca del placer que proporciona la IV. Iremos haciendo paradas. Disfrutaremos del paisaje.

Y nos tocaremos...

Neceser de viaje y su artículo imprescindible: el *serum remove* con micropartículas de IV para recuperar la elasticidad

> El motor de la vida humana es la curiosidad. Cuando la vida está viva, la curiosidad se dirige hacia el movimiento de todo lo que existe. Pero si se encoge el impulso vital, esta se desvanece.
>
> La curiosidad es el punto de partida de toda creación. Esa curiosidad tiene que estar permanentemente estimulada en los niños, y el papel de los adultos es no estrecharla, sino dirigirla hacia la creación.
>
> La creación es la que impulsa al ser humano hacia una vida nueva y fresca.
>
> —Haruchika Noguchi
> (fundador del Seitai)

Organizar el neceser es la asignatura pendiente de cada viaje que inicio. Me propongo meter lo fundamental, pero no sé cómo, la bolsita acaba invariablemente como los mofletes de una ardilla que hace acopio de comida.

Para ir ligera, sin muchos botecitos inútiles, de momento voy a meter este producto multiuso llamado *serum* vital. Es el cosmético estrella para recuperar la elasticidad perdida. Elasticidad, tonicidad, plasticidad... Ese estado de gracia se da por la capacidad natural que tiene nuestro organismo de tensarse y relajarse gracias al vaivén. Cuando ese diálogo se interrumpe, los tejidos, sean celulares, vertebrales, orgánicos, psíquicos, energéticos, etc., pierden su vigor natural y nuestra mente se cubre de nubes. Estos *nublaos* afectan por igual a inteligentes y a botarates. Los *nublaos* nos igualan.

Este *serum* milagroso que hoy te presento es el kit hidratante que la vida nos ofrece para recuperar el tono fluido que tiene que existir entre tejidos y psique, entre energía y células, entre funciones fisiológicas y órganos.

La vida nos ha dotado de muchas inteligencias para que nuestra existencia navegue sorteando las numerosas turbulencias que se nos presentan en el camino.

Donde hay movimiento, hay vida. Donde hay fluidez, hay satisfacción. Creer que podemos anclarnos y flotar en un lago cristalino solo nos depara desengaños. Habitamos en un traje global compuesto por mente, órganos, células, canales energéticos... Tú no eres solo una cabeza inteligente, ni eres solo un ser espiritual, ni un montoncito de músculos perfilados en un gimnasio. Eres un conjunto inteligente y coordinado.

Y todos esos desequilibrios que hay en ti y que tanto desprecias son en realidad una reorganización sutil y muy perspicaz. La vida está evitando que el conjunto se desmorone. Seitai, «cuerpo ordenado». «Organismo en orden». Sus conocimientos y sus prácticas son los compuestos de tu *serum remover* con micropartículas de IV.

El Seitai puede cambiar tu vida... Si tú quieres. Es necesario disfrutar de un alto grado de deseo, y para identificarlo solo tienes que indagar en la desazón que tienes instalada. Ese malestar es el lenguaje que está utilizando tu inteligencia vital para llamar la atención de tu inteligencia racional. Tu razón no ha aceptado su rol vital, ha dado una especie de golpe de Estado y quiere volar sola, sin tener en cuenta al resto de inteligencias que también actúan en ti. Entonces utiliza tu remordimiento.

El deseo es la gran fuerza de la vida queriendo vivir.

Tu desazón está construida por un coágulo de inteligencia vital. Tu IV quiere que tu razón se involucre, que se coordine con todas esas inteligencias.

Entrégate al gustosísimo placer de penetrar en la ausencia de tiempo y de espacio. Esto liberará uno de los componentes activos fundamentales del *serum* de la inteligencia: la respiración. No lo veas como algo ceremonial y místico. Simplemente respira y disfruta de esa prodigiosa organización que te mantiene vivo. ¿Qué es realmente lo que te gusta de tu vida?

Discernir esto es un gran avance. Lo que te gusta es el tesoro que merece ser protegido. Estás solo. Y tu camino no es el de tu ex, ni el de tu empresa... Solo tú en tu camino, caminando solitariamente.

Seitai, Noguchi, katsugen undo, yuki, movimiento vital y espontáneo, ki, respiración pectoventral, Mamine, CVP, regiones, TPE, osei, estructura osei, taiheki, zensei...

Estos son mis avales... ¿Te suenan a *chino*? Pronto, muy pronto, todos estos conceptos formarán parte de tu realidad más cercana.

Capítulo 2
Origen

¡¡Pii!! ¡¡Viajeros al tren!! Seitai: la vida secreta de Adán y Eva

> Quien vive muere. Por eso vive. Pero no muere un buen día, sino que va muriendo a cada momento. El que ha vivido diez días, ha muerto diez días. Ría o llore, va muriendo. Hay quien vive cada instante de su vida despreocupadamente y quien vive eternamente preocupado, estrechamente atado a los intereses, a los conocimientos, al honor, a las alabanzas, al humor de los demás...
>
> Sin embargo, vivir una vida que realmente merezca la pena es lo que nos hace habitar cada instante. Es entonces cuando la vida se llena con el vivir: se ha emprendido el camino zensei, el camino de la vida plena.
>
> Solo existe el sueño profundo para los que actúan intensamente. Solo existe la muerte sosegada para los que así han vivido.
>
> —Haruchika Noguchi

Nunca sabremos en qué momento de la existencia el ser humano decide abandonar el paraíso, ni por qué.

Se nos habla de que en origen nos sentíamos libres y despreocupados. El único cometido que nos exigía la vida era vivir. Vivir con mayúsculas. Vivir la vida plena. Eso es algo que hoy en día mantienen todos los animales de la creación, salvo nosotros.

La inteligencia vital solo quiere una cosa: cumplir deseos vitales, y esos deseos nos nacen del organismo. El primer deseo que cumplimos es el de desarrollarnos. Una vez satisfecho el deseo vital de reproducción de nuestros padres al fundirse en el acto sexual, el óvulo y el espermatozoide inician el camino de su primera cita, su deseo de fusionarse. Ahí radica nuestro primer deseo vital. Esa primera célula se multiplicará y se multiplicará. Todo ello se desarrollará con una maestría precisa e increíble hasta que somos lanzados al mundo, impulsados por el deseo de abandonar ese espacio acuoso y silencioso en el que vivimos durante nueve meses. De repente, nos surge el deseo imperioso de nacer. Después, nuevos deseos irán diseñando las etapas de nuestro desarrollo. Con cada consolidación de nuestro ser, nacerá un deseo asociado a una psique.

En un momento determinado, nos surgirá el deseo de afirmar el cuello. Al levantar la cabeza, nuestros ojos empiezan a percibir el entorno. Nace nuestra inteligencia analítica, observadora y *curiosona*. En otro momento, tendremos el deseo de descubrir eso que hasta ese momento solo podíamos mirar. Ahora queremos desplazarnos y podremos hacerlo, porque nuestras células están consolidando nuestros hombros y nuestra capacidad motora que nos proporciona el poder impulsarnos hacia delante, primero con el gateo y luego dando los primeros pasos. Nace nuestra inteligencia pragmática y actora, la que es capaz de poner en marcha lo que la inteligencia analítica diseña.

Cuando el organismo empieza a demandar azúcar y otros nutrientes, es el momento de añadir variedad a la leche materna. La cuchara de la papilla es algo más que un instrumento para colocar el alimento en la boca del pequeño. Es también un juguete. La comida se transforma en una actividad divertida en la que se da la interrelación. Es papá haciendo el avión, ladeándose de un lado a otro haciendo eses. Es el bebé imitando, riendo e inventando monerías que divierten a mamá. Se nos revela lo útil que es la simpatía para conseguir lo que queremos. En el bebé nace la inteligencia emocional. Es la psique mediadora y comunicativa que nos acompañará de por vida y que desarrollaremos con más o menos talento.

Cuando la cintura se nos forma, podemos crear nuestras primeras barricadas. Nos nace el ego. Yo soy yo y tú eres tú. No somos solo un mundo de interrelación. También somos individuos. Nuestros juegos edifican territorios propios. Nos nace el deseo de defender lo nuestro. Que nadie nos toque las trincheras. Nos podemos retorcer y aprendemos a decir «no». Nace nuestra inteligencia defensiva y competitiva.

Al final de la lactancia, entre los quince y los dieciocho meses, se asienta la pelvis. Adquirimos la capacidad de concentrar la mente, hacia abajo y hacia dentro. Podemos observar abstraídos un reguero de hormigas faenando, un avión atravesando el cielo... Además, el asentamiento de la cadera nos da la base firme en la que sustentar el resto de la columna vertebral. Nos erguimos sin los bamboleos torpes que nos facilitaba nuestro impulso anterior, realizado desde los hombros. Es entonces cuando nos nace la conciencia.

Empezamos a percibir no solo el mundo de lo espontáneo, sino que también tenemos la capacidad de asimilar el entorno cultural, sus normas, su organización, etc. Nace nuestra inteligencia afectiva profunda. Es la psique que nos conecta con lo invisible, con lo que no se ve pero existe.

Y así podemos llegar al infinito, relacionando actividad celular, desarrollo orgánico y funcional, deseo vital y psique. Todo ello es lo que configura la inteligencia vital, profundamente relacionada con la habilidad natural que posee el movimiento vital. Cada etapa de la vida obedece a unos deseos vitales, y vivir acorde a esa vida es lo que nos proporcionará una vida plena.

Observar la vida. Respetar la vida. De una forma sencilla, aprendemos a comprendernos a nosotros mismos y a los demás. Reconocemos fácilmente que la mente analítica no es todopoderosa, y que hay otras actividades igual de importantes e inteligentes que nos hacen vivir.

El movimiento nos ordena y nos desordena. El término *Seitai* se compone de dos palabras japonesas: *sei*, 'orden' y *tai*, 'cuerpo'. *Sei* no define un orden cualquiera. En Japón, esta palabra se utiliza específicamente para referirse al orden escrupuloso que tiene que existir, por ejemplo, en una gran biblioteca. Imagina esa biblioteca maravillosa de *El nombre de la rosa*. Su orden es fundamental para que su función no se desbarate.

Cualquier cosa que se usa se desordena, incluido nuestro organismo. Entonces algunas partes del cuerpo quedan atrapadas por tensiones que llamaremos TPE, tensiones parciales excesivas.

Esos pequeños desplazamientos arrastran tejidos, atrapan nervios, endurecen tendones, ahogan órganos, modifican las funciones fisiológicas, etc. Y esa alteración del orden natural del organismo se traduce en malestar psíquico. Curiosamente, todos esos movimientos, respecto a los que vivimos ajenos, nos llegan a la consciencia en forma de malestar: «No sé lo que me pasa, pero no estoy bien»; «No tengo motivos, pero...».

Es sorprendente que algo tan común no suscite interés. Sobre todo en un momento en que las universidades del mundo dedican dinero, tiempo y esfuerzo a cosas como: «Un masaje rectal con los dedos cura el hipo», «Las tasas de suicidio se relacionan con la cantidad de música *country* emitida en la radio», o «Un científico estudia cómo fabricar una bomba gay para provocar la homosexualidad y así minar la moral y la disciplina de las tropas enemigas». Parece que este científico propone por primera vez aunar las dos propuestas, hasta ahora irreconciliables, de hacer el amor y no la guerra.

No es broma, ¿eh? ¡Hay miles! Detrás de estos enunciados se encuentran científicos prestigiosos. Estos estudios son tan numerosos, que una revista humorística otorga los premios Ig Nobel. Se entregan en la universidad de Harvard, y los galardonados acuden a recoger sus reconocimientos con todo orgullo. Los hay más serios. Hay uno que se plantea si los seres humanos de las *sociedades modernas* somos cada día más tontos. Y la investigación concluye: «Los occidentales hemos perdido catorce puntos de cociente intelectual de media desde la época victoriana».

> El Seitai es recuperar el orden natural del organismo, es retomar la cordura de la inteligencia vital. Es permitir que todos esos movimientos que intentan organizar nuestro organismo, incluso a veces con un aparente desequilibrio, recuperen su dinámica original.

¿Y cómo se restablece y se sensibiliza la coordinación vital? Pues de una forma muy simple. Las prácticas de Seitai son sencillas, fáciles, y cualquiera las puede realizar. Sin hacer nada, todo se hace. Y disfrutarás de ello, porque en este libro tienes todas las claves. La vida tiene una estructura y lo hace en cinco movimientos. Este es el meollo del asunto. La inteligencia vital está totalmente relacionada con el número cinco y con el movimiento vital. Y no es cábala ni numerología, es planteamiento empírico y demostrable, y su organización también.

Cinco movimientos, cinco sentidos, cinco dedos, cinco grandes sistemas orgánicos, cinco grandes psiques, cinco tipos de células, cinco cavidades óseas, cinco lumbares, cinco funciones fisiológicas fundamentales.

El Seitai, la salsa que le irá a todo a partir de ahora, nació en Japón y hasta allí nos vamos a ir.

¿Qué tal si nos vamos poniendo el kimono?

Primera parada: Haruchika Noguchi, un personaje histórico imprescindible

> Hay hombres que luchan un día y son buenos. Otros luchan un año y son mejores. Hay quienes luchan muchos años y son muy buenos. Pero están los que luchan toda la vida, y esos son los imprescindibles.
>
> —Bertolt Brecht

Yo para hablar de Haruchika Noguchi (Tokio, 1911-1976) hago mía esta frase del dramaturgo y poeta alemán Bertolt Brecht, pero me gustaría sustituir la palabra «lucha», por la palabra «descubrimiento».

> Hay personas que perciben un día y son necesarias. Hay otras que observan y tienen la sensibilidad de aportar avances sobre lo que otros han aportado y son muy necesarias. Sin embargo, hay otras que revolucionan el conocimiento humano y esas, esas son pocas... E imprescindibles.

¿Y quiénes son los imprescindibles? Pues los que con su genialidad nacida más allá del conocimiento aprendido en los libros, originada en un lugar inexplicable, son capaces de crear o aportar algo que anteriormente no existía. Crear no es fusionar.

Pocos son los que realmente hacen creaciones totalmente originales. Y hasta que aparece otro genio, la mayoría vamos fusionando lo que existe. Romper clichés no es fácil. Sin embargo, hay personas que lo logran casi sin proponérselo, y ofrecen a la cultura humana algo único, algo nuevo, algo fresco, algo realmente innovador. Si hay alguien que reúna todo esto, es Haruchika Noguchi.

Él descubre algo que ha estado ante nuestros ojos siempre, pero no se ha visto. Los hallazgos de Noguchi son a nuestra vida lo que las ideas al filósofo, las palabras al escritor o el juego a los niños. Nos ha legado el comienzo, la célula que por mitosis se reproducirá hasta el infinito. Sus hallazgos son conocimientos universales.

El origen del Seitai es japonés, porque Noguchi nació y vivió allí, pero no estamos hablando ni de una filosofía oriental, ni de una practica oriental que hay que dominar, ni de una técnica, ni de nada parecido.

El Seitai es oriental y occidental, porque conecta con la mismísima vida. El Seitai sabe apreciar de manera clara por qué vivimos, cómo vivimos, cómo se manifiesta la vida, cómo vive la vida y cuál es la inteligencia que la organiza. En gran parte, esa inteligencia está compuesta por la respiración espontánea, que establece un diálogo natural entre el pecho y el vientre. El resultado da un ser humano pleno que vive la vida plena: zensei. Con esta palabra, Noguchi quiso expresar lo que es vivir: la vida plena.

Una vida plena no es sinónimo de facilidad. Significa vivir la vida como merece y cumplir con todas sus necesidades vitales, teniendo la capacidad de responder a los estímulos, tanto internos como externos, con total precisión. Porque la vida es precisa y certera.

Sabe hacer. Sabe crear. Aprender de la vida y de su inteligencia nos coloca en el camino fascinante de existir en plenitud. No se trata de adquirir una técnica, ni de alcanzar la iluminación. Se trata de vivir la vida con sencillez. Y resulta que lo sencillo se ha vuelto complicado y lo complejo se nos ha convertido en algo natural.

Si observarnos a nuestro alrededor, curiosamente comprobaremos que vivimos un momento antizensei.

Somos seres creativos. Adormecer la creatividad mata la ilusión de vivir. Y creatividad era salir cada día a cazar para satisfacer el deseo de alimento que tiene nuestro organismo. Era salir a olfatear en busca del individuo más atractivo para disfrutar del amor y encontrar a la pareja adecuada para perpetuar nuestros genes. Era disfrutar de los relatos alrededor de una hoguera antes de ir a dormir. Era estremecerse ante un atardecer. Era vivir con una respiración en sintonía con el resto de la naturaleza. Era... Y es.

Cuantas más acciones surgen de nuestro propio impulso vital, más satisfechos nos sentimos. Nadie habla de volver a las cavernas, pero nuestra sociedad tiene que encontrar el equilibrio entre el progreso y el latir interior de cada ser. Sin deseo no hay vida.

El descubrimiento de Noguchi aúna cultura humana y vida, inteligencia humana e inteligencia vital, creación humana y creación vital. Noguchi fue sabio desde que era un niño porque tenía un don.

¿Qué tal un viaje a través del tiempo?

Señoras y señores, a su izquierda, orígenes y contexto histórico del Seitai

> El ser humano es el centro del mundo. Pero si lo observamos, nos daremos cuenta de que se ha sometido al reloj. Sufre sometido por las leyes y las instituciones, y es sacrificado en el altar de la ciencia. Sin embargo, no se trata de inventar un mundo nuevo, sino de romper la cáscara y de dar un primer paso con los propios pies. Entonces, el ser humano, que hasta entonces vivía incómodo en su encierro, se descubrirá bañado por un sol resplandeciente. ¿Por qué no abandonar esa cáscara en la que siempre se está discutiendo o soñando? ¿Por qué no romper esa cáscara? Ahora es el momento.
>
> —Haruchika Noguchi

El 1 de septiembre de 1923, Japón sufrió uno de los mayores terremotos vividos en el país, solo comparable con el terrible tsunami acaecido en 2011. Su magnitud de 7,8 grados en la escala Richter destruyó por completo la ciudad portuaria de Yokohama y afectó a otras prefecturas vecinas, entre ellas la de Tokio. La mitad de la gran urbe quedó arrasada. Más de cien mil personas murieron y otras treinta y siete mil desaparecieron para siempre.

Los que quedaron vivos, con todo su alrededor destruido, vagaban por las calles en busca de agua, alimento y asistencia sanitaria. A Noguchi, un niño de tan solo once años, le dio por salir a la calle de una manera espontánea y poner la mano sobre sus vecinos afectados.

Sorprendentemente, la gente se recuperaba e incluso se curaba. Puede recordar a Jesús de Nazaret, pero no tiene nada que ver. Ese acto de poner la mano del niño Noguchi está desprovisto de carga mística y religiosa. Tampoco alude a seres extraordinarios. Es una capacidad que tenemos todos, aunque en su caso fuera realmente especial.

Noguchi se entregó a la tarea de *tocar con la intuición* a quien lo necesitaba y como esa cosa tan simple funcionaba, se elevó a la categoría de suceso sorprendente. Su faea trascendió a los barrios de élite y le empezaron a demandar empresarios, políticos, mandos del ejército, hasta que un día fue llamado para atender a la propia emperatriz de Japón. Esto, en un país tan jerarquizado y más en aquella época, es tan complicado como que te toque la lotería y renuncies al premio.

El resultado es que con catorce años Noguchi era famoso. Como anécdota te cuento que un empresario agradecido le regaló un Rolls Royce con servicio de chófer incluido, que conservó hasta el fin de sus días. El joven acudía indistintamente a barrios humildes y al palacio imperial a bordo de semejante maravilla.

Con tan solo quince años, Noguchi montó su propio *dojo*. Personas de toda edad y condición estaban interesadas en recibir tratamiento del adolescente y además escuchar su pensamiento genial. Realmente Noguchi resultaba, y resulta, increíble.

Es cierto que a lo largo de la historia han existido seres formidables. Pero el valor de Noguchi es que no se erige como un ser sobrenatural con capacidades extraordinarias, sino que descubre la capacidad y la manera en que cada uno puede mantener y recuperar la salud por sí mismo, la mayor parte de las veces. La salud no es un hecho casual y aleatorio, sino que es algo que se puede cultivar de una forma muy sencilla, salvo accidentes, etc.

El joven se dio cuenta de que no es que él tuviera el don de curar, sino que las personas tenían la capacidad de regenerarse. Sus manos solo ejercían de herramientas recordatorio de esa fuerza vital que existía, al igual que ocurre con un rescoldo casi extinto. Si mantiene brasa en su interior, un simple soplido saca de él una gran llama. Si lo piensas, es magia, pero no lo percibimos de esa manera.

Así actúa la vida mientras vive. Todos disponemos de fuerza vital, y un soplido a tiempo reanima la vida entera. Noguchi no nos dejó a la deriva con filosofías, sino que puso a nuestro alcance unas herramientas preciosas. Esos fuelles son las dos prácticas fundamentales que cualquiera puede realizar y que aprenderás a aplicar en breve: katsugen undo y yuki.

Noguchi no era un ser piadoso y compasivo. Rechazaba la pasividad del paciente y lo hacía partícipe de su dolencia, asumiéndola, conociéndola. Las personas a quienes atendía practicaban y lograban por sí mismas perder el miedo a las manifestaciones naturales de su organismo, respetar sus procesos y recuperar la confianza en la vida. Digamos que entablaban *conversaciones* con su ki. Era un enfoque tan innovador, que a su *dojo* acudían reputados y experimentados terapeutas y maestros. Esto llevó al jovencísimo Noguchi a fundar la Asociación de la Conservación de la Salud por Método Natural, consolidándose como una actividad terapéutica tradicional novedosa y muy prestigiosa.

Sin embargo, Noguchi quería más y en esa época decidió aprender de los diversos métodos ancestrales orientados a la vida y a la salud y compatibilizar su frenética actividad en el *dojo* visitando a los grandes maestros, que lo recibían gustosamente.

Según profundizaba, iba descubriendo que su propuesta de observar y acompañar cada proceso funcionaba, pero curiosamente no existía. Nadie tomaba en cuenta el movimiento como referente de orden y salud. Se ignoraba (y ¡se ignora!) cómo esos movimientos autónomos actúan permanentemente en el organismo con una sutileza y una inteligencia precisa, increíble. Esos vaivenes y su organización son el gran descubrimiento de Noguchi. Observa cómo el movimiento tiene una estructura vital, natural y espontánea en sintonía con la inteligencia celular. Ello nos engendró, nos impulsó a nacer, nos mantiene vivos y es lo más nuestro, por mucho que vivamos de espaldas a ello.

Eso de «Pienso, luego existo» no creo que le hubiera cuadrado a Noguchi, porque para él estaba claro que existimos gracias a los movimientos vitales de organización inteligente, algo que a su vez está profundamente relacionado con la vida psíquica.

¿Significa que la forma de latir del corazón, la respiración, un tendón tensado, un tejido endurecido, una vértebra desplazada, un peristaltismo fofo del intestino, es en realidad lo que nos hace mostrarnos como lo hacemos, sufrir como sufrimos, actuar como actuamos?

¿Es la estructura del movimiento desorganizada la responsable de que esa mente que creemos domesticada, no pueda controlar por sí sola todo este engranaje que nos hace pensar una cosa y hacer otra? Para Noguchi estaba claro que no somos quienes queremos ser, sino lo que nuestro organismo nos permite ser. Somos nuestros movimientos y además somos los herederos de los movimientos de todas las generaciones de antepasados que nos arrastraron hasta aquí.

Noguchi sabía que era totalmente infructuoso intentar cambiar lo que somos, dándonos órdenes mentales. El organismo tiene que actuar coordinadamente, respirar, fluir, alternar tensión y relajación, y en eso tiene poca influencia nuestra brillante mente intelectual. El malestar es la expresión de lo que está dificultando las funciones vitales y por rebote la psique, involucrándola en una inquietud y una apatía inexplicables. Cuando esa *insignificancia* ignorada atrapa a alguien, todo el ser se mortifica y siente que no puede consigo mismo. Noguchi se dirigía a lo espontaneo, jamás a la mente. Sabía que era inútil. Somos seres poblados por numerosas inteligencias vivas que actúan coordinadamente.

Noguchi atendía a miles de personas y observaba nítidamente cómo el organismo siempre busca en el desequilibrio el equilibrio. Atendía con sutileza y *diálogo* lo que se mueve y se desajusta, en busca del coágulo vital... Forzar a la vida solo despierta su rebeldía. Una chepa solo es la foto fija del movimiento de toda una vida. La persona nació sin ella. Noguchi poseía una sensibilidad de escáner. Seguía el rastro del movimiento hasta alcanzar el origen del malestar. Su visión condensaba cómo cada articulación y cada globalidad se movilizan para evitar el desmoronamiento, como el que existe en esas sofisticadas creaciones que a partir de empujar un elemento, todo va cayendo sucesivamente en cadena. Intervenir en el equilibrio, sin conocer la estructura del movimiento vital, puede suponer un *desbaratamiento* fatal, y nadie está observando este asunto fundamental.

Noguchi descubrió la forma en que los vertebrados organizan sus actividades físicas, biológicas y psíquicas vitales siguiendo las necesidades naturales del organismo. A medida que su intuición se convertía en certeza, se le iba despertando la necesidad de contrastar. Se adentró en el estudio de los canales energéticos de la medicina tradicional china y pudo confirmar muchas de sus intuiciones, pero de forma insuficiente. Lo mismo le ocurrió con Occidente, aunque encontró impulso en muchas de las teorías maravillosas que estaban surgiendo en esos momentos en Europa. Para Noguchi fueron fundamentales y reveladores los estudios de tres grandes científicos: Albert Einstein, Charles Darwin y Sigmund Freud.

La teoría de la relatividad, publicada en 1905 por Einstein, fue un gran referente para él en el terreno de lo físico y de lo energético. El mundo no era tridimensional, como había expuesto Newton, y en cuyos estudios estaba basada toda la física tradicional. Aparecía una cuarta dimensión que no se había tenido en cuenta hasta entonces.

Eso cambiaba todos los parámetros de observación. También le fueron muy útiles las teorías referentes a lo orgánico y a lo biológico, en especial la de la evolución de las especies, desarrollada por Darwin y publicada en 1859. Y sin lugar a dudas, en lo psicológico le ayudó algo tan novedoso por aquel entonces como era la práctica terapéutica fundada en 1896 por el neurólogo austriaco Sigmund Freud. Noguchi encontró en el psicoanálisis una vía de expresión, una forma de formular sus intuiciones y transformarlas en palabras. Por eso habló de *psique subconsciente,* movimiento involuntario del sistema motor extrapiramidal, *de* postura bípeda, *de* energía sobrante...

Noguchi jamás se quedó atrapado en sus propios términos. Según aprendía, evolucionaba su lenguaje. Si hubiera vivido doscientos años, la esencia de sus descubrimientos trascendentales serían los mismos, pero su forma de expresarlos con palabras no. Hay personas dentro del Seitai que siguen transmitiendo la práctica del katsugen undo usando expresiones del psicoanálisis, y ello dificulta su difusión. En concreto, hablo de la expresión *movimiento inconsciente e involuntario*. No es su culpa. Es lo que aprendieron. Pero en realidad no es así.

Todo en nuestra vida y en nuestro organismo participa constantemente de un diálogo inseparable entre lo consciente y lo no consciente. Movimiento espontáneo, movimiento vital. Y paradójicamente comunicar esa sencillez es muy complicado.

La genialidad de los genios es que legan una inmensidad con la posibilidad de continuidad y de exploración. Lo más difícil de definir es lo que se vive espontáneamente. Lo más difícil de transmitir es la vivencia. La inmensidad de lo expresado por Noguchi permanece inmutable, nada se ha adulterado. Simplemente la forma de comunicarlo.

La existencia de Noguchi fue tan apasionante como sus hallazgos. Es una súper producción de Hollywood, tipo *Gandhi* o *El* último emperador. Para aquel niño no existieron jamás las fronteras. Habitaba en el presente sin perder un segundo. Su vida fue una serie de acontecimientos increíbles y su mundo se dilató a todos los estamentos sociales de Japón. Un día conoció a Akiko Konoe (Tokio, 1916-2004), hija del primer ministro japonés, y se casó con ella.

En este momento quiero hacer un inciso. Justo escribiendo estas líneas recibo la noticia de que Hirosuke Noguchi, el tercer hijo de Haruchika Noguchi y Akiko Konoe, ha fallecido repentinamente. Él era el heredero de su padre y el responsable que dirigía en Japón la Sociedad Seitai, conocida como Sociedad Kyokai. Un recuerdo y un agradecimiento a él, por haber dedicado intensamente su vida a transmitir y a mantener unos conocimientos tan importantes. 3 de agosto de 2014. Casualmente, la misma fecha de la muerte de mi madre hace veinte años...

Nos quedamos con un Noguchi cuya estela era inconmensurable. Su *dojo* traspasó fronteras y adquirió fama internacional. Pero eso no lo obnubilaba y siguió trabajando sin parar.

La Segunda Guerra Mundial estalló. Intentó que el horror de la contienda no le frenara en su actividad, impregnando la barbarie de cotidianidad. Creyó lograrlo, pero no fue así. Años más tarde manifestó que cuando terminó aquella pesadilla se sintió despejado. Le resultó curiosísimo comprobar cómo él, experto en desentrañar la naturaleza humana y sus manifestaciones, no hubiera detectado en sí mismo aquella soga que lo ahogaba. Tan ajeno vivió a eso que, en plena guerra, en 1944, llegó a una conclusión fundamental. Y en enero de 1945, antes de terminar la guerra, Haruchika Noguchi sustituyó el nombre de aquella organización que dirigía desde hacía dos décadas y que inauguró siendo aún un niño, la Asociación de la Conservación de la Salud por Método Natural, por el término *Seitai*, inscribiéndolo en el Ministerio de Cultura y Educación de Japón como una nueva cultura.

Sei, 'orden'. *Tai*, 'cuerpo u organismo'

Noguchi se apartaba de esa manera del camino que había emprendido siendo muy joven, desvinculando el Seitai del mundo terapéutico. Y esto es genial, porque Noguchi transforma su facultad prodigiosa en universalidad. Transmite la percepción cultural de que cualquiera puede mantener la salud por sí mismo.

A mí esto me parece una democratización de la salud y de la cultura sin precedentes. Una forma increíble de enfocar la libertad personal.

El Seitai ofrece tres grandes campos que explorar y en los que profundizar:

- Conocimiento empírico y demostrable de cómo la vida se estructura.
- Orientación.
- Y herramientas vivenciales a través de las cuales cualquiera puede reordenarse a sí mismo el organismo.

Noguchi aporta un tesoro con el que podemos observar cómo muchas manifestaciones vitales, que consideramos enfermedades y que tanto nos hacen sufrir, desaparecen sin esfuerzo. El miedo a lo desconocido se esfuma, porque deja de ser desconocido.

Él, que atendió a miles de personas, comprobó que la enfermedad en realidad es TPE, tensión parcial excesiva, o lo que es lo mismo, la fuerza inhibida de la vida que en realidad desea vivir. Es la bravura de un caballo recién capturado en una pradera. Se sacudirá, se retorcerá, relinchará, con tal de deshacerse de las bridas, aunque se tenga que desollar en el intento. Sin embargo, el caballo, una vez domado, es el más dócil de los animales. Los coágulos de la vida nos hacen dóciles. Vivir con temor nos paraliza.

El concepto de libertad de Noguchi es fresco y renovador. Es la expresión que ensalza la emancipación del individuo en su conjunto. Un ser humano no es su neurosis, su corazón dañado, su soriasis. Noguchi concebía la existencia como un todo y las prácticas repercuten en cada una de sus facetas: energéticas, psíquicas, fisiológicas, celulares, orgánicas, e incluso culturales. Lo físico, lo mental y la vibración dialogando en sintonía.

La democratización de la terapéutica que propone Noguchi no se despreocupa de la atención de las personas. Además, puede aportar mucho en ese sentido. Pero las propuestas difieren del concepto de injerencia o intervención. «Yo sé, yo te hago». No. Se incide en orientar a los demás, para que cada uno encuentre su propia forma de vivir, incluso cuando necesita ayuda. El individuo participa, aprende de su proceso y de su propia recuperación, incluso cuando necesita atención externa.

Noguchi diseñó dos ramas dentro del Seitai. 1) El *Seitai shido,* que es la enseñanza general sobre cómo atender la vida física, biológica y psíquica conjunta de cada individuo. Y 2) el *Seitai soho* u orientación Seitai, que es el método profesional para tratar de forma personalizada a otro individuo. De hecho, es en 1945 cuando Noguchi impartió en su *dojo* el primer curso de soho.

También en esa fecha transforma la palabra *shokushu*, que había aplicado de forma general a todo lo que tenía que ver con el tacto de la mano, y establece una diferencia. En lo que se refiere al método profesional del Seitai soho, seguirá llamando *shokushu* a ese tacto de la mano guiado por el conocimiento del esquema osei (no te líes, todo esto se aclarará poco a poco). Pero si el contacto de la mano está guiado por el instinto o la intuición, a la manera que él descubrió cuando era un niño y en que atendía a sus vecinos que sufrieron el terremoto, Noguchi decide llamarlo *yuki*, 'circulación del ki'. Ese yuki aún sufrirá una nueva transformación posterior, para convertirse en el definitivo yuki que conocemos hoy en día y que significa 'ki grato'. Ambos yukis se pronuncian igual, pero se escriben de manera diferente. Su fonética es la misma, pero su escritura no. Es algo común en Japón, donde conviven varios alfabetos.

Yo juego a imaginar lo que debía ser ese interior de Noguchi. Lo veo como un enjambre de células en una actividad extenuante para cualquiera menos para él. ¿Cómo expresar todos esos descubrimientos? Lo insólito siempre requiere enfoques nuevos, inventar palabras... ¿Cómo haría para abstraerse, sobre todo en aquella época bélica y dolorosa?

Fuera como fuese, un día la guerra terminó. Japón sufrió aquellas dos explosiones nucleares terribles, y al poco el emperador, considerado un dios, se dirigió a su pueblo llorando, diciendo que se rendían y se entregaban. Y no solo eso. Pedía a todos sus súbditos que se subyugaran a los vencedores. La humanización del todopoderoso emperador supuso un choque colectivo aún más impactante que el del apocalipsis que descargaron las bombas. Sin embargo, de manera increíble, sucedió... Un país de guerreros feroces, incluso sanguinarios, capaces de cometer los más crueles crímenes de guerra, de repente obedeció, y no se dio ni un solo acto de insumisión. Soldados y población en bloque se entregaron.

Las fuerzas ocupantes no se lo podían creer. ¿Por qué no reaccionaban? Simplemente porque el japonés tiene *impreso en sus genes* el respeto a la obediencia, al orden y a la jerarquía.

Aquello deparó a Japón innumerables cambios. Dicho sea de paso, y no profundizaré mucho en esto, revelaré algo que no está muy difundido. ¿Recuerdas con quién se había casado Noguchi? Akiko era la hija del primer ministro, Fumimaro Konoe. El alto responsable político provenía de una familia aristocrática. Era culto, había ejercido activamente en diversos puestos diplomáticos internacionales, y mantuvo numerosos cargos políticos, entre ellos el de primer ministro, en dos ocasiones.

Al acabar la contienda, el alto mando de las tropas aliadas incluyó su nombre en la lista de criminales de guerra. Antes de entregarse a los vencedores, el suegro de Noguchi decidió quitarse la vida. Eligió la misma manera de suicidio que un antepasado suyo mil trescientos años antes, *Fujiwara no Kamatari*, ingiriendo cianuro de potasio. Este hombre pagó por sí mismo y por otros. En esos días, muchos personajes relevantes sirvieron de chivos expiatorios con el fin de eximir de responsabilidad al emperador Hirohito.

Fue una época convulsa que llevó grandes cambios a Japón. En 1947 se tomó una decisión sin precedentes: la Sanidad estaría íntegramente organizada a la manera occidental, confnando al exilio la asistencia tradicional. ¿Pasarían de repente a la ilegalidad la acupuntura, el shiatsu, el masaje tuina?

A pesar de haber planteado sus descubrimientos como cultura y no como terapéutica, Noguchi fue uno de sus máximos exponentes. Además, era uno de los pocos capaces de unificar las numerosas diferencias que existían entre los profesionales. Ante esa situación de urgencia extrema y a pesar de sus discrepancias, decidieron unirse y nombrar a varios representantes como portavoces encargados de dialogar con el nuevo gobierno.

La participación de Noguchi fue fundamental para salvar la terapéutica tradicional japonesa de su desaparición.

Después de muchas reuniones, el gobierno permitió la convivencia de ambos enfoques sanitarios, contemplando las dos formas de actuar. La grandeza y claridad que existía en el pensamiento de Noguchi fueron decisivas para esa permanencia.

Hasta entonces, la medicina occidental había sentido cierto desprecio hacia los profesionales que se dedicaban a las prácticas tradicionales, pero el Seitai introdujo un prestigio nuevo. En Japón, incluso hoy en día, la palabra *Seitai* tiene mucho renombre y se entiende como un signo de calidad. Es fácil ver anuncios en los que se añade la palabra *Seitai* como marchamo de garantía, sin tener nada o poco que ver con el sentido del Seitai original: «Seitai-shiatsu», «quiropráctica Seitai», «acupuntura Seitai», etc. Esto ha dado lugar a que muchas personas considerean el Seitai como una técnica curativa a base de masajes. Es difícil preservar la pureza, y algunas personas desvirtúan la raíz.

Noguchi debió de intuir esa posibilidad, porque vivió obsesionado con los matices. Entre 1945 y 1954, se centró en cómo formular sus conocimientos para que fueran comprendidos por los demás. Y es en ese periodo cuando escribe, excepcionalmente, unos pocos libritos.

En realidad, la mayoría de textos que nos han llegado de él son transcripciones de sus charlas que realizaron sus alumnos.

Que yo sepa, de su puño y letra hay dos, aunque quizá exista alguno más:

- *Heikoyokyu no ni hoko*: las reactividades orgánicas, físicas y psíquicas vitales.
- *Shigueki han osei wa go hoko ni ugoku*: con esta frase tan larga expresó una aparente tipología en el ser humano, dividida en diez tipos y otros dos adicionales y extraordinarios, por ser poco frecuentes. Pero en realidad lo que estaba definiendo era la composición de cada cifosis y lordosis de la columna vertebral.

Años más tarde, durante la década de 1960, esto mismo lo definiría como *tai undo no kozo*, la estructura del movimiento corporal.

Libros, atención directa, conferencias, cursos... Noguchi trabajó intensamente y su *dojo* era un hormiguero organizado por el que pasaban diariamente cientos de personas. La gran habilidad de Noguchi de cambiar el estado de una persona, dedicándole tan solo unos minutos, es una proeza que nadie ha podido repetir. Ni tan siquiera sus hijos, en especial Hirosuke, recientemente fallecido y ya mencionado, con una gran habilidad para el Seitai soho, han conseguido alcanzar a aquel ser extraordinario. Sus horas cundían como semanas. Sus semanas como meses, y sus meses como años.

En 1975 ese ritmo imparable frenó en seco. Noguchi sentía que sus descubrimientos no habían llegado en el momento adecuado y que tendrían que pasar varias generaciones de personas criadas en esta cultura, para alcanzar lo que su visión de rayos láser era capaz de ver.

Entonces, el hombre que había vivido consumiendo deseos capitales fue invadido por un último deseo, tan potente e imparable como todos los demás.

Escribió un testamento vital y se retiró a esperar la muerte, que le llegó un año más tarde. Ese escrito es muy triste, porque deja el poso de alguien que se rinde ante la evidencia de que el ser humano, en este momento, está atrapado en su propia estupidez. Eso no lo dice él, lo interpreto yo, pero creo que se parece en algo a lo que él lamentó en esas pocas líneas. En ellas manifiesta una frustración infinita por su incapacidad de comunicar.

Estas fueron sus palabras:

> *Me marcho ya. Ya no veo a nadie. El que quiera verme, que demuestre su deseo de recibirme. Si lo invito, que venga. Si no lo hago, es inútil que intente acercarse a mí. De hoy en adelante ya no transmitiré ni enseñaré nada más. Cuando mejoren las aptitudes del ser humano, ofreceré de nuevo mis conocimientos, pero lo haré tan solo con los que sean capaces de escuchar su voz interior y que sepan leer y conocer el movimiento vital que late dentro de un ser vivo. A partir de ahora voy a dejar de escribir palabras en el aire. No volveré a hablarle al cielo... Solo hablaré de la manera en que habla la forma de vivir del kyō, el 'vacío', como único método de activar el mu, la 'nada'. Hoy en día existe la ciencia de la materia, pero no la del ser vivo. Por más que hable de la vida, no me comprenderán, y es*

> *que están atados a la ciencia de la materia. Cuando alguien comprenda algo más allá de todo esto, volveré a hablar. Me marcho ya. Comuniqué mi corazón, ofrecí mis conocimientos, y no me queda nada más por hacer. ¡Qué difícil es comunicar y enseñar! Yo quiero enseñar, pero son muchos los que nada captan. Hay veces que tengo la sensación de que me estoy comunicando, y sin embargo diez días después tengo que reconocer que ninguna de esas expectativas mías se había logrado realmente. En fin, no se puede transmitir ni enseñar cosa alguna, a no ser que la persona que recibe el conocimiento sea capaz de comprender espontáneamente. Por eso me voy. Si alguien tiene experiencias propias que intercambiar, si existe alguien que entienda lo que he comunicado y enseñado, reconsideraré mi decisión. Mientras tanto, me entregaré al descanso. Quizá mi conocimiento regrese dentro de cinco o diez mil años. Entonces volveré, porque se habrá encontrado la manera de poder comunicar de nuevo, todo esto. Ahora me traslado a Hakone*. No veré a nadie ni hablaré más. Me quedaré frente al monte Komagatake y mantendré el espíritu del mu.*

En 1976, Haruchika Noguchi murió en paz, tal y como vivió. La muerte serena solo le llega a quien ha vivido la vida zensei, la vida plena.

Vivir intensamente para encontrar una muerte dulce. Vivir acorde a la vida para morir acorde a la muerte. Y fue así como partió de este mundo un sabio entre los sabios...

Como el Seitai habla poco de la muerte, nada de lo que pueda existir después de la muerte, y mucho de la vida, sigamos adelante con toda el vigor que nos habita.

---

*Hakone es un lugar de veraneo cerca de Tokio, donde se erigió el pabellón conmemorativo en honor al maestro Noguchi. *(N. del A.)*

Panorámica por el viejo continente. La llegada del Seitai a Europa

> El ser humano es un iceberg cuya parte visible parece ceder a las exigencias de la razón. Pero las sorpresas nos las reserva nuestra parte sumergida. Lo que sabemos jamás podrá igualar a lo que no sabemos. Querer saber demasiado mata la vida.
>
> Podemos dedicarnos a definir la vida, pero la vida rechaza cualquier definición.
>
> —Itsuo Tsuda

El Seitai llega a Europa en los años setenta de mano de dos japoneses en dos lugares claves.

París es el lugar escogido por Itsuo Tsuda (1914-1984). Allí crea su famosa Escuela de la Respiración y del Movimiento Regenerador, un lugar en el que todavía se imparten prácticas.

El otro lugar imprescindible es Barcelona, donde se instala otro japonés, treinta años más joven que Tsuda, llamado Katsumi Mamine (1944-2020)*. Su *dojo*, en ese momento, era como una universidad del Seitai. Como de Mamine os voy a hablar largo y tendido, me voy a centrar un poco en el primero. A Tsuda no tuve el gusto de conocerlo, pero he podido profundizar en su pensamiento, expuesto de forma magistral en sus libros, muy recomendables. Son realmente amenos y tienen algo que enganchan, con independencia de que se tenga o no relación con el Seitai. En total, que yo sepa, escribió nueve: *El no hacer; La vía del desprendimiento; La ciencia de lo particular; Uno; El diálogo del silencio; El triángulo inestable; Mientras no pienso, yo soy; La vía de los dioses* y *Frente a la ciencia.*

Todos ellos los escribió en francés y la mayoría se han traducido a otros idiomas, como el castellano, el italiano y el inglés. Entre sus páginas, se puede descubrir a una persona excepcional, a la que tenemos que agradecer, al igual que a Mamine, que decidiera instalarse en Europa.

La figura de Tsuda es muy importante, porque de él han surgido numerosos afluentes del que beben muchas personas en la actualidad. Por lo

---

*Katsumi Mamine tuvo que cerrar su *dojo* en marzo de 2020, a causa de la pandemia del COVID-19. Un mes más tarde, falleció.

que he oído a los que tuvieron la suerte de tratarlo, era un hombre sencillo, de risa franca, al que gustaba hablar, fumar y beber. Era un vividor, con la connotación de una persona a la que le gusta disfrutar de la vida.

Yo he escuchado su voz en algún documento sonoro grabado de la época y, esto es totalmente subjetivo, a mí su timbre no me parece el de un japonés. Su forma de expresarse es vigorosa, muy al estilo europeo, y no es de extrañar, porque él fue una persona muy familiarizada con la cultura occidental.

Tsuda es considerado un maestro, y como tal vivió. Su brújula, orientada siempre hacia el conocimiento, contó con el enorme privilegio de aprender directamente de tres grandes maestros, que por entonces estaban vivos:

- El maestro Haruchika Noguchi (1911-1976), fundador de la cultura Seitai.
- El maestro Morihei Ueshiba (1883-1969), fundador del aikido.
- El maestro Hosada Kasetsu, especializado en la recitación nō.

De este último, tomó lecciones directamente durante veinte años y al menos una vez al mes, asistía a las representaciones de la escuela Kanze Kasetsu. Este centro tan antiguo data del siglo XIV. Del nō, Tsuda aprendió que es infinitamente más grande lo que transcurre en el interior que lo que es exteriorizado. Dentro habita la vibración. La economía de gestos y de amaneramientos facilita esa gran concentración interna.

Tsuda no fue una persona que dedicara la vida exclusivamente al Seitai. Para mí, era un explorador de muchas áreas, porque realmente lo que le interesaba era el ki. Él conocía la existencia de la energía vital desde joven, pero realmente su importancia y trascendencia se las otorga siendo ya mayor. El ki atrapó su interés, y no lo volvió a soltar. Es entonces cuando su vida dio un vuelco. Hasta ese momento había compatibilizado su aprendizaje con su cargo como ejecutivo de Air France, pero decidió dedicarse íntegramente a la divulgación y deja su puesto. Él mismo revela su pensamiento en el prólogo de uno de sus libros: «Desde el día en que tuve la revelación del ki, del aliento, cuando tenía más de cuarenta años, en mí creció el deseo de expresar lo inexpresable, de comunicar lo incomunicable».

Tsuda, como todos los genios, fue una persona que no se conformó jamás con lo que le tenían deparado como inevitable. Él provenía de una familia de samuráis y estaba llamado a ser el heredero de la empresa familiar, y por lo tanto de su fortuna. Pero con tan solo dieciseis años se rebeló, se enfrentó a su padre y dejó a su familia. Se marcó como horizonte la libertad y el pensamiento.

Cuatro años después, se reconcilió con su progenitor, y con su beneplácito se trasladó a Francia a estudiar a la Sorbona. Allí siguió enseñanzas con Marcel Granet (1884-1940), considerado pionero en las ciencias sociales, y con Marcel Mauss (1872-1950), antropólogo y sociólogo reconocido como uno de los padres de la etnología francesa.

Pero la época era convulsa y se podían hacer pocos planes de futuro. El mundo estaba cambiando. En 1940 Tsuda fue movilizado y tuvo que regresar a Japón. Eran tiempos difíciles, tiempos bélicos. Por entonces tenía unos treinta años, y es cuando se encuentra por primera vez con Noguchi.

Tsuda queda fascinado con sus descubrimientos. A su lado se pasó otras dos décadas, siempre y cuando sus ocupaciones se lo permitían. Asistió frecuentemente al *dojo* del maestro, absorbiendo enseñanzas, experimentando vivencias y discerniendo que lo que allí se vivía era algo totalmente nuevo y deslumbrante.

Pasada la contienda, Tsuda se incorpora a las aerolíneas francesas y sigue su aprendizaje. Durante un tiempo vive en EE. UU. y en 1970 decide instalarse definitivamente en París. Por entonces tenía ya cincuenta y seis años. En él había ido madurando la necesidad de divulgar en Europa lo que había ido conociendo en los últimos años. Sin ninguna garantía, decidió dejar su empleo y enrolarse en la aventura de difundir el aikido y las prácticas de katsugen undo y yuki en Europa.

Él fue uno de los responsables de que en Japón se empezara a diferenciar el Seitai terapéutico del Seitai práctico, lo que se conoce como katsugen kai. Hasta ese momento, las personas que practicaban estaban vinculadas al tratamiento terapéutico que Noguchi y sus ayudantes dispensaban en el *dojo*.

La idea de separar el tratamiento de lo que podía ser una actividad universal, asequible a cualquiera, sin necesidad de mantener contacto con la matriz del *dojo*, no surgió de Noguchi, aunque estuvo de acuerdo en que se promoviera ese nuevo enfoque.

La idea pertenece a algunos miembros destacados del centro. En aquella iniciativa trascendental para los que hemos llegado años después al Seitai y hemos nacido fuera de Japón, hubo diez personas decisivas, además de Tsuda, todas ellas íntimamente relacionadas con Noguchi. Aquí quiero citar expresamente a Akiko Konoe, esposa del maestro Noguchi, y a Hiroko Miwa, madre de Katsumi Mamine. Esta separación es lo que posibilitó en parte la exportación de la cultura Seitai a Occidente. Pero eso conllevaba algunos problemas. El Seitai no contaba con ningún reconocimiento en Europa, en concreto en Francia, donde eligió Tsuda instalarse. Por lo tanto, esa desvinculación entre práctica y terapia era fundamental para poder ejercer.

Con el katsugen no había problemas, pero el yuki se podía interpretar, sin serlo, como una imposición de manos en busca de mejorar la salud de otras personas. Para ello, Tsuda estipuló algo que para muchos practicantes de la actualidad sigue siendo un referente: conceptualizó el yuki con la premisa base de no tocar.

A sus alumnos les dio la referencia de que entre la mano y el cuerpo de la persona con la que se practicaba yuki debía existir una especie de papel de fumar, un espacio en el que no entrara el contacto. Fue la inteligente manera que encontró para evitarse problemas con las autoridades francesas de la época. No era fácil llevar a cabo esa acción de tocar la columna vertebral de los demás, sin ser terapeuta o médico, por lo que su genialidad le llevó a encontrar el camino para hacer sin hacer... Una vez más, el arte del no hacer.

Es por eso por lo que en Europa existe el concepto muy extendido de que en el yuki no se toca, aunque realmente no sea así.

El yuki es contacto también. La comunicación del yuki se puede realizar de dos maneras: una en la que se permite al ki fluir, sintiendo las vibraciones que emite la energía vital, que por supuesto tienen los cinco movimientos, como todo lo que es de este mundo. A esta forma de comunicar la llamamos yuki de menos (–). Dentro del yuki de menos, existen el yuki de respiración y el yuki de latido.

Pero cuando en la comunicación entra en juego el tacto, el *shokushu*, a través del cual se siente directamente el sitio (las durezas, los tendones, las vértebras, etc.), a esa mezcla de tacto e intuición, sin olvidar nunca el fluir del ki, lo llamamos yuki de más (+).

La base para cualquier practicante siempre será el yuki de menos. Sentir, vibrar, fundir la respiración con el otro y dejar que las manos se sitúen donde quieran. Sin estas premisas, el yuki de más se transformaría en técnica y entonces dejaría de ser Seitai. El yuki de más surge tan espontáneo como el yuki de menos. En el Seitai, la técnica no pertenece a los humanos, sino a la sabiduría de la vida, a la inteligencia vital, a su saber hacer, y nosotros aprendemos de ella observando.

Tsuda promovió conscientemente el yuki de menos y evitó hablar del yuki de más, no porque no lo conociera, sino porque para él significaba eludir muchos problemas burocráticos a la hora de presentar la actividad. Y fue así como logró poner en marcha su famosa Escuela de la Respiración y del Movimiento Regenerador.

En el centro de Tsuda, el ki era la referencia principal para cualquier alumno. Por supuesto se impartían las prácticas del Seitai, pero también se daba una gran importancia a la práctica respiratoria adquirida con su otro gran maestro, el fundador del aikido, Morihei Ueshiba.

Tanto Noguchi como Ueshiba fueron dos niños con una primera infancia muy complicada.

Noguchi sufrió difteria y apenas podía hablar y respirar. La enfermedad le dejó como secuela una voz muy particular, que de pequeño le acarreó la burla de los otros niños. Su punto de partida fue muy difícil, hasta que su vida cambió el día en que salió a la calle a ayudar a las víctimas del terrible terremoto. Aquellas vivencias tan complicadas le sirvieron para crear, no para venirse abajo. Como no podía respirar, descubrió una forma alternativa a través de la columna vertebral, de los poros de la piel, del bajo vientre...

Quizá ese origen respiratorio tan especial es lo que le lubricó el organismo para poder ofrecer al mundo, años después, sus tremendos hallazgos vitales.

Y la infancia del otro gran maestro de Tsuda, Ueshiba, tampoco fue fácil. Nació prematuramente, muy débil y enfermizo. Su padre, nieto de un famoso samurai, no se centró en estas insuficiencias y se preocupó de que su hijo adquiriera formación en varias actividades físicas. Por lo visto, el joven Morehi presenció, siendo muy niño, cómo unos maleantes pegaban una paliza a su progenitor, y quizá eso fue lo que le encaminó a las artes marciales. Tras desarrollarse en diversas técnicas de lucha, creó el aikido.

El aikido es el arte marcial más espiritual que existe, porque no ejerce ningún tipo de agresividad. Sus practicantes, más que pelear, parecen danzar. A través de la *energía vital*, neutralizan la fuerza del contrario, aprovechándola para combatirlo sin humillarlo ni dañarlo. Ese ki que tanto fascinaba a Tsuda le suministró el ardor necesario no solo para llevar su *dojo* adelante, cuya fama se extendió en pocos años, sino también para escribir. Él se consideraba a sí mismo filósofo y escritor.

Su primer libro lo publicó en 1973. Lo llamó *El no hacer*, y como subtítulo ya lo enmarcó con el nombre de *Escuela de la respiración*. Su curiosidad y su proximidad a personas tan interesantes le forjaron una formación vastísima. Noguchi le reconocía una especial capacidad para comunicar el Seitai a cualquiera. Pero también tenía muy en cuenta el cúmulo de conocimientos adquiridos, tanto en Oriente como en Occidente. Para Japón, Europa había sido su referencia de modernización. Tsuda aprendió mucho del Viejo Continente, especialmente a partir de ponerse en marcha la industrialización acelerada, que se conoció como la Revolución Nacional Meiji (1867-1912). Aquello supuso al país acabar con la organización feudal de la sociedad y organizar la educación, el ejército, la hacienda pública, los ferrocarriles, etc., a la manera occidental. Japón también aprendió de EE. UU., pero eso fue posteriormente, cuando perdió la guerra y las fuerzas ocupantes tomaron las principales áreas de poder.

Por lo tanto, Noguchi sabía valorar ese conocimiento occidental profundo que tenía Tsuda, y desde el principio supo que su hacer, o no hacer, como se prefiera, dejaría un rastro imborrable que perduraría, tal y como finalmente ha sido.

Tsuda hizo muchas cosas en su vida, pero una de las que más me gusta es que devolvió a los adultos su capacidad de conectar con su interior como si fueran niños. Itsuo Tsuda consideraba que había que ser niño. Niño, sí... pero no pueril.

Aquel ser extraordinario se embarcó en la difícil tarea de conocer como un sabio y de olvidarse de lo que sabía, comportándose a la manera espontánea y fascinante de un bebé.

Esa mezcla dio lugar a un cóctel delicioso: explicar lo inexplicable. Abarcar lo inabarcable...

Capítulo 3
Para una vida sana y plena

Picnic al aire libre. Ki y respiración, el abc de la vida

> Mientras uno crea que está haciendo vivir su cuerpo gracias a su esfuerzo, no podrá soltar totalmente la tensión, por lo que no podrá lograr la plenitud de su propia naturaleza y de su propio centro.
>
> Para vivir sin esfuerzo, lo importante es confiar en uno mismo, ya que se vive en la naturaleza. Ese es el único camino hacia la plenitud.
>
> —Haruchika Noguchi

Sustentados por la naturaleza, así vivimos. ¿Y cuál es la gasolina que pone en marcha ese motor?

El ki es para la vida como el agua para el pez. El pescadito está inmerso en el agua. Tú lo estás en el ki. Habitas en un océano de ki. Estás sumergido en un universo de ki.

Estás hecho de ki. El ki es tu sustancia base. Es el principio activo decisivo que te ha creado y que te permite estar vivo. El ki es lo tuyo más genuino y el de cualquier ser vivo, porque se trata, ni más ni menos, de algo tan trascendental para la existencia como es el flujo vital. Sin ki no hay vida.

El ki se encuentra en abundancia en lo vivo, pero también en las cosas inmateriales. Tú, como el pez que nada en el agua, no te das cuenta de que estás dentro de esa inmensidad. Es lógico. Nunca nadie te ha enseñado a percibir esa energía vital que te envuelve y transcurre por tu interior. Sin embargo, el ki es muy fácil de percibir e incluso de tocar con las manos. Lo puede hacer cualquiera. Te enseñaré cómo realizarlo en el capítulo dedicado al gyoki. Tocarás la energía vital sin dificultad alguna. Bonito, ¿verdad?

Es curiosísimo que todo esto se tenga tan poco presente, teniendo en cuenta que el ki es algo que forma parte del conocimiento humano desde que la mente se convirtió en consciencia. Cada cultura lo ha llamado de una manera: *chi, prana, baraka, mana, pneuma, spīritus*... Chinos, indios, griegos, sufíes... Ese contacto con lo intangible, pero al mismo tiempo tan palpable, lo conocieron bien los místicos del siglo xvi como Santa Teresa y San Juan de la Cruz. Muchas veces habrás leído que los asuntos de ki son cosa oriental, pero, como ves, es un concepto común que contempla cualquier cultura.

Si empiezo a hacer comparativas etimológicas, no acabaría nunca, pero citaré alguna. *Alma*, sinónimo de ánima. En latín, *anĭma* no significa ni alma ni espíritu, sino 'soplo vital'. El *anĭmus*, que sí significa alma, curiosamente los antiguos lo localizaban en la cavidad pectoral. Y mira por dónde, acabamos de conectar energía vital y universal con respiración.

Spīritus, Espíritu Santo. Una y otra vez aparece el aliento de vida, la respiración sagrada. Y es que este aliento y el propio están muy relacionados. Egipcios, mayas, siux, chamanes, brujas, apóstoles, sacerdotes de todas las religiones. Todas las culturas evolucionadas han contemplado la existencia de una energía universal e invisible que circula en el interior de cualquier ser vivo. ¿Y cómo se realiza este intercambio de fluido? ¿Cómo entra y cómo se nos escapa? Pues entra, sale y se renueva a través de la respiración. ¿Sencillo, verdad?

Mientras los latinos ubicaban el alma-*anĭma*-soplo vital en el pecho, en la tradición oriental localizan la respiración en el *hara*, dos dedos por debajo del ombligo. En el vientre se encuentra el centro de gravedad del ser humano. De ese lugar pendimos durante el periodo en que fuimos gestados. Mientras vivíamos en ese mundo acuoso, templado y tan agradable, recibíamos todos los suministros tranquilamente y manteníamos el vínculo inalterable con nuestra madre a través del cordón umbilical, apenas cincuenta centímetros de distancia entre dos mundos, el de los que respiran y el de los que viven sin respirar, pero que algún día tendrán que hacerlo.

Los yoguis han profundizado mucho en este mundillo de la respiración al igual que el Seitai, pero con una diferencia. El Seitai persigue la respiración espontánea sin tener que recurrir a años profundizando en diversas técnicas. Una respiración espontánea para todos, sin necesidad de poseer ninguna cualidad específica. Noguchi conectó con el lado fácil y simple del vivir, por lo que todo lo ideado por él envuelve una noticia estupenda: las prácticas del Seitai son para todos, incluidos los vagos. Por lo tanto, la respiración espontánea se alcanzará de forma sencilla con la práctica cotidiana y deliciosa del katsugen undo y del yuki.

El Seitai, al hablar de la vida en conjunto y no de parcelas, fusiona ambos conceptos, tanto el oriental como el occidental, porque contempla la respiración de calidad como una acción conjunta de vientre y pecho. En la respiración pectoventral participan el vientre, el diafragma y los pulmones, gozando de un vaivén natural que actúa como un oleaje que permite a la vida cumplir su deseo profundo de vivir. La representación gráfica de esta forma de respirar es la de un muelle que gravita fluidamente formando una unidad que conecta origen y final.

La respiración devuelve la flexibilidad a los tejidos internos, masajea órganos, favorece la comunicación entre tus células y facilita el ejercicio sencillo de cualquier función fisiológica. La respiración es fuente de salud y de bienestar. Hay quien usa la aspirina para todo; nosotros en el Seitai utilizamos la respiración.

Es muy beneficiosa para el plexo solar. Este nombre tan bonito no es una metáfora, es una descripción precisa de lo que significa este lugar tan increíble. En él confluye una extensa red en la que se entrecruza un sinfín de nervios. Por eso es una zona especialmente sensible a las respiraciones entrecortadas, carenciales y raquíticas. Y curiosamente ¿los nervios con qué están vinculados? Con el cerebro, con el sistema nervioso central, con tus vértebras, con tus hormonas, con la inervación de tus órganos. La respiración está totalmente conectada con el estado mental y corporal. Organismo.

Todo esto lo sabemos. Pero lo hemos olvidado, lo hemos apartado de nuestra lógica vital. Estamos llenos de pequeños y continuos tics que aplicamos sin reparar en ese saber ancestral. Cuando decimos que a alguien le falta el ánimo, ¿realmente qué estamos expresando? Queremos decir, al menos etimológicamente, que a esa persona le falta una respiración adecuada para reconectar con su ser y con la energía vital que lo ha traído a este mundo. Cuando instintivamente colocamos la mano en la espalda de una persona que sufre, para darle ánimos, cuando con un simple vistazo somos capaces de enamorarnos de un desconocido, cuando tomamos una decisión nacida de las entrañas, cuando hacemos tantas y tantas cosas, muchas de ellas trascendentales, simplemente estamos poseídos por el ki.

Bueno, si suena demoniaco, cambiaré la forma de definirlo. Digamos que estamos permitiendo a nuestro ki fluir y manifestarse. Respiración. Fluido vital. *Respiro, luego existo*.

Los alquimistas hablaban de éter, de una sustancia pura primordial fundamental en cualquier creación. Ellos le cambiaron el nombre varias veces, pero siempre se refirieron a lo mismo: *éter, piedra filosofal, león amarillo, elixir de la larga vida, elixir de la eterna juventud, alkahest.* Entendían que el éter puro era el elemento esencial inherente a toda transformación natural. Es por eso por lo que buscaban aislar una porción con el fin de poder transmutar metales y, en última instancia, modificar su propio espíritu.

Se relaciona la energía vital con el poder, con la vitalidad, con el alma. Parece algo realmente importante, ¿no? Entonces, ¿por qué en la actualidad no se tiene en cuenta? No me refiero a coger una colchonetita enrollada bajo el brazo dos veces por semana e ir a una clase de yoga. Me refiero a tenerlo en cuenta allí donde se sustenta la base de nuestros conocimientos y de nuestra orientación futura, en la escuela.

A mí esto me resulta totalmente incomprensible. Estoy convencida de que este rumbo absurdo que ha tomado la humanidad se resolvería simplemente permitiendo a los niños crecer en un ambiente donde se promoviera el amor a la respiración. Solo con poner la mitad del empeño que se pone en otras cosas sería suficiente. No se trata de que al terminar este libro salgas con una túnica convertido en un monje shaolin. El Seitai está desprovisto de mística. La mística la pone cada uno a su antojo.

> Es una cuestión de *estética personal*. No hay nada más mundano que el ki. El control de la respiración ha sido tradicionalmente la gran herramienta base para chamanes, guerreros, místicos, acupuntores, actores. Se usa en el tantra, el feng shui, el taichí, en pilates, en yoga, en el deporte de alta competición... La respiración es fundamental para todas estas disciplinas, tanto las que buscan la consciencia superior y la paz interior, como las que se basan en batir récords.

Es difícil alcanzar el éxito en un oficio o en una tarea concreta con la respiración entrecortada y bloqueada. Se puede obtener algo, pero si no hay respeto a la vida, una postura de humildad ante la grandeza de la respiración, la existencia profunda, íntima y verdadera no es muy envidiable. Dudo que el paisaje de lo obtenido supla nada. Habitar en esas mazmorras interiores debe de ser muy duro. Yo intento comprender dónde está el atasco, dónde se ha coagulado nuestra evolución, para que algo tan interesante no se haya extendido.

Sí, es cierto, hay muchos que han hecho un mal uso de los recursos maravillosos que nos regala la vida. Hay quien se ha dejado tentar por esta experiencia y ha querido manufacturarla, mostrándose ante los demás como un iluminado. Cuando un ser se considera superior, también cree que tiene que ser venerado por el resto. La respiración es poder, y hay quien interpreta este poder a su manera. Sectas de todo tipo se ha apropiado de este don común a todos nosotros; por eso ya va siendo hora de recuperar el terreno que han conquistado los manipuladores.

La respiración nos hace libres. Que la ciencia moderna siga negando la energía vital con un razonamiento tan banal como que no se puede medir es negar la esencia. El infinito no se puede medir. Es una utopía intentar tomarle medidas al infinito. ¿Te imaginas afirmar que el infinito no existe? Ya no tendréis que estudiar nunca más geometría, ni filosofía, ni astronomía.

La incipiente vertiente de la física cuántica parece que explora y empieza a conciliar la razón pura con la aceptación de que el ser humano, ahora que acabamos de descubrir que el «infinito no existe», es limitado y finito.

Es incomprensible el misticismo que rodea algo tan cotidiano y mundano como la energía vital. Es nuestro combustible, más aún que el alimento. Respirar es lo primero que hacemos al nacer.

Inhalamos, tomamos una buena ración de ki y seguidamente exhalamos en forma de llanto, una manera de reafirmar que hemos llegado al mundo y que se las tendrán que ver con nosotros durante una temporadita. El día de nuestra despedida, la respiración también estará presente. Ya no inhalaremos ni haremos ruido. Exhalaremos y nos despedimos en silencio con una gran espiración. ¿¡Y esto es místico!? Pues sí, es místico, es emocionante, es maravilloso. Somos aliento, pertenecemos a él. Él nos pertenece. La vida es una gran respiración formada por innumerables respiraciones. Nuestra respiración cumple el mismo ciclo que impulsa a cada una de las estaciones a sucederse unas tras otras, año tras año. Al final de nuestra vida habremos vivido muchas primaveras, otros tantos veranos, otoños, inviernos. Vaivén.

Vivir es vaivén imparable. Es un vibrar constante, y poco o nada tiene que ver con nuestra afición a medirnos todo parcialmente: el colesterol, la tensión, el azúcar. Nada de eso de forma aislada eres tú. Todo ello está interrelacionado y actúa. Obedece a una inteligencia celular nutrida por tu ki, acrecentada por tu respiración. Tu *tú* más tú es tu respiración. El ki es tu latir. Es tu universo. Todo ello está puesto a tu servicio para que confíes. Tu vida confía en ti, más de lo que tú confías en ella. Inteligencia vital. ¿Hay algo más prioritario que respirar?

En los aviones anuncian una y otra vez que si saltan las mascarillas, primero tú y luego el de al lado, aunque el de al lado sea tu pequeño hijo al que adoras. Lo primero es tu respiración. El agua es importantísima. Los alimentos también. Pero en un orden de prioridades, ¿dónde los colocas?

Si esto parece esotérico, es normal. Porque esotérico (etimológicamente, del griego *έσώτερος esṓteros,* 'dentro, interior, íntimo', unido al sufijo *-ismo*) se refiere a la doctrina del conocimiento interior y propio de cualquier ser humano. Cuida tu esoterismo, porque lo exotérico está al alcance de cualquiera. Lo exotérico está fuera y es vulnerable. Lo esotérico es tuyo, inviolable, y solo lo compartes con quien tú quieres cuando tú quieres. De dentro hacia afuera. De fuera hacia dentro. Vaivén.

¿Nos mecemos un poco?

Señores viajeros, esta noche nos ponemos de largo. Vaivén, el swing de la vida

> Saber utilizar nuestro cuerpo y dejarlo descansar de acuerdo con sus flujos y reflujos o sus ciclos es lo más importante para conservar la salud. Además es algo que no conviene pasar por alto, si queremos llevar una vida feliz.
>
> —Haruchika Noguchi

La vida es un vaivén permanente. Hayas pensado en ello alguna vez o no, el vaivén es una vivencia constante, una experiencia que te ha acompañado, te acompaña y te acompañará hasta tu último aliento. Tu corazón late. Se contrae con la sístole y suelta con la diástole.

Contracción y distensión. Bombeo. El pulso, al igual que tu respiración, nunca se detiene, nunca descansa. Vaivén de corazón, vaivén de respiración. El vaivén está presente en todas las actividades importantes de tu organismo. Los pensamientos van y vienen. Los pulmones, la garganta, la circulación sanguínea, todo va y viene. Todo se contrae y se relaja. Todo inhala y exhala. Tu parpadeo, tus fosas nasales, tus poros, tus ciclos: dormir-despertar, ovular-menstruar, beber-orinar, trabajar-descansar, reír-llorar. Tus intestinos, gracias al vaivén del peristaltismo, facilitan el tránsito de los excrementos hacia el exterior.

Al baño vais tú y tus células. Ellas también tienen su método de evacuación. Hay mucho desecho que tiende a acumularse en los espacios intercelulares... *¿Espacios intercelulares*? ¡Anda, claro! Qué crees, ¿que tus células están pegaditas unas a otras y encajan como un puzle?

¡Que corra el aire! Cuando se acumulan sustancias nocivas, tus células se ponen en acción. ¿Y sabes qué hacen? Provocan un vigoroso movimiento celular, creando un vaivén natural que a fuerza de tensarse y destensarse expulsa esas toxinas.

Cuando este vaivén salvador deja de actuar correctamente, esas sustancias peligrosas para la salud proliferan, y entonces enfermamos.

Poco a poco te irás dando cuenta de lo importante que es esa capacidad de tensar y relajar que actúa a lo largo y ancho de todo tu organismo para tu sentir, para tu pensar, para tu funcionamiento cotidiano, para tu manera de relacionarte con los demás. De esa alternancia depende tu salud. Tenso no es sinónimo de rígido.

Observar-deducir. Vaivén. Hablar de vaivén es hablar de + y –. Activo-pasivo, fuerte-débil, alegre-triste, extrovertido-introvertido, positivo-negativo, yin-yang. El vaivén es a tu organismo lo que tu móvil a tu cotidianidad: pertenece a tu día a día.

Acciones pequeñitas, invisibles a tu atención, resultan, sin embargo, trascendentales para tu bienestar general y para tu salud. Pero el vaivén no es solo patrimonio del humano. Estamos rodeados de efusivos vaivenes: día-noche, sol-luna, amanecer-atardecer, invierno-verano, primavera-otoño. Ola que rompe en la playa, ola que se repliega. Esta es quizá la foto más gráfica y elocuente del vaivén: las olas invadiendo la arena con estruendo y retirándose en silencio. Ellas configuran las mareas. Vaivén del agua. Vaivén que lleva el mar de un lugar a otro. Vaivén que mueve el océano entero. Acciones pequeñitas mueven la inmensidad.

Cabalgamos a lomos de una gran ola. Por eso la vida está llena de altibajos. Sin embargo, hemos hecho de la seguridad nuestro *leitmotiv*. Que nada se mueva: «Virgencita, que me quede como estoy»... El equilibrio y la quietud como anhelos vitales. Y ese es nuestro gran error trágico: no aceptar los vaivenes naturales de la existencia.

No aceptar esto es confrontarnos cara a cara con nuestra propia vida. Y confrontarnos con la vida genera rigidez, y la rigidez frustración. Para ser viejo, antes es necesario haber sido joven. Quizá sería más divertido que nuestro desarrollo fuera al revés, pero no es así. Es mucha la literatura y el cine de ficción dedicado a esta temática: *El retrato de Dorian Gray*, *Cocoon*, *El curioso caso de Benjamin Button*... No envejecer. Que todo se quede en el lugar donde nos gusta instalarnos. Pero la vida se mueve. La vida te mueve. La vida no se para, nos guste o no.

Shangri-La es una utopía. «La vida es sueño, y los sueños, sueños son». Nelson Mandela dijo: «Envejecer es obligatorio». Pero esta frase continúa: «Envejecer es obligatorio. Crecer es opcional».

Las células esculpen nuestro cuerpo en cada etapa de la vida y nuestros ojos, nuestra mente, observan el movimiento que va provocando el transcurrir de los años. Movimiento externo visible. Movimiento interno oculto a la mirada. Vaivén. La existencia no se puede colocar en una estantería. Es más acorde con la realidad sujetarse el estómago y prepararnos para subir y bajar. Estamos a bordo de una montaña rusa imparable. Y esos ascensos y descensos no son iguales en todos los individuos. Los hay que duran mucho en marea alta y apenas se encuentran en marea baja, mientras que para otros predominan las mareas bajas.

Pero no solo son tus mareas las que oscilan en ciclos. Son tus horas, tus semanas, tus años. Todo transcurre como en un péndulo. ¿Cuántas veces has oído hablar de los ciclos de siete años? Sois muchos los que seguramente hayáis hecho el ejercicio de repasar los grandes acontecimientos de vuestra vida, y muchos coincidís en que eso de los siete años se cumple como una fórmula matemática. En mi caso estos ciclos se dan cada quinquenio, pero lo habitual es que sean septenios.

Los vaivenes mecen la existencia, y es interesante vivir con esta consciencia. Somos más permisivos con los subidones y bajones cotidianos, nos comprendemos y comprenderemos mejor a los demás. Noguchi consideraba fundamental que para atender a otras personas y orientarlas era imprescindible saber captar el estado de sus mareas. Así lo hacía él y así se lo exigía a sus colaboradores más cercanos. Claro, era Noguchi, un monstruo de la sensibilidad.

Nosotros nos conformaremos, simplemente, con saber que las mareas existen y que se pueden observar. Podemos empezar trazando una línea imaginaria que llamaremos estabilidad. Observaremos cómo esa línea es surcada por otras líneas continuas y ondulantes que suben y bajan. Esas líneas representan las diversas mareas que fluyen a través de nosotros.

Noguchi habló de tres tipos de mareas: la *física*, la *psíquica* y la *de agua*. Aunque varía según la persona, en general el ciclo físico dura siete días y el psíquico diez. La marea de agua no la especificó. No concretó qué quiso definir con esa expresión, ni tampoco el tiempo que duraba ese ciclo, por lo que yo aquí te la menciono simplemente como curiosidad.

Volviendo a la línea de la estabilidad, claro que hay momentos en los que podemos tocar el cielo. Hay puntos en los que confluyen todas esas oscilaciones y se alcanza un estado neutro en el que nos sentimos realmente bien. De repente, algo en la mente se nos clarifica. Sentimos que nos entendemos a nosotros mismos. Estamos en armonía con nuestro interior y nuestro exterior. Esos instantes suelen coincidir con una respiración de gran calidad. Seguramente se estén produciendo fases inhalatorias y exhaladoras equilibradas entre ellas, de duración casi gemela. También sus pausas, las que corresponden a los momentos de llenado y de vaciado, se realizan en forma de una especie de respiración cuadrada cuyos ángulos configuran un círculo perfecto.

¡Qué gusto! ¡Por supuesto que existe el equilibrio total! Pero es... totalmente pasajero. Lo siento. Pasado el *puntito*, el estado de nirvana desaparece y vuelven los nubarrones.

Pero no te desanimes. El equilibrio existe, aunque no se halle en la línea recta, sino en tu capacidad de agarrarte el estómago en esta atracción de feria que es tu vida. El equilibrio no está en los momentos neutros, sino en el oleaje, en ese ir y venir constante entre + y –. Poner el equilibrio como objetivo vital es delimitar la amplitud del vaivén. Al ser algo imposible, la mente toma el mando en plan superheroína que todo lo puede.

«Control, control. Conectando con el centro de operaciones»... Con tu mente logras no comer, no fumar, no enfadarte, no hacer cosas malas y portarte bien. Conducir sin alterarte. ¿Y sabes qué? Que no lo logras.

¿O aún te engañas? Bueno, sí se consigue una cosa: un precioso encogimiento al que llamamos *equilibrio*. Ese equilibrio es tan efímero, que se desmonta a cada paso. El Titanic se hunde y nosotros intentamos detener el naufragio con parches de neumáticos para bicicletas. No hay nada que hacer, la nave se irá a pique. No queda nada por hacer, simplemente confiar en el vaivén, esperar a que el bote toque fondo, tomar impulso y salir de nuevo al exterior a coger una gran bocanada. Para emerger hay que hundirse. El milagro está en ese desmontaje y montaje constantes.

¿Recuerdas cuando hablábamos de que la vida era construcción y destrucción permanentes?

> Cuando dejamos fluir los vaivenes, la vida vive. Y cuando vive, la propia vida nos recompensa devolviéndonos más vida. Permitir que las cosas se hagan de manera natural sin establecer una permanente lucha contra uno mismo es el secreto. La vida es una gran marea; una gran respiración. Nacer es marea alta. Cabeza de la inhalación. Las decisiones tomadas en los picos de cualquier marea alta permanecen. Morir es marea baja. Final de la exhalación. Las decisiones tomadas en estos momentos suelen sentirse como si uno estuviera ascendiendo el Himalaya.

Es necesario morir para que otro nazca. El vaivén habita en una inercia imparable desde que apareció el primer ser unicelular. Somos vaivén. Cuando conectamos con el vaivén, con el automatismo, con nuestra propia inercia, el resultado es que algo se va aquietando dentro de nuestra mente. Estamos hechos de ondulaciones. Estamos hechos de alternancias. En nuestra vida no hay que poner reglas para que el tabique nos salga recto. «A haces», según lo expresa mi albañil. La vida es curvilínea como la geometría de tu cuerpo. Y creo que hasta aquí la poesía. Volvamos a la realidad.

Por curiosidad he estado echando un vistazo por internet y te aseguro que, como decía mi madre, «me he vuelto mico» buscando. En los diccionarios aparecen algunas definiciones de *vaivén*:

Vaivén (sustantivo):

1. m. Balanceo, movimiento alternativo y sucesivo de un lado a otro.
2. Movimiento alternativo de un cuerpo que después de recorrer una línea en una dirección, vuelve a describirla, caminando en sentido contrario.
3. Inconstancia, cambio imprevisto en el desarrollo o duración de algo.
4. Mar. Cabo delgado de dos o tres cordones que sirve para varios usos.

Otras entradas relacionadas con el término «vaivén»: biela, trompicón, tumbo.

¿Y qué pasa con el inglés? Lo llaman de muchas maneras: *push-pull, sway, seesaw*... ¿Pero sabes cuál es mi favorita? *Swing*. Me encanta. Al menos está provista de cierto ritmo y alegría, ¿no? Sigo buscando la palabra «vaivén» y me encuentro: una discoteca en Pamplona, una productora vasca, un circo, bisagras, puertas para cocinas profesionales, una sierra de vaivén utilizada en el bricolaje, un disco de Jorge Drexler. No me lo creo.

Introduzco en el buscador de Google «mística del vaivén» y me aparece una poetisa que titula así un poemario suyo. ¿Nadie tiene en cuenta el vaivén como algo que regula y acompaña nuestra vida? Entonces pienso que lo que pasa es que no estoy introduciendo el término adecuado. Pongo «mareas», y más de lo mismo. Quizá un poco más, pero poco más. La astronomía contempla los septenios y algo así como las mareas vitales. Lo intento con la palabra «biorritmo». Encuentro algo, pero se relaciona con un método adivinatorio. Dicen que «constituyen un intento de predecir aspectos diversos de la vida de un individuo recurriendo a ciclos matemáticos sencillos». La mayoría de los investigadores los atribuye al azar y los considera como pseudociencia.

Y nada más, a pesar de que el vaivén es algo que afecta a todo en la Tierra y en el cosmos. Lo vives tú, tus órganos, tus funciones fisiológicas y tus células. Hasta dormir y despertar está relacionado con un movimiento de vaivén celular. Para conciliar el sueño es necesario que las células se relajen, y cuando se tensan, despertamos. En primavera las cavidades óseas, en especial el cráneo y la pelvis, abren. No nos damos cuenta de ello, pero abren, y en otoño, cierran. Todos estos movimientos, respecto a los que vivimos totalmente ajenos, no son un capricho de la naturaleza, responden a una sabiduría inimaginable.

Y sin pensar, el vaivén nos ha llevado al movimiento vital; prepárate, porque esta noción puede cambiar tu vida.

Escala para estirar las piernas. Movimiento vital: la madre del cordero

El Seitai no es una cosa oriental.
Es el recurso de la vida que respeta lo espontáneo.

—Katsumi Mamine

V = d/t. Aún recuerdo aquella fórmula de cuando estudiaba física en el instituto. *Movimiento y velocidad están relacionados*. Velocidad igual a distancia partida por tiempo. Este principio sirve para calcular la velocidad de un movimiento rectilíneo. Pero movimientos hay muchos: movimiento cultural, movimiento filosófico, movimiento artístico. Movimiento bancario, religioso, táctico y estratégico. Movimiento ciudadano. Movimiento rectilíneo, circular, parabólico. Movimiento de ajedrez. Movimiento cardiaco, peristáltico, ocular...

Nuestra cultura contempla muchos tipos de movimientos: en la física, en las artes, en el deporte, en la danza. Pero sorprendentemente no tiene en cuenta el movimiento como origen, desarrollo y evolución de cualquier vida. No existe una estructura del movimiento vital, salvo... en el Seitai.

Sin embargo, se le da cierta relevancia, porque si no, no sería casi un prefijo de muchas palabras, actividades y referencias humanas. Nuestra cultura tiene en cuenta el movimiento parcialmente. No lo unifica como conocimiento. Newton lo hizo, habló de un movimiento, y esa gravedad ha regido la ciencia física durante muchos años. ¿¡Y qué pasa con el resto de movimientos vitales inteligentes que rigen todo!?

El filósofo griego Aristóteles, que a su vez retoma de Heráclito, consideraba que *todo cambia* y que *todo es movimiento*. Creía que la *sustancia* es esencialmente dinámica y que el principio motriz es el deseo.

Planteó que *todo lo que se mueve es movido por otro*. Y no se equivocaba. Estamos movidos por la vida. La vida nos sacude.

Son muchos los personajes relevantes que han reparado en la importancia del movimiento. Uno de los que más me han sorprendido es Bruce Lee. Supongo que la mayoría lo conocéis por protagonizar películas de artes marciales. Pero fue más que un actor. Fue un pensador, un filósofo de gran preparación intelectual y emocional. Decía: «La vida nunca es estancamiento.

Es movimiento constante. Nosotros cambiamos permanentemente. La vida vive moviéndose y gana fuerza mientras lo hace». Y añadía: «Utiliza tu percepción corporal como guía».

Leonardo da Vinci expresó: «Donde hay vida hay calor. Donde hay calor vital, hay movimiento de humores». Da Vinci, cuando hablaba de los humores, se refería a una teoría que adoptaron filósofos y físicos de las antiguas civilizaciones romana y griega sobre el funcionamiento del cuerpo humano, y que predominó hasta hace no mucho.

En el siglo XVII, Thomas Hobbes, considerado el padre del pensamiento político occidental, decía que «una vez que un cuerpo está en movimiento, se mueve eternamente, a menos que algo se lo impida. A pesar de eso, sea lo que sea lo que se lo impida, el movimiento no será extinguido en un instante, sino que lo hará gradualmente a lo largo de un espacio de tiempo».

Nuestro organismo lógicamente tiene un principio y un final. La muerte frena cualquier dinámica. Pero también existe otro tipo de muerte cotidiana: la que nosotros mismos nos infligimos. Sin darnos cuenta, ejercemos sobre nuestro organismo una presión que se traduce en bloqueos que van delimitando nuestra capacidad de movimiento, y por lo tanto se acorta la amplitud de la vida. Ello, unido a la injerencia continua de medicamentos ingeridos indiscriminadamente y a ese anhelo de que todo vaya perfecto, que nos lleva a visitar al médico tanto cuando nos hace falta como cuando no, nos va debilitando. El organismo sensible y despierto, que se alertaba ante cualquier enemigo, se embota y se atonta. Su capacidad de responder, de tanto ser machacada a base de manipulaciones externas injustificadas, *empieza* a considerar que sus manifestaciones son erróneas.

La inteligencia interna se va alterando. No distingue, ya no sabe si necesita intervenir o no. La salud no es responsabilidad exclusiva de los médicos. Cada uno puede y debe cultivar su propio vigor.

Cada uno gestiona sus miedos como puede. Nadie se puede meter en la piel de una persona que sufre. Pero no está de más buscar otras maneras de reorientar nuestros conflictos cotidianos. Y para eso nació Noguchi, para ofrecer otra perspectiva de la salud y de la educación.

Él reparó en la existencia inequívoca de cinco movimientos vitales que actúan permanentemente. El movimiento vital tiene una estructura, la vida tiene una estructura, y Noguchi la descifró.

Es la ley universal de los cinco movimientos vitales inteligentes en vaivén + y –.

Señoras y señores viajeros, a su izquierda algo digno de admiración: la vida y su estructura en cinco movimientos

> La vida se manifiesta a través de cinco movimientos absolutamente interdependientes entre sí. Cualquiera de ellos existe gracias a la presencia de los otros cuatro.
>
> En origen, fuimos cinco grupos celulares embrionarios. Ellos formaron todo lo que somos hoy en día.
>
> Somos cinco grandes sistemas orgánicos y sus centros, cinco cavidades y sus correspondientes sistemas orgánicos.
>
> Los cinco movimientos, al ser interdependientes, tienen la necesidad vital de coordinarse.
>
> —Katsumi Mamine

Noguchi descubrió que la vida se manifiesta y se desarrolla a través del movimiento, y ese movimiento no lo hace de cualquier manera.

El movimiento tiene una estructura y se expresa en cinco dimensiones. Los cinco movimientos ofrecen a la vida infinitas posibilidades de creación, tantas como que jamás se repite. En la vida no existen los clones. No se repite una flor. No se repite un pétalo en una misma flor. No se repite un ser humano, aunque se trate de dos gemelos con el parecido de dos gotas de agua. Y así será, porque no existen dos gotas de agua iguales.

Noguchi no solo descubrió la existencia del movimiento vital y su inteligente forma de organizarse, sino que exploró y buceó en su hallazgo trascendental. Observó la existencia de una estructura, un orden básico de una coherencia vital increíble.

Es una ley universal que se repite y se repite una y otra vez, y muy concretamente en la vida terrestre, aunque también se puede observar en la actividad cósmica.

Etimológicamente «estructura» proviene del latín *structūra* y se refiere a la disposición y el orden que presentan las partes de un todo. También puede entenderse como un sistema de conceptos coherentes enlazados, cuyo objetivo es precisar la esencia de aquello que se estudia. Por lo tanto, el descubrimiento de Noguchi no es una filosofía oriental para alcanzar el karma. Es un conocimiento global de dimensiones universales que explica el orden en el que se mueve la creación de la vida.

No olvidemos que Noguchi era un niño cuando se dio cuenta de todo esto. Y que fue reclamado por todas las instancias del poder de un país que tampoco es un país cualquiera. Japón era y es un estado muy culto y al mismo tiempo muy jerarquizado. Acceder a esos ambientes, hoy y entonces, es una proeza sin precedentes.

Y eso no fue porque sí. Si la historia sucedió como sucedió, es porque Noguchi había descubierto algo asombroso en lo que nadie había reparado nunca. Ni antes, ni después.

Su descubrimiento de la estructura de la vida en cinco movimientos se repite en cada una de las ramas que estudia la biología. Está presente en la columna vertebral, en la organización de los sistemas orgánicos, en la composición cerebral, en cómo se estructuran los miembros con los que somos capaces de desplazarnos y de hacer cambiar nuestro entorno. Nuestras manos, nuestros dedos, los mismos que crean el arte, los robots, los telescopios, los submarinos, poseen una estructura clara y demostrable.

Nuestro origen, nuestro proceso y nuestro destino se realizan espontáneamente a fuerza de cinco movimientos, sutil y precisamente organizados y coordinados.

El ser humano ha intuido ancestralmente que las cosas tienen que estar dotadas de una estructura. Un guión de cine tiene una estructura, la misma que tiene un chiste o una novela. Una narración, por simple que sea, aunque sea un cotilleo contado en la cola del supermercado, tiene un principio, un desarrollo, unos puntos de giro, un momento climático de máximo interés y un desenlace.

Una empresa tiene una estructura, los libros de texto requieren una estructura. En cualquier estructura, cada elemento tiene su importancia y está en coordinación con el resto. Los componentes no van cada uno por su cuenta como algo único, sino que van de la mano como un conjunto que actúa de forma coordinada. En la vida pasa igual. Todo actúa inteligente y coordinadamente siguiendo con fidelidad una organización.

Pues bien, esto tan básico, esta estructura de vida y su orden, se le ha pasado a la cultura humana por alto, tanto a los conocimientos orientales como a los occidentales.

El único ser en el mundo que ha reparado en esto, otorgándole importancia y ofreciéndolo de una manera precisa y aplicable, ha sido Haruchika Noguchi.

Intuitivamente, forma parte de nuestro día a día. Son muchos los que han vislumbrado lo descubierto por Noguchi, pero nunca nadie lo ha presentado de una manera incuestionable y ordenada.

Noguchi descubre una estructura reducida a cinco movimientos + y –, a partir de la cual la vida crea hasta el infinito. Los cinco movimientos combinados crean un único movimiento: el movimiento que permite que la vida viva.

Y esto no es un concepto filosófico: la revelación de esa estructura es trascendental para impulsar el conocimiento del ser humano porque se ajusta a todo lo que está implicando su existencia. Sus referencias sirven para acrecentar la salud de la población mundial, su educación, su tecnología, su desarrollo científico, su orientación en la convivencia y en la resolución de problemas en la vida cotidiana. Los cinco movimientos están presentes en las cosas animadas y en las inanimadas que nos importan y nos hacen la vida más agradable.

Es fundamental, y muchas cosas cambiarán, si empezamos a ser conscientes de la existencia de la dinámica del movimiento en la que estamos instalados. La vida es movimiento. Aunque decidieras un día el absurdo reto de no volver a moverte y no salir de la cama, no lo lograrías. La *quietud* como objetivo vital es tan inalcanzable como inútil.

Puede que te dé por practicar meditación zen. Entonces te sientas en el suelo con las piernas cruzadas o en *seiza* (de rodillas sentado sobre los talones). Al ojo humano, quizá sí estés quieto, pero en tu interior todo sigue en plena actividad. Además, para mantener esa postura de aparente quietud, necesitas de la acción de dos movimientos medulares fundamentales: el vertical y el central.

Poco a poco vamos entrando en el asunto, ¿ves? Esto me recuerda a un anciano muy viejito que se sentaba en una butaca detrás de mí en un cine de La Habana. Todos estábamos en silencio siguiendo la película, en la que en ese momento un joven le arrancaba un beso a una bella joven. A partir de ahí, empezaba un lance de amor tórrido y envolvente. El abuelo, totalmente imbuido y con su memoria celular intacta, expresó en voz alta: «¡*Suavesito*, mi hijo! Dale *suavesito*. Así, así...». Aquellas palabras le salieron de las entrañas. Él estaba dentro de la pantalla, solo, incrustado en el personaje besador y acariciador, viviendo la experiencia en sus propias carnes. Por supuesto, el cine se cayó a carcajadas. Pues sigamos *suavesito*...

De los cinco movimientos, dos de ellos son medulares y tres dinámicos.

Todos quedarán perfectamente desarrollados, no te preocupes. Tu interior se mueve, aunque no lo percibas. Tampoco te percatas del movimiento de la Tierra sobre su eje y del que a su vez realiza alrededor del Sol, pero te aseguro que su velocidad es vertiginosa. Sobre sí misma gira a una velocidad de unos 1700 km/h, y en su movimiento de traslación alrededor del sol, a 107 000 km/h. A su vez la Tierra también se mueve por la galaxia, pero me ahorro el dato de la velocidad, porque marea.

¿Y por qué no te das cuenta de todos esos movimientos? Pues porque estás acostumbrado. Como son velocidades constantes, al no sentir ninguna aceleración ni desaceleración, no te das cuenta. Funciona el mismo principio que experimentas cuando estás subido en un coche o un tren. En ellos solo percibirás los cambios de velocidad. El resto será rutina, mientras ves pasar arbolitos, casitas y nubecitas.

Puede que te estés planteando que menuda innovación te traigo. Relacionar movimiento y salud es algo archiconocido. Nos bombardean con programas de cómo vivir saludables, en los que se recomienda el ejercicio, una y otra vez. Pero yo no te estoy hablando del movimiento como algo bueno o no para tu salud. Te hablo del movimiento como cultura, de movimiento como manifestación vital. Te hablo de cinco movimientos que nacen espontáneamente. Te hablo del movimiento que hay en tus tejidos, en tus órganos, en tus células. Te hablo del movimiento necesario para que tus funciones vitales fluyan en su actividad. Te hablo de tus movimientos psíquicos. Te hablo de toda una red de movimientos interrelacionados que tienen que tocar una partitura coordinada para que la vida viva. Te hablo de los movimientos necesarios para que puedas pensar, actuar, comunicar. Del movimiento que tienes que realizar para defender tu seguridad y la de los tuyos, para que tu espacio vital más cercano en 360° no sea invadido. Te hablo del movimiento que permite vibrar con una puesta de sol, te hablo del movimiento vital del sexo que te lleva a disfrutar de tu pareja y a reproducirte con ella.

Te hablo de cinco movimientos inteligentes que actúan coordinadamente al servicio de tu vida.

Observa cualquier acción cotidiana. Cada movimiento visible está asistido por innumerables movimientos invisibles, respecto a los que permaneces ajeno, pero que son los que están posibilitando su ejecución, por nimia que sea.

Andar no es cosa exclusiva de tus piernas. Fregar los platos no es exclusivo de tus brazos. Da igual. Si observas, te darás cuenta de que se pone en marcha un sofisticado engranaje interrelacionado e intercomunicado en el que cada célula tendrá su participación de una manera directa o indirecta. ¿Qué creías, que movimiento es meter tripa en la piscina cuando vas a natación? Sí, es movimiento, pero no es movimiento vital. Puedes vivir sin meter la tripa.

Las horas que dedicas al gimnasio o a las clases de baile te irán bien. Pero si lo que quieres es acceder hasta el último rinconcito de tu organismo, hasta tu último tejido tenso, hasta tu última célula, entonces tengo el gusto de presentarte la práctica fundamental del Seitai: el katsugen undo. El deporte mueve músculo. La lectura mueve tu intelecto... El katsugen undo mueve vida en su conjunto.

Al katsugen voy a dedicar un capítulo. Ahora solo diré que el katsugen está presente en nosotros desde que somos la primera célula embrionaria. Es una dinámica natural y espontánea, es el director de orquesta que pone a afinar todos los instrumentos para tocar la partitura de la vida. El movimiento y su vibración son lo que distinguen a un anciano de un joven. El más inquieto de todos es el bebé. Inquieto como antónimo de quieto, no me refiero a este término de una manera despectiva, como se suele utilizar.

Observar a un bebé en su cunita es un pasatiempo hermoso. Las manitas, los piececitos, esos gestos por los que no sabes si va a reír, a llorar o a regurgitar. El cachorro es la representación de la vida en estado puro.

La naturaleza no actúa nunca con capricho y menos en sus creaciones recientes, como son los recién nacidos. El pequeño se mueve porque es vital para él. La dinámica, la inercia de su movimiento, son trascendentales tanto para su futuro inmediato como a largo plazo. Observar ese movimiento en el niño y respetarlo es un conocimiento que debería adquirir cualquiera que haya decidido ser madre o padre. Aprender a discernir esos movimientos y respetar el movimiento específico de cada etapa, vinculado íntimamente con el desarrollo, tendría que ser asignatura imprescindible para aquellos que tienen la emocionante tarea de acompañar a otro ser humano en su crecimiento.

Cada periodo del desarrollo del pequeño estará relacionado con un movimiento. Esos mismos movimientos también estuvieron implicados en su gestación y lo estarán en su crecimiento hasta que cumpla veintisiete años, edad en la que se deja de crecer. Podremos vivir ciento cuatro años, pero hablo orgánicamente, no de proyectos e inquietudes.

Esos movimientos no están solamente relacionados con las diversas etapas de desarrollo orgánico del ser humano, sino que lo están con su psique. La vida tiene rigor. El Seitai tiene rigor. La inteligencia vital es totalmente sólida en conocimientos vitales.

Hasta el momento, hemos visto que la vida es de todo, menos aburrida. Tiene montada una fábrica que funciona veinticuatro horas, con turnos repartidos durante el día y la noche.

Hay dos sectores que nunca descansan y que los sindicatos considerarían como inaceptables. Esos sectores que jamás han parado ni pararán jamás, hasta tu último aliento, son la respiración y el pulso cardiaco. Ellos cuentan con la asistencia de unas células muy especiales que un día estuvieron presentes en el cordón umbilical, y que son la gasolina incombustible que nos mantiene vivos. Estas células nunca, ni un solo instante, han podido detenerse. Siempre están moviéndose.

A mí, por mucho que le doy vueltas a esto, no me entra en la cabeza. La vida es algo tan maravilloso, que cuanto más se conoce, más se admira. Ah, y rizando el rizo: entre la respiración y el pulso hay una que puede controlar al otro, pero viceversa no. ¿Cuál es y por qué? ¡Cómo me gustan los enigmas! Ahora no te voy a revelar el acertijo, aunque simplemente observando la redacción y el género, sacarás tus propias conclusiones.

Próxima parada, parque temático. Disponen de un pase libre para subir a todas las atracciones. Cinco movimientos y su naturaleza

> La vida permanece en el misterio respecto al conocimiento humano. Si nos acercamos a la vida con la idea de que sabemos algo, los sucesos nos reprenderán. Hace falta conservar un espíritu de fondo en el que sepamos que no sabemos nada.
>
> —Katsumi Mamine

Bueno, ahora viene el momento *durillo*, pero apasionante, en el que tendrás que poner un poco de atención. Esta parte es importante para acrecentar tu comprensión sobre lo que has leído hasta el momento y lo que vendrá a partir de ahora. No te preocupes, lo haré breve y te lo serviré muy mascadito.

El movimiento vital surge espontáneamente y se manifiesta en cinco direcciones.

Cualquier actividad, por pequeña que sea, está participada por estas cinco direcciones de manera coordinada. No hay movimientos que funcionen de forma aislada. La vida que late en ti es un gran colectivo en el que todos sus miembros colaboran activamente entre sí. Cuantas más intercomunicación e interacción se den, mejor respiraremos. Y cuanto mejor respiremos, mayor capacidad tendrán nuestros tejidos, nuestras células, nuestro todo, de tensar y relajar. Esto, tan simple, enciende la vida.

Te pongo un ejemplo de colaboración. Piensa en tu columna vertebral. Su configuración erguida es una particularidad exclusivamente humana. Erguido no es sinónimo de rígido. El ser humano tiene una configuración específica que no se da en otros homínidos, por la que podemos estar de pie y rectos todo el tiempo que queramos. Ya sé que hay caniches en el circo que lo hacen, pero no es su constitución natural, y esa postura la pueden mantener solo un ratito. No voy a entrar en esto, pero te diré que en la planta de tu pie hay un trípode único y que el secreto lo encuentras en la base de tu dedo pulgar. Pero sigamos.

Para que esa inercia que tiende al cielo se realice sin esfuerzo, para que esa fuerza vital surja de la lumbar 1, no cuentas solo con el movimiento vertical, sino que tu columna necesita que el resto de movimientos actúen coordinadamente entre sí. Es la manera agradable de estar erguido, sin bloqueos ni incomodidades.

Los cinco movimientos están presentes a lo largo y ancho de todo el organismo: en las vértebras, en tus células, en tus funciones orgánicas, fisiológicas, psíquicas, energéticas, etc. Pues bien, a pesar de tener en cuenta que esta coordinación es necesaria para la vida, digamos que cada uno de esos movimientos tiene su propia sede central y se ubica en un lugar específico. Y repito: aunque todo está presente en todo, cada movimiento tiene una casa natural y concreta.

En esos lugares es donde el movimiento se manifiesta abiertamente y de manera más dinámica. Es el lugar original donde ese movimiento se siente como pez en el agua. Es el especialista al que todos recurren para hacer consultas. Por hacer el símil con una gran empresa, el movimiento vital tiene cinco delegaciones, que a su vez cuentan con subdelegaciones repartidas en diversas regiones. Vayamos primero con las delegaciones principales. Las encontramos en la cabeza, en los hombros, en el vientre, en la cintura y en la pelvis, y cada una de ellas habita en las siguientes cinco cavidades:

- La cabeza en la cavidad craneal
- Los hombros en la cavidad pectoral
- El vientre en la cavidad digestiva
- La cintura en la cavidad urinaria
- La pelvis en la cavidad pélvica

A su vez, estas cavidades son el centro de cada uno de los cinco grandes sistemas orgánicos:

- Cabeza-cerebro: centro del sistema nervioso central
- Hombros-pecho-pulmones: centro del sistema motor y respiratorio
- Vientre-corazón-estómago: centro del sistema asimilocirculatorio
- Riñones-vejiga: centro del sistema eliminatorio
- Cadera-pelvis: centro del sistema reproductor, regenerador y conjuntivo

Bueno, ¿cómo va la cosa? Venga, para desengrasar te voy a hablar un poco de sexo.

La pelvis es el centro del movimiento central. Cuando ambos coxales de la cadera se cierran, todo se cierra, todo se ve arrastrado al interior y a la compactación. En la pelvis se ubica la capacidad reproductiva y es donde se segrega la sensual y todopoderosa hormona sexual, que rige la capacidad de regeneración celular de todo el organismo. Esta hormona es la mejor crema antienvejecimiento a la que puedes acceder. Si la sexualidad es fuerte, se da una gran capacidad de curación de las heridas y de las quemaduras. Si es débil, la fuerza regenerativa de las células mengua. Estas células tan beneficiosas son además conjuntivas y hacen que tú te presentes ante el mundo como una unidad, en lugar de aparecer como una nubecilla etérea con todos los componentes flotando en el espacio para allá y para acá. Perteneces al mundo global, sí, pero al mismo tiempo, tú eres un mundo propio, creado por y para ti.

Para que seas ese conjunto, necesitas que esté activo un movimiento multidireccional que vamos a conocer como movimiento central, que tiende a ir hacia abajo y hacia adentro. En tu organismo actúa como la gravedad en la Tierra, que descubrió Newton con su famosa manzana cayendo al suelo mientras trataba de dormir la siesta bajo un árbol... O al menos, así nos lo han contado. Este movimiento es tu centro de gravedad, y al igual que la gravedad en nuestro planeta, no se localiza en el centro, sino un poquito más abajo.

El movimiento central está implicado en actividades tan importantes como la reproducción y las relaciones sexuales. El culito del central suele estar bien, pero que muy bien. Si ves una prieta o un prieto con el culo mirando a los áticos y con una curvatura lumbar muy pronunciada, ese ejemplar tiene mucho de central cerrar. Al contrario, si ese ejemplar es ancho, tirando a obeso, y el culo es plano, tendrá mucho de abrir. Mírale las puntas de los pies. ¿Apuntan hacia los portales? No hay duda: tiene mucho abrir. Abrir y cerrar forman parte del mismo movimiento central.

Central es el que te renueva, haciendo que tus células se regeneren. Es el que te hace vibrar en lo profundo ante una caricia, ante otra vida, ante tu propia vida. Es el movimiento que capitanea el ejército celular cuando te haces una herida. Por más que te pongan vendajes y Betadine, si este tipo de células no se ponen en marcha, mal asunto.

El sentido directamente vinculado con el movimiento central es el tacto, y por lo tanto la piel. Este es el movimiento que más puede representar ese dicho popular de «estar con los pies en el suelo». Centrado. Movimiento central.

Mucho central nos atrapa y nos lleva al infierno. Entonces, central relaja con abrir. Es, por ejemplo, el movimiento de vaivén de un abrazo. Abrir, cerrar y volver a abrir. Un abrazo prieto que no abre ahoga. Un abrazo muy abierto, ya sabes, todo el mundo acabará abusando de ti.

Al movimiento central le gusta proteger a los suyos, pero no a la manera *peleona* en que lo hace rotación. Central lo hace desde la vibración profunda del amor incondicional que profesa a quien ha decidido amar.

Central puede quedarse fundido en un atardecer y sentir que ese sol desapareciendo por el horizonte y su persona son lo mismo. Central está muy vinculado a la vivencia religiosa o de entrega. Central es el egoísmo generoso. Sé que es una contradicción, pero su egocentrismo es una plataforma para poder sentir lo que ocurre fuera de sí, pero dentro de otro.

Central es intuitivo y sabe penetrar en lo que esconden las apariencias. Puede captar desde el interior más profundo el exterior más lejano e inmenso, como puede ser la bóveda celeste.

El movimiento central tiene una naturaleza estática, al igual que su otro movimiento antagónico, que es el que nos sube, el movimiento vertical, y que se relacionaría más con el dicho popular de «estar en las nubes». Ninguno de estos movimientos es alborotador. Son movimientos estáticos y, si me permites la licencia poética, silenciosos.

Antes de introducirte en el maravilloso mundo de lo vertical, me gustaría comentarte una cosa.

Entre los cinco movimientos, los dos que son de naturaleza estática y medular son el vertical y el central. Esto quiere decir que ambos, cada uno a su manera, nos permiten estar quietos y aparentemente inmóviles. Sin embargo, frontal, lateral y rotación son movimientos periféricos y dinámicos, o sea, que nos permiten desplazarnos, actuar, expresarnos, pelear, defendernos, etc.

En Occidente, el movimiento se concibe a través de tres conceptos:

- Flexión-extensión (f-e)
- Inclinación lateral
- Rotación.

Para que comprendas este punto, observa el siguiente dibujo:

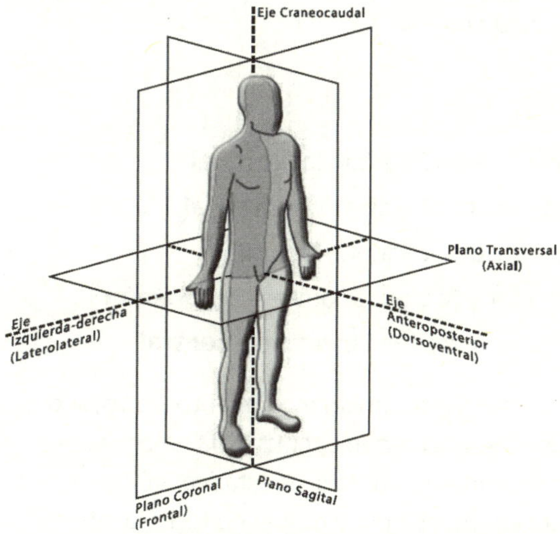

Con tres planos, podemos representar los cinco movimientos. Y en definitiva ese trío de planos dibuja una esfera, un mundo.

Un mundo que gravita en solitario y un mundo que actúa en coordinación con otros mundos, tanto con los mundos-macro, como son los planetas y el cosmos, como con los mundos-micro, como son tus células, tus átomos, etc. Imaginar todo eso en movimiento constante a mí, al menos, me resulta muy emocionante, y ha cambiado muchas percepciones mías sobre la vida y sobre la existencia. Volviendo al movimiento, respecto a su división entre naturaleza estática o dinámica, sería así:

- F-e es el plano flexoextensor que define delante y arriba.
- F-e estático es vertical, arriba-abajo. F-e dinámico es frontal, delante-atrás.
- Inclinación bilateral actúa en el plano perpendicular a f-e y lo hace de derecha a izquierda y de izquierda a derecha, definiendo lateral.
- Circular combina ambos planos, f-e y bilateral. Si el movimiento parte de la cintura y nos hace rotar sobre nosotros mismos, será necesario que un coxal de la cadera abra y el otro cierre. Esto hace que el movimiento sea circular dinámico y periférico; estamos hablando de movimiento de rotación.

Pero si el movimiento cierra los dos coxales a la vez, si la pelvis se encierra en sí misma arrastrando al resto de tu organismo a esa introversión, entonces estamos ante el movimiento circular medular y estático que llamamos central (ilustración n.º 1).

Por lo tanto:

- ↕ Movimiento f-e estático: **vertical**
- Movimiento f-e dinámico: **frontal**
- Movimiento bilateral: **lateral**
- Movimiento circular dinámico: **rotación**
- Movimiento circular estático: **central**

¿Ves? F-e se transforma en un movimiento u otro, según sea dinámico o estático. Lo mismo ocurre con circular. Si la naturaleza es dinámica, hablaremos de un movimiento, pero si es estática hablaremos de otro.

Lateral está solito, es *non*, y de hecho todo lo lateral es muy sociable.

Es una cuestión de supervivencia, porque sin colaboración, al contar con tan solo un elemento, no puede desarrollarse de manera autónoma. Solo tenemos un corazón, un estómago, un hígado, un bazo, etc., y entre ellos interactúan con mucha facilidad. En el resto, encontraremos todo a pares: dos hemisferios en el cerebro, dos pulmones, dos riñones, dos testículos, dos ovarios...

Occidente considera tres movimientos, cuando en realidad son cinco. No es que nuestra cultura desconozca este punto, lo que pasa es que simplemente le interesan los movimientos dinámicos. Los aplica a la física, al deporte, etc. Sin embargo, los estáticos, como son vertical y central, no le interesan mucho. Todo esto es para que lo puedas consultar cuando te venga bien.

No lo expongo ni para que te lo aprendas, ni para que te agobies pensando que si no lo entiendes, te estás perdiendo algo fundamental. Lo fundamental es lo que te entrará por la vivencia de manera orgánica, no por la *mollera*.

Hablando de razón pura, datos... Te hablé de sexo para describirte el movimiento central, y ahora entramos en el intelecto y el pensamiento a través del movimiento vertical.

↕ El movimiento vertical es el que planifica. Tus neuronas son esbeltas señoritas impregnadas de verticalidad, como esas bailarinas que parecen andar siempre de puntillas tocando el cielo con pensamientos volátiles.

El movimiento vertical, como en «La bamba», va arriba y arriba, y su sede está en la cabeza. Como para subir hace falta que participe todo nuestro ser, también encontramos muuuuucho vertical en las yemas de los dedos y en la punta del coxis. Por eso son tan peligrosas las caídas de culo. Un impacto en el coxis repercute directamente en la meninge. Cabeza y coxis están totalmente conectados. Por lo tanto, caerse de culo pierde su gracia en cuanto dejas de ser un niño.

Podrías probar esta relación si contaras con la ayuda de alguien que te empuje desde la punta del coxis. Todo sube. Puedes probar, si quieres, pero recomiendo buscar a una persona de mucha confianza.

También te he comentado que hay verticalidad en las yemas de tus dedos. Cuando la cabeza sube mucho mucho, seguro que los talones empiezan a despegar del suelo y te acabas quedando apoyado sobre las puntas de los dedos de tus pies. Más allá, es volar, pero de momento no podemos. La culpa de que no puedas volar es de que tu cerebro se ha desarrollado más que en otras especies animales y es muy pesado. Las aves, que también tienen una tipología parecida a la humana, porque al igual que nosotros han evolucionado el cuello y esa postura erguida, tuvieron la precaución de quedarse con un cerebro más modesto. Sinceramente, viendo en qué estamos usando el cerebro, yo personalmente sacrificaría ese volumen y preferiría tener alas para poder volar.

Volviendo a los dedos, ¿con qué leen los ciegos? En las yemas de los dedos encontramos células del mismo tipo que las neuronas. Estas células también las hallamos en abundancia en los ojos. Así que ya lo sabes. Cuando mires la punta de tus dedos, que sepas que ellos también te están mirando.

La espiritualidad, la videncia y la santidad han estado tradicionalmente representadas con una aureola colocada en la nuca y unos halos brillantes que salen de los dedos cuando palma con palma se juntan en las oraciones de todas las creencias y confesiones.

El movimiento vertical es el que te hace perder la mirada en el cielo. Piensa qué ocurre, por ejemplo, si alguien te pregunta por una dirección cuando vas caminando por una calle. «A ver, déjame pensar ». Arriba. Pensar y mirar hacia arriba forman parte de lo mismo.

Pensar profundamente ya sería un movimiento interior relacionado con el movimiento central. Pero el pensamiento de planificar, idear, imaginar, de replantear lo ya expuesto y ponerlo en duda, buscando una nueva reformulación, es vertical, son los ojos. Arriba mira lejos y descuida lo cercano.

Al movimiento vertical no le gusta que lo toquen, ni el ruido, ni que lo distraigan de su meditación habitual. Vertical quiere discernir, quiere soledad, quiere aislamiento, no contaminarse de otros movimientos. Vertical ama, pero ama la idea de amar. Vertical es jerárquico. Busca y respeta la jerarquía. En las empresas, a los jefes nunca los encontramos en el sótano, sino en las oficinas enmoquetadas de la última planta.

¿Ves? El Seitai sigue la lógica vital que conocemos y que aplicamos en todos los campos de la vida cotidiana, aunque no sepamos el porqué. A medida que vayas teniendo parámetros de observación, empezarás a darte cuenta de muchas cosas. Te dije al principio de este libro que el Seitai sirve para comprenderte, para comprender a los demás y para entender lo que te rodea.

A tu gran jefe le hace falta bajar un poquito al terreno de juego y mover más la caderita. Pero él sigue apegado a sus viejos esquemas. Le han dicho que la corbata le da un aspecto de persona seria y responsable, pero lo han engañado. En realidad lo encadenan a esa corbata a lo largo de su vida para aislarlo de los sentimientos, no vaya a ser que en un ataque de *buen rollito* te suba el sueldo. Sí, ya sé que tu jefa no lleva corbata, pero quizá ande siempre subida a unos tacones, unida al suelo tan solo por la punta de sus dedos.

¡Pobres! Ellos no lo saben, pero tú ahora sí. Tus jefes están atrapados en el movimiento vertical para poder obtener sus resultados de frontales.

Digamos que de todos los movimientos, vertical es el más independiente, el que va más por libre, aunque el frontal le vaya a la zaga. Por eso es muy importante recuperar la vertical en la coordinación con el resto, para que no se vaya tan solito, hasta el punto de que un día no pueda discernir entre realidad e invención, lo que le llevaría a enfermedades psíquicas que sobreexcitan el pensamiento, como, por ejemplo, la esquizofrenia. Pero esto es otro asunto. Ahora hablamos de movimientos puros y fluidos, no de TPE, que es la sobrexcitación de un movimiento y sus consecuencias.

Arriba relaja bajando. Vaivén entre subir y bajar.

Hasta el momento, te he descrito los dos movimientos estáticos. Ahora vayamos a por los movimientos dinámicos.

El movimiento frontal es el actor por excelencia. No hablo de Paul Newman, ¡ay!, me refiero a actor como sustantivo del verbo actuar. Frontal siempre mira hacia delante. Avanza. Es pragmático. Para él no existen los escaparates ni los entretenimientos. Él siempre traza una línea recta entre origen y destino, recorriendo el camino más corto.

Frontal es pulmones. Frontal es sistema locomotor. Es combustión. Es nariz. La nariz sobresale de la cara. Quiere ir hacia delante. No tiene tiempo de ver lo que deja a los lados y mucho menos para reparar en lo que deja atrás. Quemar. Combustión. Frontal es una autopista sin desvíos. Es tráquea. Es impulso. El impulso nace de los hombros.

¿Te imaginas al ultramedallista Usain Bolt sin hombros y caderón, en plan Sofía Loren? Yo solo con imaginarlo me parto de risa. Frontal es una buena mandíbula. Los hombres con mandíbula resultan muuuuy atractivos. Frontal es atractivo, pero un poco pendón. Ahí lo dejo.

Frontal se ubica, en su zona craneal, en los hombros, donde el movimiento frontal se da con toda su intensidad. En su zona caudal, actuando como base, se encuentra la articulación fémurocoxal. Si quieres ir hacia delante a toda velocidad, date impulso con los hombros, acompaña la inercia con la articulación fémurocoxal y fija tu atención en tu L5. Vas a correr divino.

Frontal es el Lobo de Wall Street, es el ejecutivo que ejecuta. Valora, sopesa: «Qué tengo, qué necesito, cómo lo consigo». Es la mente pragmática que no se queda atrapada ni en las reflexiones de vertical, ni en la emotividad de lateral, ni mucho menos en las peleas de rotación: frontal no tiene tiempo para disquisiciones.

Tampoco es de mucho escuchar. Tiene una gran capacidad para separar el grano de la paja en una conversación. Solo prestará atención a lo que realmente le interese.

El movimiento frontal es el que te hará estar en el futuro, adelantándote a lo venidero. Pero de vez en cuando hay que pensar en regresar del futuro.

Frontal descansa atrás. Vaivén. Un delante muy pronunciado necesita un poco de retorno. Más que atrás, es retroceder lo justo para recuperar el eje.

El movimiento lateral despierta mucha simpatía porque es un apasionado de la comunicación. Disfruta compartiendo, charlando. Es alborotador. No hay nada que le guste más que departir con un vecino: «Mira ese, mira el otro».

No hay fiesta que se precie sin una buena dosis de lateralidad. Lateral contagia lateralidad hasta al más pintado. Será el que medie entre central, con la lengua fuera en busca de satisfacción sexual, eso si no tiene el día plomizo con la metafísica y la trascendencia; el pesado del vertical con sus *movidas* intelectuales, dando la *brasa* con el último libro filosófico que ha leído y con la noticias que auguran la inminente glaciación del planeta; el avispado de frontal valorando quién de los presentes le puede financiar su siguiente proyecto, y el que se pasa la fiesta defendiendo su circulito en la pista de baile para que nadie se lo pise, que será rotación. Si eres relaciones públicas y quieres una buena fiesta, distribuye laterales a diestro y siniestro. Tú mismo, si te dedicas a esta profesión, seguro que eres un buen exponente de lateral, y esto lo sabes de sobra.

En lateral, no importa la distancia, lo interesante es lo que va surgiendo por el recorrido.

«¿Un tentempié? ¡Ea!, un día es un día». Mientras a frontal le da un ataque si alguien le entretiene por el camino cuando va en busca de un logro o de un objetivo, lateral estará encantado en echar un ratito con cualquiera.

En lateral no hay atajos. Todo es redondito y suave. El sistema asimilo-circulatorio es así. El estómago, los intestinos

Para que los alimentos sean procesados y se extraigan todos sus nutrientes, es necesario que el proceso digestivo lleve su tiempo. Bien lo sabemos todos los que fuimos niños en una época en la que estaba terminantemente prohibido bañarse en la piscina hasta haber terminado la digestión. ¡Aquello era eternoooo! Encima, a la hora del telediario. No sé cómo pudimos sobrevivir al blanco y negro calvario, verano tras verano.

Lateral es circulación sanguínea. Lateral va de casa en casa, de célula en célula, de órgano en órgano, de tejido en tejido y deja el pedido en destino con mucha simpatía. A fuerza de tanta visita a tantas casas, resulta que se sabe la vida de todos.

Lateral es la boca: boca que habla, boca que saborea. Lateral es felicidad, pero también es tristeza. Llora y ríe con la misma facilidad. Lateral admira la jerarquía, pero él es puro desorden, aunque no consigo mismo. Para lateral, la belleza y el aspecto físico son fundamentales. Hay un abismo entre ser guapo y no serlo.

Lateral se inclina de izquierda a derecha y tiene un andar bamboleante. En ese ir y venir de su movimiento, va observando a los demás. ¿Están contentos? ¿Están tristes?

Con una buena tarta *ligerita* de chocolate, mermelada de fresa y dulce de leche, todo se le solucionaría. Lateral siempre endulzará las penas con un buen pastel. Como diría Celia Cruz, «¡Asuuuucarrrrr!». Le va muy bien el dicho de que «Lo que se van a comer los gusanos, que se lo coman los humanos».

Buen rollito flower power. Algo que termina ya mismo porque llega...

El movimiento de rotación. ¡¡¡Cuidadito!!! El *sheriff* ha llegado a la ciudad. ¿No lo ves? Viene contoneándose, rotando su cintura a lo John Wayne. Haz un movimiento en falso y te acribillará a balazos.

Con el movimiento de rotación, no hay relax. Rotación es defensivo. Vigila. Es cintura girando de izquierda a derecha y de derecha a izquierda, controlando el espacio más cercano en 360° a la redonda. Es reciclaje esmerado. Separa lo que es nuestro, lo que es *amigo*, de lo que es enemigo. Es el matón de discoteca que deja entrar a *los nuestros* con una amplia sonrisa y deja en la calle a los ajenos.

Es el boxeador. Son tus orejas, colocadas estratégicamente a los lados de la cara para poder percibir cualquier sonido que te rodee.

Es sudor, es esfuerzo de preservar y mantener lo que somos, lo que tenemos, lo nuestro y lo de nuestros seres queridos. Es *the Godfather*, el Padrino que nos defenderá de cualquier invasión, de cualquiera que quiera tocarnos un pelito de nuestra hermosa cabellera.

Es la meadita en la esquina delimitando el territorio. ¿Crees que los animales marcan orinando por capricho?

¡Pobre agente patógeno que se atreva a invadirnos! Los glóbulos blancos, bien torciditos, lo aplastarán al más puro estilo de matón de discoteca. Es el sacacorchos, es la espiral. Es la rosca de la tapa de garbanzos, que te hace retorcerte hasta que consigues abrirla. Es todo lo que se cruza para aguantar y ejercer resistencia. Nadie se pone a empujar un coche con los hombros. Menos, con la cabeza.

Giraremos la cintura, lo que nos hará adelantar una pierna, afianzando la otra bien atrás, y empujaremos.

Y chicas o chicos. Quizá os guste más el fontanero frontal con su imponente mandíbula pergeñando cómo podrá extraerte todos los jugos de tu grácil cuerpo. Pero si tu problema es de cañerías reales, no acudas a él. Y mucho menos a un vertical que odia mancharse las manos. Búscate un fontanero con cintura y con un claro contoneo al andar. Rotación.

Él no mirará si se va a pringar hasta las cejas. Sacará toda la porquería sin remilgos y te cobrará, como todos, pero habrá sido el más eficiente. Merecerá la pena, y compadezco al que llegue después. Aunque hayan pasado años, el nuevo *fonta* se las verá canutas intentando aflojar las tuercas que haya fijado torsión. Si esto lo lee mi amiga Norma, me matará. Ella es la mejor fontanera que conozco y no rota. ¿O sí?

Rotación se desriñonará por preservar la seguridad, y no es una metáfora. Los riñones cuentan con un millón de nefronas, compartimentadas y selladas como si fueran un equipo hermético, para trasladar a enfermos contagiados de virus letales. Actuarán como un millón de policías que cachearán a todo el que quiera entrar y lo desnudarán, si es necesario, antes de dejarle pasar.

Rotación es implacable. Lo ve todo. Pero no mira, como vertical, lejos. Escruta el terreno más cercano y en círculo. Arriba, abajo, en espiral, delante y detrás. Las alcantarillas, los tejados, las papeleras...

¿Cuántas veces has escuchado que si alguien está pejiguero o cabreado, es que se ha levantado *torcido*? ¿Y de una persona suspicaz, que es muy *retorcida*? ¿Ves cómo sabemos todo y lo tenemos interiorizado en nuestro subconsciente colectivo?

Ese conocimiento vital obedece a millones de sabidurías que actúan en nuestras células.

Lo repito, porque conviene recordar de vez en cuando que esta simplificación de los cinco movimientos está relacionada con algo tan mágico y admirable como es la expresión y la manifestación de la vida.

Hasta ahora he hecho un recorrido sin orden ni concierto para hablar de la naturaleza del movimiento. Me he permitido hacer una ensalada con los cinco movimientos referidos a las actividades fisiológicas, orgánicas, psíquicas, energéticas y celulares. También he mezclado los cinco movimientos relacionados con osei y con taiheki, algo de lo que también os hablaré.

Por el momento, os voy a dejar un cuadrito como referencia de que esos cinco movimientos pueden ser más activos (+) o menos activos (–); que pueden estar en tensión (+) o en distensión (–).

- ↕ **Vertical + (tipo I)** — vertical – (tipo II)
- **Lateral + (tipo III)** — lateral – (tipo IV)
- **Frontal + (tipo V)** — frontal – (tipo VI)
- **Rotación + (tipo VII)** — rotación – (tipo VIII)
- **Central + (tipo IX)** — central – (tipo X)

Como ves, impar es activo (+) y par es pasivo (–).

El grupo de abrir y cerrar, central, es un poco diferente. Aunque impar es activo y par sigue siendo pasivo, son un pasivo que se considera extrovertido y un activo que se considera introvertido.

La estructura de los cinco movimientos se puede aplicar y demostrar en todo: en la formación y composición del cerebro, en la evolución de las especies, en la embriología, en el desarrollo humano, en la crianza de los bebés.

Tenemos mucha suerte de llegar a mesa puesta, porque ahora todo esto es fácil de transmitir gracias a la ordenación concienzuda del conocimiento de Noguchi que realizó Katsumi Mamine.

Yo aquí solo pretendo que te quedes con el aroma y que empieces a tener una mínima noción sobre diez temas clave:

1. Cómo el movimiento está presente en cualquier vida, por simple que sea.
2. Cómo esa vida se estructura y se organiza espontáneamente y con gran precisión en cinco movimientos.
3. Cómo esos movimientos están presentes en todas las actividades físicas, orgánicas, psíquicas, mentales, celulares y energéticas.

4. Cómo tu forma de responder a los estímulos está muy relacionada con los cinco movimientos organizados en la estructura osei, aún sin exponer y de la que te hablaré más adelante.
5. Cómo tus genes, según la ciencia y tu taiheki, según el Seitai, también están estrechamente ligados a esos cinco movimientos y cómo se han ido transmitiendo generación tras generación hasta llegar a ti. Del taiheki también te hablaré.
6. Cómo esos movimientos actúan coordinadamente entre sí, porque todos y cada uno de ellos son imprescindibles para cumplir con una vida plena.
7. Por qué es fundamental que ninguno de esos movimientos ejerza un dominio sobre los otros, tomando la batuta, o que uno de ellos se haga perezoso, cargando a los demás con sus responsabilidades. Cada uno tiene su momento y su importancia. Esto es un escenario en el que todos los actores son protagonistas.
8. Por qué es fundamental que todos los movimientos fluyan en un vaivén permanente y con una capacidad fluida de tensar y relajar.
9. Por qué la vida necesita la inercia del movimiento vital para expresarse.
10. Y por último, por qué conocer cómo funciona la vida cambia la vida entera.

¿Qué, cómo va la cosa? ¿A que, pasado el primer impacto, esto de los movimientos es muy interesante?

Noguchi descubrió la existencia de esta estructura de vida en cinco movimientos, observando la columna vertebral de las personas a las que atendía. Se dio cuenta de que las vértebras, cuando se descolocan, lo hacen de las siguientes maneras:

-  Una vértebra o un conjunto de ellas se pueden desplazar hacia arriba por una excitación del movimiento vertical.
-  Una vértebra o un conjunto de ellas se hunden o sobresalen inducidas por el movimiento frontal.
-  Una vértebra o un conjunto de ellas se desplazan lateralmente hacia la izquierda o la derecha, marcando una S en algún lugar de la columna. Movimiento lateral.

- Una vértebra o un conjunto de ellas giran colocándose en diagonal, por lo que estas vértebras estarían siendo alteradas por el movimiento de rotación.
- Una vértebra o un conjunto de ellas tienden a ir hacia abajo, por lo que habrían sido desplazadas por una inercia central.

Si nos encontramos con dos vértebras pegadas, os preguntaréis: ¿y cómo distingo yo si su movimiento ha sido hacia arriba-vertical o hacia abajo-central? Seguramente si tocamos esa vértebra arriba y abajo, habrá un lugar donde duela especialmente. Si la vértebra equis duele en su zona superior, será que ha subido. Si duele al tocar su parte inferior, será porque se ha desplazado hacia abajo.

En el ser humano hay treinta y tres vértebras durante la etapa fetal y en la niñez: siete cervicales, doce dorsales, cinco lumbares, cinco sacras y cuatro coxis. ¿Te acuerdas por qué había que caerse de culo cuando se es niño? Esas últimas vértebras, al estar vertebradas, dan mucha flexibilidad. Pero en la edad adulta se unen y se convierten en un único hueso sacro y en un coxis.

Ahora tienes menos vértebras que cuando naciste. Curioso, ¿verdad? En la actualidad, tus vértebras han quedado así (ilustración n.º 3):

- Siete cervicales
- Doce dorsales
- Cinco lumbares
- Un sacro (cinco vértebras sacras)
- Un coxis (cuatro vértebras inconstantes. Lo común son entre dos y tres)

Tanto las vértebras del sacro como las del coxis están soldadas. En ambos casos, están consideradas más bien como un hueso. El coxis, como sabes, es el vestigio de lo que en un tiempo remoto fue tu colita, hoy atrofiada.

Cada vértebra dispone de los cinco movimientos, con más o menos capacidad para realizar esas dinámicas específicas. Pero independientemente de esa capacidad multidireccional de la que gozan todas las vértebras, cada una cuenta con un movimiento en el que está más especializada. La especialización consiste en que cada vértebra dará lo mejor de sí misma aportando un movimiento específico, de manera que se pone al servicio de las necesidades vitales, buscando el equilibrio constante del organismo.

Ese es su fin último. El equilibrio y la coordinación son tan importantes para tu vida y para tu expresión vital, que ellas llegarán a sacrificar su espacio original y se desplazarán con tal de lograr que el conjunto permanezca en pie.

Antes de describirte qué movimiento realiza cada vértebra, quiero decirte que la columna vertebral es como un muelle gracias a las curvaturas de sus lordosis y cifosis. Por eso la columna vertebral humana no es recta. Tu columna no es ni dórica, ni jónica ni corintia. Más bien es como un caballito de mar.

Cada parte en que se divide tu columna tiene una estructura propia que se repite y se relaciona entre sí con otras partes: la estructura de tus siete cervicales está íntimamente relacionada con la estructura de tus doce dorsales. Lo mismo ocurre con tus cinco lumbares y con tus zonas sacral y coxal.

Por lo tanto, ¡ojo al dato! Ten en cuenta que cuando mueves el cuello, no solo se te mueven las cervicales, sino que toda la columna participa en el movimiento. Si giras el cuello, lo adelantas, lo hundes, etc., además de las cervicales, estarán actuando todas tus vértebras, en especial las zonas equivalentes que se encuentran en las dorsales y en las lumbares. Igual pasa al revés, cuando el movimiento parte de la zona de abajo.

Imagínate que tu columna vertebral es un látigo. Si lo sacudes, la motricidad inicial del mango comunicará con la cola, justo en el otro extremo. Origen y final están totalmente comunicados, pero también existirá una comunicación en toda la extensión. Cualquier sacudida implicará al látigo entero, dibujando una serie de ondas.

Para conocer esta distribución del movimiento, resulta muy útil el concepto de regiones que expuso Noguchi y que ha sido desarrollado ampliamente por Mamine. De esta manera, los cinco movimientos quedan reducidos a tres regiones (ilustración n.º 2):

- Extremos (f-e): vertical y frontal.
- Zona media (bilateral): lateral.
- Zonas intermedias (circular): rotación y circular.

Este principio tan básico se repite una y otra vez a lo largo de toda la columna, del cráneo y de la pelvis. Este conjunto de vértebras, cráneo y pelvis empezaremos a llamarlo dentro de muy poco CVP. Eso será cuando amplíe este concepto fundamental en el capítulo 5, dedicado a ello, así como los distintos apartados. De momento, seguiré hablando de columna vertebral, aunque sea un término que considero incompleto.

También quiero indicar, de una manera tangencial, que la estructura de cinco movimientos organizada en tres regiones se repite a su vez a lo largo y ancho de tus miembros, tanto superiores como inferiores. De manera que la estructura se manifiesta en tus brazos y en tus piernas doblemente, tanto longitudinal como transversalmente.

Sé que todo esto es un poco lío, pero te aseguro que es la gran simplificación de la ciencia. A través de estos conceptos básicos he comprendido muy fácilmente cosas supercomplejas con nombres complicadísimos, como la embriología, la anatomía, el sistema nervioso humano, etc. De todas formas, no intentes comprenderlo todo como si fuera una cuestión de vida o muerte. Lo más importante en el Seitai son las prácticas, y todo este conocimiento se te revelará a través de ellas.

Volviendo a las vértebras, te voy a dejar un cuadrito sencillo en el que se relaciona cada movimiento con cada vértebra. C es cervical, D es dorsal y L lumbar:

↕ **Vertical**: C1 y C7. D1 y D12. L1 y L5. Aunque C7, D12 y L5 están implicadas, principalmente son C1, D1 y L1. Fácil. ¿Ves por qué te hablé de estructura? Aquí se ve claramente a qué me refiero con eso de *extremo*.

Este extremo lo llamaremos extremo craneal por ser el extremo más cercano a la cabeza. Extremo caudal se refiere siempre a la parte inferior. En cada extremo de cada una de las cifosis y lordosis de tu columna se sitúa la vértebra con movimiento vertical. Así no te puedes olvidar nunca dónde ubicar una vértebra que tiene movimiento vertical. Vertical es sencillísimo de recordar. Vertical es un movimiento que aparece en los extremos y es estático. Porque extremo dinámico ya es.

⤒ **Frontal**: C2. D2, D3, D4 y D12. L1 y L5, principalmente L5. C2 es conocida como axis. Es realmente donde empieza la columna vertebral, porque C1, puramente vertical, se llama atlas y no puedes tocarla. Está dentro del cráneo. ¿Recuerdas lo poco que le gusta el contacto físico a vertical?

No tiene la forma común de una vértebra, porque se presenta en forma de arandela y es donde encaja la C2 a través de un diente.

La C1 es netamente vertical, no tiene nada, nada de ningún otro movimiento. C2 es vertical y frontal y levemente empieza a aparecer un poquito de movimiento de rotación, algo que se manifiesta claramente en la C3, puramente rotatoria.

Por lo tanto, en el caso de frontal también hablamos de extremo, pero esta vez dinámico. C2 está en el extremo dinámico de tu CVP. El extremo caudal lo localizas en tu articulación fémurocoxal. Esto es que C2 y esta articulación que encaja en tu cadera están totalmente interrelacionadas, y tanto su función como su movimiento son de la misma naturaleza.

Lateral: siempre se encuentra en la zona media. Busca la cervical que queda justo en la mitad de las siete que existen: la C4. En la zona dorsal, también en medio: D6, D7, D8, y D9. L2 no queda justo en el centro, pero esto se debe a unos ligamentos y a unos motivos estructurales muy complejos de exponer en este momento. Las lumbares son la máxima simplificación de los cinco movimientos. Es muy interesante, pero no quiero que te pierdas, por lo que prefiero de momento dejarlo aquí.

Rotación: ocupa las zonas intermedias dinámicas. C3 y C5. D5 y D10. L3. Rotación siempre lo vas a encontrar en las zonas intermedias, entre f-e y bilateral. Combinando los dos planos, puede realizar fácilmente esa dinámica de girar de izquierda a derecha. Nunca busques a rotación en un extremo, como a vertical y a frontal, porque no lo encontrarás.

Central: también ocupa las zonas intermedias como rotación, pero es de naturaleza estática y suele formar la base desde el penúltimo lugar. C6, penúltima cervical. D11, penúltima dorsal. L4, penúltima lumbar.

¿Ves? Este movimiento estático de central repite el esquema de su otro movimiento antagónico, también estático, pero que tiende hacia arriba, que es vertical. Al ser movimientos estáticos, no necesitan de tantas vértebras como requieren los movimientos dinámicos.

En resumen:

Vertical:	C1	D1	L1
Frontal:	C2 y C7	D3 y D4	L5
Lateral:	C4	D6, D7, D8 y D9	L2
Rotación:	C3 y C5	D5 y D10	L3
Central:	C6	D11	L4

Bueno, hasta aquí la matraca. Ya pasó lo peor. Ahora, para poner un toque lúdico, te voy a exponer los movimientos de una manera muy visual que vas a comprender muy fácilmente. Te voy a poner como ejemplo nuestro planeta.

¿Quieres ver cómo habitan esos cinco movimientos en la Tierra, a través de su manifestación diaria y cotidiana?

El planetario abre sus puertas para nosotros. Cinco movimientos en la Tierra. La Tierra llamando al cosmos. *Bip, bip...*

Toma asiento y mira la cúpula. Durante la proyección «se ruega no comer palomitas ni abrir refrescos. Gracias».

Movimiento vertical en la Tierra: nuestro planeta tiene un movimiento vertical en el polo norte y en el eje, incluyendo el polo sur. Es un vaivén vertical muy suave. Como es un movimiento estático, no fluctúa de una forma muy espectacular. Vaivén vertical. Pero la Tierra tiene esa capacidad natural de cualquier ser vivo de ir arriba y relajar abajo. ¡Ah! Que la Tierra no es un ser vivo. ¿Estás seguro de ello? No sé. Me cuesta creer que algo en lo que habita tanta vida carezca de ella.

Movimiento frontal en la Tierra: todo el mundo sabe que la Tierra orbita alrededor del sol gracias a su movimiento de traslación. Esto lo realiza en una trayectoria elíptica. El planeta sigue un impulso frontal para realizar ese ciclo que se realiza cada trescientos sesenta y cinco días. Es lo que hemos convenido en llamar año. Gracias a este movimiento, vivimos las estaciones. Vaivén frontal.

Movimiento lateral en la Tierra: la ciencia llama este movimiento «bamboleo de Chandler». Este bamboleo se percibe incluso en los polos. El máximo rango registrado de esta oscilación ocurrió en el año 1910, y por razones que nadie sabe, este movimiento desapareció durante seis semanas en 2006.

La ciencia reconoce ignorar el porqué de este movimiento de bamboleo, y lo relaciona con movimientos geofísicos bajo la corteza terrestre.

Pero desde el punto de vista de los conocimientos del Seitai, está muy claro. Este movimiento es el responsable, entre otras cosas, de conectar continentes y zonas lejanas, de conectar los océanos. ¿Os acordáis de cuando os hablé de las mareas? ¿Cómo lo pequeño movía lo grande? Una ola, sumada a otra, mueve océanos. Vaivén lateral.

Movimiento de rotación en la Tierra: este lo tienes muy presente porque es el que te hace exclamar «¡Cómo pasa el tiempo! ¡El día debería tener más horas!». Es un movimiento que efectúa la Tierra de oeste a este, girando sobre sí misma en un eje imaginario denominado eje terrestre. Una vuelta completa dura, quitando ajustes menores, veinticuatro horas. Este movimiento determina nuestros días y nuestras noches. Vaivén de rotación.

También gracias a esta inercia y junto al movimiento que la ciencia llama de nutación, relacionado también con central, la tierra no se cae. La imagen más clara es la de una peonza girando sobre sí misma. Si el movimiento cesa, la peonza se desploma.

Movimiento central en la Tierra: este movimiento tiene mucha relación con el de nutación y con el de la gravedad, descubierto por Newton. La Tierra tiende a concentrarse hacia su núcleo, que no queda en el centro mismo, sino que se ubica un poco más abajo.

Central siempre va hacia adentro y hacia abajo. Pero central no es solo cerrar, también es abrir. Es lo que sale de dentro afuera, como la erupción de los volcanes, el crecimiento de las plantas, etc. Vaivén de cerrar y abrir, vaivén central.

¿Imaginas lo que ocurriría si alguno de estos movimientos detuviera su dinámica? Mejor no pensarlo, como mejor no pensar en qué ocurre en tu interior cuando alguno o varios de los cinco movimientos se ralentizan o apagan.

Todo esto que te acabo de exponer de manera tan gráfica y evidente a través de nuestro planeta está presente en ti. Y no solo en la actualidad. Todo ello sucedió y te pertenece aunque nos remontemos a tu origen embrionario, sucede en tu día a día y sucederá hasta el día en que digas adiós a tu vida. Es más: todos estos movimientos estaban presentes desde mucho antes de que fueras un simple esbozo, y seguirán actuando cuando ya no estés.

No tener en cuenta el movimiento vital inteligente como algo que forma parte de lo más primigenio de nuestra existencia es un error de magnitudes inexplicables.

Es lógico que Noguchi, que se percató de esto siendo un niño, se quedara totalmente perplejo al comprobar que un conocimiento tan importante no estuviera destacado y valorado dentro de la extensa y rica cultura humana.

Yo, por muchas vueltas que le doy, aún no lo entiendo. Ahora que vivimos en sociedades en crisis y que la humanidad busca nuevos caminos que explorar, algo tan sencillo y de tanto sentido común, pero al mismo tiempo trascendental, continúa mostrándose una y otra vez ante nuestros ojos, sin que se nos plantee ni la más mínima pregunta.

Mover estructura es mover intereses. ¿Pero qué es lo que realmente interesa al ser humano? ¿Hay algo más interesante que conocer la vida que nos vive dentro y aprender de ella, aplicando sus referencias?

Si alguien ha profundizado en cómo funciona esa vida, si alguien ha vivido para transmitir estos conocimientos, ese fue Katsumi Mamine. Él dedicó sesenta años a vivir el Seitai y más de cuarenta a investigar lo que Noguchi descubrió.

Gracias a él y a su magnifico trabajo, yo puedo escribir este libro.

Su ordenación y reformulación son un tesoro impagable.

Capítulo 4
El Seitai en la actualidad: una nueva formulación con la que poder expresarlo

El que viaja busca, y el que busca halla. Mi encuentro con Katsumi

Cuando el alumno está preparado, aparece el maestro.

—Antiguo proverbio zen

Pensaba llamar a este capítulo «Katsumi y yo», pero me sonaba a poemario de Juan Ramón Jiménez. Empiezo bromeando porque tengo que decirte que entro en uno de los capítulos más emocionantes para mí y también de más responsabilidad, porque Katsumi Mamine (Tokio, 1944 - Barcelona, 2020) fue, y sigue siendo, mi maestro.

Él no se reconocía como tal. Decía que era uno que simplemente se ha dedicado a profundizar en lo aportado por Noguchi y en su propia vida. Pero yo no me refiero a una jerarquía, porque no lo es. Katsumi era una persona sencilla y cercana, que tenía el don de avanzar siempre. Nunca se quedaba con lo que encontraba, sino que quería más. Nunca se detenía, y cada clase suya contenía una nueva perla que extraer.

Conocí a Katsumi en el año 2010. Yo había empezado a practicar unos siete años antes. Di con el Seitai de casualidad, sin buscarlo, y me cautivó, más bien me atrapó. Yo siempre había añorado tocar algún instrumento, porque lo considero un privilegio. Abrazarlo, fundirte, vibrar, dialogar con él, debe de ser algo increíble. Imagino que es imposible sentirse solo cuando eres un hacedor de música. Y eso es lo que sentí la primera vez que practiqué katsugen undo. Mi cuerpo era un instrumento que se podía afinar y que, al afinarlo, podía tocar una partitura bastante mejor de la que estaba interpretando hasta el momento. Practicando era imposible sentir desamparo y soledad.

Durante muchos años había trabajado como reportera de televisión. Por aquella época, en Antena 3, todas las personas que cubríamos información teníamos que ser polivalentes: escribíamos, editábamos y grabábamos. Los equipos no tenían la ligereza de los actuales, y cargar con una cámara Betacam SP en el hombro durante años te machacaba la espalda. Como no podía con los dolores y el malestar, incluso cuando ya no realizaba aquel trabajo tan bello pero tan duro, acudía a darme masajes de shiatsu. No era cuestión de placer. Era una necesidad que me hacía visitar al profesional una vez al mes. Yo conviví con esa rutina durante años, sin plantearme nada más, como si estuviera abocada a una necesidad vital inevitable. Sin embargo, la primera vez que practiqué, comprendí. Fue instantáneo. Abandoné mis visitas periódicas al masajista y jamás volví.

Fue alucinante. ¡Qué forma de aprender! De manera instantánea, sin hacer nada, me di cuenta de que podía vivir y convivir conmigo misma sin ayuda de nadie. Me comprendí. Tomé consciencia de mi ser, de mi espalda. Conecté con todo lo que yo era, de una manera simple y sencilla. Para eso no había tenido que hacer nada extraordinario. Algo se había hecho, y ese algo no lo había hecho yo, ni el masajista. Lo había realizado la vida que habita en mí, con su simplicidad majestuosa y su inteligencia clara. No había nada de extraordinario ni de milagroso. Simplemente yo había permitido a mi vida manifestarse. Entonces me pregunté: ¿cómo es posible? ¿Cómo estaba yo antes y cómo me encuentro ahora? ¿Cómo podía yo desconocer algo tan mío, algo tan íntimo? ¿Por qué esto no se enseña de manera masiva?

Acababa de descubrir el poder que puede desplegar mi propia vida, de una manera natural, vivencial. Nadie me lo enseñó, yo lo viví. Cuando eso ocurre, ya no hay marcha atrás. Da igual lo que te cuenten. Tú ya sabes.

Yo he tenido la suerte de viajar mucho. He visitado lugares increíbles. Además, por mi trabajo he vivido experiencias preciosas: he montado en globo, he hecho vuelo sin motor, he nadado con lobos marinos, he visto focas monje en libertad. En mi vida personal he amado, he disfrutado de hacer el amor, he compartido conversaciones maravillosas, he conocido a gente apasionante. Pero te aseguro que nunca nada tan simple, casi si queréis *tonto*, me había abierto una dimensión de tal magnitud.

Para mí fue una revelación observar cómo mi cuerpo podía realizar aquel trabajo por sí mismo y con mucho más acierto que el masajista. Mi organismo se regulaba gracias a los conocimientos precisos de la vida, la misma vida que me había creado y que me mantenía viva. Yo no vivía gracias a los cuidados del masajista. Ni dependía de lo que comía, equilibradamente desde mi mente analítica, ni del ejercicio que me imponía cada día a lomos de una bicicleta estática. Yo vivía gracias a la vida y a sus movimientos vitales. En mí existía la capacidad natural de vivir por mí misma, y si yo no mediaba con mi prepotencia de saberlo todo, mi organismo tenía la capacidad de autorregular todas las necesidades vitales de manera precisa y certera. ¿Qué te parece el descubrimiento?

Los primeros años de Seitai los pasé junto a mi primer profesor, Jean Benayoun, con el que conservo una entrañable amistad. Él imparte desde hace cuatro décadas varios cursos por toda Europa a lo largo del año, que son una oda a la libertad y al disfrute. Es como jugar. Jean es una persona con carisma que hace de las prácticas de Seitai un juego divertido, ameno y emocionante. Con mi recién estrenado conocimiento, yo acudía a cuantos cursos Jean impartía.

Me llené de Seitai y de prácticas durante cinco años, pero en mí había calado la inquietud de saber más. Además de experimentar, quería saber. Lo bonito de esta cultura es que puedes vivir sus prácticas sin más durante toda la vida, pero si estás interesado, hay un conocimiento inmenso en el que poder profundizar, y yo sentí esa necesidad.

Siempre pongo el mismo ejemplo. Conducir puede hacerlo cualquiera. Conducir serían las prácticas de katsugen y yuki. Pero hay personas que aman los coches y se hacen mecánicos o corredores profesionales. No todo el mundo tiene que ser Fernando Alonso para conducir, está claro, pero si quieres subir a un Ferrari y volar a 300 k/h, entonces no te vale la academia San Cristóbal de tu barrio.

Buscando un Ferrari, me topé con Katsumi. Había oído hablar mucho de él, todo bueno, y ello me imponía respeto. De su *dojo* sabía que la gente allí era muy seria y que era como ir a la universidad. Cinco años de práctica en el Seitai no era mucho, más bien poco, por lo que dudé un tiempo hasta que un día pedí una cita personal con él. Después de unos trámites con el personal de su centro, me fijaron el encuentro para mayo. Yo vivo en Madrid y Katsumi en Barcelona, así que allá fui. Aproveché para hacer un poco de turismo con mi marido, que también practica como yo, y a las seis en punto estaba sentada en un silloncito verde de terciopelo esperando a que me recibiera un señor japonés que me habían recomendado mucho.

Finalmente apareció por el fondo un hombre con *hakama**. Era él. Me hizo un leve movimiento de cabeza, con el que me indicaba que podía pasar. Aquellos diez metros que me separaban de él se me hicieron eternos. Durante el recorrido, yo mostraba una sonrisa enorme. Sin embargo, él estaba muy serio. Con los ojos entrecerrados, me observaba. No miraba sobre mí, sino dentro de mí. Mi sonrisa le daba igual.

Tiempo después, supe que aquella mirada escrutadora era una forma muy concreta que tiene Katsumi de observar el movimiento de quien va hacia él, y que le sirve para situarse. No sé si fue capaz de vislumbrar mi movimiento vertical estático, que me repetía en rulo: «Laurita, ¿qué carajos haces aquí?». Entré. Katsumi se sentó en *seiza* y lo mismo hice yo ante él. Se inclinó levemente a modo de saludo japonés y yo, más papista que el papa, hice un saludo reverencial y largo. Cuando levanté la cabeza, me volví a encontrar con sus ojos. Ahora ya no eran escrutadores. Eran una mezcla de simpatía y de cachondeo. Yo creo que se preguntaba: «¿Cuánto tiempo pretende estar esta tía ahí inclinada tocando el suelo con la nariz?». A partir de ese momento, todo fue un poco surrealista; al menos, así lo viví yo. Entré en un espacio y un tiempo diferente. No sé cuánto duró aquel primer encuentro. Yo había pedido una cita con Katsumi para que me atendiera. Pensé que me haría algo. Pero no. Pagué por tener a una persona delante

---

* Parte de un kimono usado en ocasiones especiales y muy utilizado por maestros de artes marciales orientales.

que me miraba con sorna. Una sorna muy simpática y cariñosa, pero sorna, que iba creciendo a medida que yo iba hablando.

Él en aquella cita dijo poco. Muy poco. Lo suficiente. Me preguntó que en qué podía ayudarme. Me sentí ridícula. A mí no me pasaba nada. Además, yo a esas alturas era muy consciente de que, en lo posible, cada uno tiene que hacerse responsable de su propia vida. Pero hay algo en el ser humano que le hace creer que otro puede hacer algo por él.

Yo le dije en primer lugar que quería conocerlo. Era verdad. Fue el motivo principal por el que me encontraba allí. Luego di unas cuantas vueltas, hasta que de manera casi tangencial toqué el tema de que había engordado y que me gustaría adelgazar. Lo expuse como si nada, pero en realidad era parte del meollo del asunto. Por aquel entonces yo había dejado mi trabajo para dedicarme a escribir y pasé de estar todo el día de aquí para allá, a permanecer muchas horas ante la pantalla de un ordenador. Sin darme cuenta, en muy poco tiempo me eché encima quince kilos, y eso me torturaba. Nunca he sido de pintarme, ni de tacones, ni de ropas especiales, pero me gusta mirarme y de forma sencilla, sin grandes afeites, verme bien. Katsumi me escuchaba. Como no decía nada, me callé.

Al cabo de un rato, con una sonrisa, me dijo: «A los hombres delgados les gustan las mujeres rellenitas». Yo tengo una torsión muy pronunciada, y pensé: «¡A mí qué narices me importa lo que les guste a los hombres delgados! ¿Para esto he venido a Barcelona?» Era la primera vez que alguien en mi cara se atrevía a llamarme «rellenita». ¿Rellenita? O sea, que no solo yo me había dado cuenta, sino que era una mujer rellenita a los ojos de todo el mundo, incluidos los de ese hombre, que cada cierto tiempo me escrutaba entrecerrándolos hasta hacerlos parecer dos puñaladas en un tomate. ¿Y yo estaba pagando aquella sesión para escuchar eso? ¿Se puede saber cuándo ese japonés, que me miraba con sorna, me iba a hacer algo? Yo había ido a que me viera, como al médico. Que nos *vea* y a *ver* qué nos dice. Creo que en eso radica el éxito de los echadores de cartas y videntes: «A ver si me ve y me dice algo».

¡Somos tan absurdos los humanos! Lo que yo esperaba no se produjo. No me puso ni un dedito encima.

Como veía que él seguía sentado en *seiza* tan tranquilo, mientras a mí los empeines me estaban matando, decidí cambiar de postura y me senté con las piernas cruzadas. Dejé de lado el tema de mis redondeces y le expuse otro asunto que me *preocupaba*. Le dije que sentía que mi práctica de katsugen estaba estancada. Me miró. Le miré. Le sonreí, y de repente, de manera inexplicable, me puse a llorar. Katsumi sacó un *kleenex* de una caja grande, que contenía pañuelitos suficientes como para sofocar a un batallón de plañideras, y me lo tendió. Yo reía y lloraba a la vez sin saber qué me estaba pasando. Aquello empezaba a ser muy rocambolesco. Absurdo, pero divertido. Me preguntó si tenía hijos. Le dije que no. Se quedó callado.

Ambos nos callamos. Al cabo de un rato de silencio, le aclaré: «porque no he querido». Yo creo que fue la única vez que le pillé con el pie cambiado, porque me miró como si hubiera cometido un pecado mortal. Un pecado mortal no relacionado con la moral, ni nada de eso. Simplemente había dicho algo que lo dejó completamente alucinado.

«Porque... ¿no había querido?». Yo insistí: «Sí, efectivamente, porque no he querido. Nunca me ha atraído la maternidad y jamás he sentido ese deseo». No dijo nada más, pero aquello le llamó mucho la atención. Ahora ya sé por qué, pero eso no os lo voy a contar. Disculpadme, pero mi *striptease* no es al cien por cien y tiene un límite.

Aún estuve un rato más hablando y hablando. Como sentía que ya no tenía nada más que decir, me callé. Él dijo un escurrido «Bueno...». Yo ya me iba a levantar... Entonces Katsumi, de una manera que mezclaba distancia y afecto, me vino a decir algo así como que yo era una persona muy fuerte y que no sabía qué podía hacer por mí. Que él acumulaba mucho trabajo y que no podía dedicar tiempo a personas como yo. Así que me fui de allí sin nada.

Lo normal, en mi caso, hubiera sido salir con un rebotón considerable, pero no fue así. Salí contenta y divertida. A las ocho, empezaba una sesión de práctica que él mismo dirigía, y asistimos mi marido y yo. Al final de la práctica, Katsumi se me acercó cortés, muy sonriente, me saludó, me recomendó cultivar una cosa que habíamos hecho durante la sesión y se fue. Al día siguiente, tren y vuelta a Madrid. Y yo te pregunto: ¿aún crees que en aquel encuentro, tan surrealista para mí, no pasó nada? Yo no lo sé, pero el resultado es que al cabo de unos meses volví al *dojo* con quince kilos menos. Él me preguntó: «Usted ha adelgazado, ¿verdad?». Lo hizo varias veces y de diferentes maneras: «Yo diría que usted antes estaba un poco más gordita»... Y yo como si nada. Le miraba sin dar importancia y le contestaba siempre con descuido: «¿Ah, sí? Pues no sé». Jugué al mismo juego casual que él estaba utilizando. ¿Se creería que yo no me daba cuenta de cuál era su intención con aquella pregunta aparentemente ingenua? Mi torsión me impedía reconocerle que el eficaz método de adelgazamiento que me había reducido de esa manera tan considerable estaba basado en algo llamado orgullo. De no ser así, le hubiera gritado: «¡Pues claro que he adelgazado! ¿Qué se cree, que me va a llamar gordita cada vez que se le antoje? Además, ¿no se nota?».

Katsumi había tocado materia blanda. Lo hizo, y supo cómo hacerlo. No hizo falta entrar en contacto. No le hizo falta tocarme ni un centímetro de camiseta. Lo hizo con el ki de su aliento, con su entonación, con su forma de meterme las palabras como un puñal en el cuajo blando de mi orgullo. Si se le pregunta, él nunca hace nada. Nada, ¿sabes?

Después de eso volví a un par de cursos, pero aquello me seguía resultando insuficiente. Yo necesitaba más y más. Una noche, cenando con mi marido, se nos ocurrió una idea.

¿Por qué teníamos que ponernos trabas? Katsumi vivía en Barcelona, pero todo era posible. Hay una frase que dice algo así como que «quien quiere algo pone los medios, y quien no quiere pone excusas». Nosotros queríamos. Nos daban igual el esfuerzo económico y la distancia. Nos lo podíamos tomar como si decidiéramos hacer un máster, o un viaje iniciático. Al fin y al cabo, no habíamos tenido hijos para vivir libres y poder desbaratar nuestras vidas cuando lo consideráramos oportuno. Y qué mejor que desbaratar nuestra existencia por algo tan hermoso como el Seitai. Teníamos la suerte de que uno de los más grandes maestros de Seitai no estaba en Japón, sino en Barcelona, y lo íbamos a aprovechar.

Nos poseyó aquello que mueve la vida: el deseo. Hay decisiones que son como iluminaciones, y son tan trascendentales, que trazan un cordón umbilical que describe la existencia entera. Esta fue una de ellas.

Nuestra duda era: ¿nos aceptará en su grupo de los miércoles? Sabíamos que a una hora nocturna intempestiva Katsumi Mamine impartía unas clases magistrales dirigidas a personas que llevaban mucho tiempo visitando su *dojo*. Eran clases de Seitai soho, o lo que es lo mismo, observación Seitai, y estaban destinadas a instructores que se dedican a esto profesionalmente. Hay personas que año tras año intentaban que Katsumi las aceptara en ese grupo, sin éxito. Sabíamos que teníamos muy pocas probabilidades, pero había que intentarlo. Un día fuimos y se lo propusimos. Nos miró, y sin emotividad, al menos aparente, dijo: «Pueden venir».

Desde aquel «pueden venir» han pasado años y se han convertido en años de aprendizaje. Hemos acudido a su *dojo* cada primer y tercer miércoles de cada mes. Jamás nos hemos arrepentido. Yo me tomé esas clases de una manera metódica. Katsumi me permitió grabarlas con una cámara de vídeo. Bueno, me permitió: más bien, jamás puso traba ninguna, ni preguntó qué pretendía hacer con ese valioso material. Yo se lo hubiera contado gustosa. Lo que hacía era dedicar el fin de semana a sentarme horas y horas a transcribir literalmente sus palabras. De ahí fueron saliendo unos apuntes impagables. Ese trabajo silencioso y metódico fue lo que me impulsó a un aprendizaje que aún no soy capaz de valorar. Algunos de esos escritos cayeron en sus manos. Katsumi era una persona muy ocupada que trabajaba muchísimo, y no se podía permitir el lujo de leer todo lo que hacían sus alumnos. Es más, no leía nada. Aún no sé por qué, pero él prestó atención a mi trabajo. Supongo que eso es lo que le motivó a que al cabo de un par de años me propusiera algo increíble. Me dijo que se sentía estancado con su último libro, y me preguntó si podría y si querría revisarlo.

Para mí aquella confianza suya fue un privilegio y un orgullo, además de una sorpresa.

Por supuesto, acepté. En un curso de verano, durante una pausa se me acercó y me tendió un lápiz digital. En el tren, a mi regreso, abrí el contenido. Sinceramente, me moría de curiosidad. Cuando lo leí, me pareció maravilloso. Aquel escrito contenía la síntesis de lo que era su experiencia de sesenta años y el resultado de cuarenta años de estudio de la ciencia. Era magnífico, como no podía ser de otra manera, pero era imposible entenderlo. Él hablaba castellano perfectamente, pero escribirlo es otra cosa muy diferente. Además, hay que reconocerlo, el contenido no era fácil de transmitir con palabras.

Me volqué en reescribirlo, en redactarlo y en transformarlo en un lenguaje más sencillo, pero siempre dentro de su manera personal de expresarse. Había penetrado en su interior a través de las transcripciones. Conocía sus tiempos, sus respiraciones, su forma de expresión. Conocía cómo el comunicaba sus enseñanzas, y aquello fue mi herramienta fundamental para poder llevar a cabo ese trabajo. Digamos que hice una traducción Katsumi-castellano, castellano-Katsumi. A medida que avanzaba, me preguntaba: «¿Cómo puede confiar este hombre un trabajo así a una advenediza?». Más bien, ¿cómo supo que yo podía hacerlo?

Todo en mi interior era contradictorio. Sentía que eso empezaba a fluir, pero a los autores no nos gusta que nos metan mucha mano en nuestros escritos. Yo trabajaba y trabajaba, pero siempre me asaltaba la duda: «¿Le gustará a Katsumi?». Puede parecer una tontería, pero me sentía como si estuviera profanando un lugar sagrado. Cuando llevaba unas setenta páginas repasadas, le puse un sms por el móvil. ¡Noooo, no tenía WhatsApp! Le pedía un correo electrónico. ¡Noooo, tampoco tenía! Menos mal que su mujer sí, así que me envió su dirección.

Pasó muy poco tiempo desde que envié el borrador y sonó mi teléfono. Al otro lado hablaba un Katsumi sorprendido y emocionado. Con una frase me metió un chute de adrenalina: «Por favor, siga». ¡Le sentí tan satisfecho, que yo no sabía cómo contener mi alegría! Me dio las gracias repetidas veces. Me entró timidez. Mucha timidez. ¡Las gracias! Las gracias se las tenía que dar yo a él. Para mí era un milagro poder penetrar en su trabajo de la manera en que lo estaba haciendo. ¿Cómo había llegado yo ahí?

Aún no puedo entender todo lo que pasó en tan poco tiempo. Sé que a él le ocurrió lo mismo. Caí entonces, y todo fluyó sin esfuerzo. Yo tenía la referencia de que era una persona muy escrupulosa con su trabajo y que dejaba poco espacio a la colaboración o a la intervención externa. Desde luego, esa no fue mi experiencia. Mi experiencia fue creativa, emocionante y constructiva.

Cuando terminé y leyó unos apuntes míos en los que yo hacía una introducción y unas reflexiones, Katsumi me llamó. Justo en ese momento, estaba buscando a alguien para escribir el prólogo de su libro *El movimiento vital* y quería saber si podía utilizar la introducción de mis apuntes para ello. Por supuestísimo, dije que sí inmediatamente.

A partir de ahí, todo fue rápido. La editorial quedó muy satisfecha y se fijó la fecha de presentación. Se celebró en la emblemática librería Alibri de Barcelona. Allí no cabía un alfiler. En la invitación al acto figuraban, como no podía ser de otra manera, la otra persona fundamental en el *dojo* de Barcelona, Francisca Garrido, el filósofo Santiago López-Petit y el violinista, alumno de Pau Casals, Gerard Claret, ambos practicantes desde hacía años de Seitai; Ana Monjo, directora de la editorial; Katsumi Mamine, como es lógico, y yo.

Según la invitación, yo sería la última o de las últimas personas en intervenir, y me preparé una exposición relacionada con mi experiencia personal. Pero no, resulta que el orden de la invitación era alfabético y no correspondía con el orden de intervención. Yo hablaba la primera a modo de introducción. Sentí mucha responsabilidad. Eso me obligó a cambiar mi discurso inicial y a montar un batiburrillo entre presentación del acto, presentación del libro, presentación de Katsumi, presentación de mí misma... Da igual. Aquello salió. No como hubiera yo querido, pero salió.

Después llegó el turno de Katsumi. Máxima expectación.

Había mucha gente. Era una sala grande y estaba hasta arriba. La mayoría de los asistentes eran alumnos que habían ido aprendiendo a fuego lento. Eran personas que se habían mantenido a su lado todos esos años en los que él se había ido sumergiendo en un fango de conocimientos, en el que entró siendo muy joven. En ese barro había plantado el pie, y la suela había ido marcando una huella cada vez más y más profunda. Una huella que se había ido hundiendo poco a poco hasta tragarlo por entero. Cuando Katsumi quiso remontar esa inmersión y ascendió a la superficie sacando los ojos de sus libros, de sus escritos y de sus cursos, ya era una persona que se asomaba a la séptima década de su vida. Yo había tenido la suerte de llegar en ese momento en el que Katsumi salía de aquel magma espeso. Era el momento en el que todo empezaba a ser nítido y claro. La formulación del Seitai era un hecho. Un hecho reciente. Se abría un tiempo nuevo en la transmisión de esta cultura increíble.

Katsumi tomó el micrófono.

Es lógico que se creara una atmósfera tan especial. Había muchos ojos brillantes. Había mucha emoción. Era muy bonito, y yo lo estaba viviendo en directo. Katsumi estuvo encantador y terminó el acto con una minipráctica entrañable en la que participó todo el público. Francisca fue el ingrediente dulce y tierno del evento, la misma dulzura que la caracteriza en cada aliento de su vida. También hubo música, la que salió de entre las cuerdas del violín de Claret interpretando a Bach, y muchas risas con la intervención simpatiquísima que nos regaló el filósofo López-Petit.

Yo solo puedo estar agradecida a la vida. Agradecida, porque desde entonces tuve el privilegio de contar con Katsumi para cualquier consulta, y el hecho de que yo esté aquí ahora mismo escribiendo tiene mucho que ver con él. Desde el principio me animó a expresar el Seitai y su trabajo de tantos años a mi manera. ¡Me parece de una generosidad! Y lo entiendo, porque aquí no somos importantes las personas, sino la transferencia de estas maravillas que nos ha regalado el fundador del Seitai.

Katsumi siempre me decía: «Usted haga». Y allí estaba, haciendo. Solo intento poner palabras a los grandes descubrimientos de Haruchika Noguchi y al gran trabajo de ordenación y pulido que realizó su discípulo Katsumi Mamine.

Y eso es lo que viene a continuación.

¿Seguimos?

Tiempo libre.
Katsumi Mamine o el porqué de las cosas

> La vida debe ser una constante educación. ¡Qué diablos!, nuestro deber es sentir lo que es grande, amar lo que es bello y no aceptar todos los convencionalismos, por ser ignominiosos.
>
> —Gustave Flaubert

Hay quien se traga todo lo que le cuentan, sin más, y hay quien pone todo en duda permanentemente. No sé quién es peor, si uno por sumiso o el otro por pesado. Sin embargo, hay gente que cuestiona, pero se entrega a la labor de cuestionar con fundamento y buscar opciones, nuevas vías de profundización, un nuevo camino de formulación. En esta categoría de ser humano, a mi juicio, se encuentra K. Mamine.

La madre de Katsumi, que murió un poco antes que él, era, y es, una persona muy vinculada al *dojo* central de Tokio, porque perteneció a él desde sus orígenes. Murió con noventa y siete años, y hasta los noventa y dos estuvo atendiendo a gente a través del Seitai soho. Yo la imagino una mujer increíble, con una sensibilidad y una respiración muy especiales. Ella fue la persona que puso en contacto al maestro Haruchika Noguchi y al humanista Shinichi Suzuki, creador del internacionalmente conocido método de música que lleva su nombre. El pequeño Katsumi empezó a formarse en la música desde los cero años, tal y como propone el método Suzuki, y estuvo impregnado del ambiente del Seitai desde muy pequeño. Como origen y base no está nada mal, ¿verdad?

Ya te he comentado que Noguchi es un personaje histórico contemporáneo. El tiempo va pasando, y todavía hoy en día quedan algunas personas que estuvieron muy cerca de él, aunque cada vez sean menos. Uno de esos privilegiados que podía contarlo fue Katsumi Mamine.

Lógicamente, con diez años Katsumi recibía lo que en aquel *dojo* de Japón se vivía, con la percepción de un niño que simplemente disfruta de lo que le rodea sin ninguna otra apreciación. Pero cuando empezó a crecer, se fue dando cuenta de que las prácticas y los conocimientos que él aprendía de Noguchi no se tenían en cuenta en otros ámbitos.

Ni siquiera en la escuela. Allí nadie hablaba de katsugen, ni de yuki, ni de estructura del movimiento y su trascendental importancia en la expresión de la vida. Como era un niño solitario, se dedicó a leer muchos libros, pero nada. No había nada en ningún sitio.

Aquello se le hizo muy extraño. ¿Cómo era posible que en el colegio no se hablara de algo tan trascendental para comprender y para vivir la vida?

Katsumi había empezado a practicar katsugen de niño, y para él era una cosa natural. El yuki le costaba más. Yo supongo que si era una persona tan tímida y solitaria como él dice que fue (y a eso le sumamos que Japón no es un país que se caracterice por tocarse mucho en la vida cotidiana), entrar en ese contacto que se establece en el yuki debía de resultarle una intimidad bastante incómoda. ¡Quién le iba a decir a él que con el tiempo se convertiría en alguien tan diestro en el arte del soho!

Soho es un yuki profesional que mezcla conocimiento y fina intuición, y que sirve a quien lo recibe como una forma de orientación en su propia vida. Sin embargo, a Mamine lo que más le atrajo del Seitai desde el principio fue todo lo relativo a los cinco movimientos, y acudía a todas las charlas y cursos que se centraban en ese conocimiento.

En su etapa de bachillerato escogió la rama de ciencias porque él tenía previsto estudiar una carrera vinculada con la física, la química o las matemáticas. Para ello se preparó.

Estudiaba y estudiaba libros gordísimos, y cada página era un problema que había que resolver. Pero ¿todo ese contenido qué relación directa tenía con su vida, con esa que él sentía vibrar en su interior? Empezó a hacer este tipo de preguntas a sus profesores, y nadie le contestaba.

Cuando estuvo seguro de que esa ciencia grandiosa que se explicaba en *tochos* enormes se lo iba a tragar, decidió abandonar. Eso ocurrió justo tres meses antes del examen de acceso a la universidad. Todo el mundo se enfadó, incluidos por supuesto sus profesores, pero él había decidido dar un vuelco. Quería hacer pintura, y para ello eligió la Facultad Estatal de Bellas Artes.

En ese momento, Katsumi desconocía que esa escuela fuera tan exigente y que había personas que se preparaban durante diez años para poder entrar. En cada convocatoria se presentaban dos mil quinientos candidatos para cubrir las cincuenta plazas que se ofertaban. Lo *catearon*, claro. Entonces, durante todo ese año empezó a acudir a academias. Se preparó y al año siguiente se presentó de nuevo. Esa vez aprobó. Todo el mundo aplaudía. Por el mero hecho de haber logrado ingresar en una universidad tan importante, ya se le consideraba un artista.

El día de presentación de los alumnos, él vio mucho entusiasmo a su alrededor. Unos decían que se especializarían en expresionismo, otros en arte conceptual. Y él se planteó: «¿Y yo qué quiero hacer?». Entonces sintió una decepción muy grande. De nuevo se había equivocado. No había sabido elegir algo con lo que sentirse identificado. No podía volver a escapar, como había hecho anteriormente, así que aguantó los cuatro años de carrera como pudo. Durante aquel tiempo se refugió en el único espacio donde sentía que podía evadirse: el *dojo* de Noguchi. Los cursos de la escuela de arte pasaban con lentitud, la presión crecía y eso le hacía acudir al *dojo* cada vez con más frecuencia.

Como todo pasa y todo queda, llegó el momento de presentar el trabajo de fin de carrera. Cada alumno tenía que realizar una obra, que se consideraría como tesis doctoral. A través de ella, el flamante artista gritaba al mundo: «Este soy yo, esto es lo que quiero expresar». Un creador nace para comunicar y para mostrarse ante los demás. Cada una de las obras de los cincuenta alumnos, tan cuidadosamente seleccionados, sería expuesta en el Museo Nacional de Tokio. Lógicamente, todo ello acompañado de la parafernalia del cóctel, prensa, buscatalentos, etc. Y así fue. Cuarenta y nueve obras ocuparon un lugar relevante en el museo, y solo una apareció expuesta sin exposición. Para este cuadro estaba reservado un espacio invisible junto a la escalera. Si alguien se tomó el interés de mirarlo de soslayo y llegó a vislumbrar lejanamente quién firmaba aquello, pudo leer: «Katsumi Mamine». Él lo pasó fatal. Era consciente de que había sido el peor alumno.

Ser el peor no le gusta a nadie. Pero conociendo la idiosincrasia de Japón, un país donde la vergüenza y el desprestigio llevan a personas relevantes al suicidio ritual, *seppuku*, o dicho más vulgarmente, *harakiri*, supongo que para un joven tímido y apabullado por la existencia eso debió de suponer un dolor enorme. Fuera como fuera, el joven Katsumi tenía que seguir tomando decisiones. Como había elegido el camino del arte, se planteó viajar a Europa en busca de orígenes y de, supongo yo, rumbo. Barajó varias posibilidades.

Tenía claro que su destino tenía que ser una ciudad grande. París era un buen lugar, pero le resultaba demasiado fino. Roma, Milán sí, pero tampoco le convencían, le parecían unos ambientes un poco de película. Finalmente pensó en España: Madrid o Barcelona.

Desde niño, desde su etapa musical junto a Suzuki, sentía fascinación por Pau Casals. Un gusto compartido por Noguchi, que también era muy admirador del celista catalán. Es por ello por lo que se inclinó por Barcelona. Y allí cayó, sin conocer a nadie. Katsumi había sacado matrícula de honor en castellano. Su profesora era, por esa época, la esposa del embajador de Argentina en Japón. Ella le había dicho que el uso del *vos* no era conveniente y que se habituara al *usted*, costumbre que no ha abandonado hasta hoy en día, porque le cuesta mucho tutear. Yo creo que es la única persona en mi vida con que me he relacionado de usted. Por lo tanto, Mamine tenía la ventaja de que se defendía en castellano, pero una cosa es la teoría y otra la práctica. Escuchar a la gente de la calle hablar de corrido, y encima mezclando catalán, pues no era lo mismo que sus conversaciones con su sofisticada maestra porteña.

¡Japón y Europa son dos cosas tan diferentes! Y más en los años sesenta, cuando el mundo todavía no estaba tan globalizado como ahora. Yo supongo que aquellos primeros tiempos no debieron de ser fáciles para él. Timidez + comprensión limitada del lenguaje = aislamiento y soledad. Ello no le impidió contactar con Lluís Maria Güell, director por entonces de la Escuela Massana, donde fue aceptado inmediatamente. Este centro tan prestigioso había sido fundado en 1929 como institución cultural, cuyo objetivo era la enseñanza del arte y el diseño. Ese espíritu se ha conservado hasta hoy en día, por tratarse del Centro Municipal de Artes Aplicadas y Diseño de Barcelona.

Pero Katsumi seguía en busca del Arca Perdida. Por más que escarbaba, no encontraba la creatividad. Siempre la misma pregunta: «¿Qué quiero crear?». Y siempre la misma respuesta: «Ni idea». Un artista sin el norte de una creación es como un mar sin sal. Querer y no poder... poder y no querer. Esa resistencia seguro que obedecía a algo, porque la capacidad estaba; si no, jamás lo hubieran aceptado en una universidad tan especializada. Esa resistencia inexplicable, esas cuerdas intangibles que lo ataban a un bloqueo, lo angustiaban. Al cabo de un año se hundió. Entonces tomó una decisión. Puede resultar muy aparatosa para todos nosotros, que estamos fuera de esa vivencia, pero muy seria y trascendental para su interior tan atormentado. No podía escapar una tercera vez. Por lo tanto, tenía que encarar la situación.

Se plantó ante un lienzo en blanco y se propuso un reto: «Katsumi, o eres capaz de expresar en este lienzo lo que quieres crear, o te matas». Este «te matas» no es una metáfora estrambótica del estilo de «Por mi hija, mato».

No. Era una postura real y concienzuda. Katsumi vivió esa decisión como una cuestión de vida o muerte. No tenía escapatoria. Era un reto privado, un desafío consigo mismo, que solo le podía conducir a dos estados totalmente antagónicos e incompatibles entre sí: permanecer vivo o desaparecer.

Pasó meses ante un lienzo en blanco.

Como tenía que sobrevivir mínimamente mientras llegaba la decisión crucial de seguir en la vida o no, cada mañana, muy pronto, acudía a una plaza de Barcelona. Allí, algunos camiones pasaban al amanecer a recoger obreros para llevarlos a la obra. Como Katsumi no quería quedarse en tierra, llegaba de los primeros. En ese tiempo trabajaba ocho horas y apenas comía. Aprovechaba los trayectos para mordisquear cualquier cosa y de vuelta a casa, una vez más a ponerse ante el erial de su lienzo en blanco otras ocho o nueve horas.

Pasados unos meses, el pincel que sujetaba en su mano empezó a moverse. De él surgió una especie de círculo. Eso le interesó, y en esa dirección continuó. Trazaba tantos círculos, que a veces las manos le sangraban. Un círculo por segundo, una y otra vez. Katsumi estaba sumido en un vals enloquecedor cuyo objetivo era conseguir el círculo perfecto. Su cuerpo era el eje de un compás imperfecto en busca del trazo impecable. Noguchi estaba al tanto de este proceso tan doloroso porque Katsumi se lo contaba a través de cartas. A veces, el maestro contestaba. Era lógico. Siempre habían tenido mucha comunicación. Habían comido juntos en numerosas ocasiones, y Katsumi tenía mucha relación con los hijos del maestro, en especial con el primero.

Un día, por fin, trazó el *círculo*. Y Mamine salió de él. Se puso eufórico. La alegría le arrastró a escribir a Noguchi. En la carta incluyó una foto del lienzo. Al poco tiempo, llegó la respuesta de Noguchi: «Por fin el círculo se ha hecho círculo». A lo que añadía que, si alguna vez el joven Katsumi decidía vender el cuadro, él se lo compraría. Sin embargo, para cuando quiso llegar la respuesta del maestro, Katsumi ya estaba sumido en una nueva decepción. No podía dormir. Tampoco podía levantarse de la cama. Estaba paralizado. Había encontrado la creatividad, y ¿dónde la había hallado? En el deseo profundo de su cuerpo. La creatividad no existía. Nada existía. Todo consistía en una serie de respuestas sucesivas cuyo fin último era satisfacer algo tan básico como es el deseo del cuerpo. La creatividad obedecía al deseo. Pensó que todo eso que se llama vocación, y que cada uno engloba en un área, sea esta ciencia, arte, deporte, da igual lo que en el fondo esté latiendo, es el deseo profundo del organismo por vivir.

Otra vez en la montaña rusa. Su vida era tormento permanente, y sus alegrías contadas y efímeras. Volvían la tristeza y la desorientación.

¿Y por qué había llegado a esa conclusión? Le surgió mientras practicaba katsugen. Sintió su tándem, su respiración. Eso sí que era suyo. La creatividad no. Como la idea de que actuaba para cumplir deseos se le había instalado, tenía que averiguar si en ese planteamiento había alguna base real. ¿Cómo? Poniendo su mano sobre otra persona, tocando.

Katsumi vivía solo. Estaba solo. No conocía a nadie. Era solitario. Yo no sé cómo consiguió contactar con aquella primera persona, pero cuando lo hizo, cuando puso su mano en ella, al día siguiente le llamaron otras tres. De esas tres salieron quince, y así sucesivamente. La progresión no era aritmética, sino que crecía como una progresión geométrica imparable. En poco tiempo recorría Barcelona, de casa en casa. Trabajaba sin parar de ocho de la mañana a diez de la noche, y las peticiones se sucedían. Al año decidió coger un pequeño espacio enmoquetado e instalar un *dojo*. Esa etapa la realizó con otra persona, otro japonés llamado Moriji Funakawa, que también vivía en Barcelona y se dedicaba al Seitai.

Conocí afortunadamente a Moriji Funakawa en 2017, y os garantizo que es muy apreciado por muchos de los seguidores de Seitai.

Por el mero hecho de haber dedicado la vida a esto, tiene mi reconocimiento y agradecimiento. Tengo entendido que ya no recibe a personas nuevas en su *dojo*. En este momento solamente lo tomo como referencia, porque en esta etapa compartió *dojo* con Katsumi (fallecido en 2018) y mantuvieron una relación muy estrecha.

Moriji había llegado a España como ejecutivo de una gran empresa, y cuando conoció el rigor del Seitai de mano de Mamine se quedó muy impresionado. Entonces se instaló con él en el *dojo*, ávido de aprendizaje. Katsumi nunca había pensado dedicarse al Seitai profesionalmente, y sin embargo ya llevaba un año ejerciendo. Por lo tanto, de nuevo las preguntas, de nuevo las dudas: ¿realmente estaría siendo fiel a lo que Noguchi le había transmitido? ¿Quería dedicarse realmente al Seitai? Ante estas dudas, Mamine decidió volver a Japón y reencontrarse con Noguchi.

Y pasó algo muy curioso. Mamine, que finalmente había vendido su *Círculo* a Noguchi, nunca más había vuelto a tener referencias del cuadro. Hasta que regresó al *dojo*.

Allí descubrió algo que lo dejó muy sorprendido. Noguchi había tenido todo ese tiempo el lienzo expuesto en la escalera. Esta escalera no era como la del museo de Tokio, donde Mamine había visto relegada su obra de final de carrera, sino que era el lugar más destacado del *dojo*, porque era paso obligado para todo el que visitaba el centro. Cuando Noguchi se enteró de que Katsumi había dejado la pintura y regresaba a Japón, se enfadó mucho y mandó retirar el cuadro, por lo que Mamine nunca vio expuesta su obra. Su vuelta se redujo a condensar la vida entre las paredes del *dojo*. Se pasaba todo el tiempo allí. Su pasatiempo favorito era observar a Noguchi, su respiración... Y se quedaba perplejo: ¿cómo era posible que aquel hombre estuviera instalado en un vaivén semejante con tanta naturalidad? De esa observación le nació el deseo de aprender muy seriamente, y así se lo comunicó a su maestro. Noguchi pensaba que Mamine iba por otros derroteros, y aquella decisión le puso muy contento. Durante año y medio lo colocó cerca de él. Como dicen en Andalucía, *a su vera*.

Mamine tuvo la oportunidad, más bien el privilegio, de aprender junto a los discípulos directos de Noguchi. Algunos se preguntaban qué hacía él ahí, y Noguchi contestaba que Mamine algún día haría algo muy especial y muy valioso para la transmisión del Seitai.

Por eso estaba ahí. Es cierto que era una forma muy específica de estar, porque no era la manera ortodoxa de llegar a pertenecer a ese reducido círculo que gravitaba en torno a Noguchi. Los *usadeshis*, o sea, los discípulos especiales del centro, accedían a esa dispensa demostrando otras facetas que Mamine no había demostrado, pero Noguchi decidió hacer una excepción con el joven, porque era capaz de entrever la trascendencia.

Y no se equivocó, claro está.

Katsumi estaba totalmente integrado en ese ambiente. Participaba incluso en las reuniones de los máximos responsables de la Sociedad Seitai, en las que se decidían asuntos relevantes para el *dojo*. Mamine reconoce que recibió un trato muy especial por parte de Noguchi y siempre se manifiesta muy agradecido por ello. Aquellos dieciocho meses tan intensos fueron más o menos así: Katsumi se sentaba a unos pocos metros del maestro y lo observaba trabajar durante once horas seguidas. A él, y a sus discípulos más avanzados, que colaboraban con él. ¿Os imagináis estar sentado en *seiza* todas esas horas sin mostrar ningún gesto de cansancio o dolor? Katsumi era muy consciente del respeto que tenía que profesar a su maestro y la dispensa tan extraordinaria que estaba recibiendo. Él estaba disfrutando de una de las enseñanzas más particulares que había ofrecido Noguchi a lo largo de su vida y sentía que no podía defraudarle. Debía estar a la altura. El único momento en que se levantaba era cuando Noguchi iba al baño.

Aprovechaba, y aunque sus piernas estaban paralizadas y dormidas, su deseo de no aparentar debilidad era tan profundo, que conseguía arrancar pasos dinámicos.

Una vez terminada esa jornada inacabable, se iniciaba su enseñanza directa. Empezaba poco antes de la medianoche y podía prolongarse hasta las tres o las cuatro de la madrugada. Noguchi a solas con Mamine. Enseñanza totalmente personalizada y exclusiva. ¡Qué maravilla! Mamine aprendió muchas cosas durante ese tiempo, pero ¿sabes lo que más le llamó la atención? Observar la forma de estar de Noguchi. Todo en él carecía de esfuerzo. No había forma, no había postura de maestro, sino que Noguchi se sentaba con una naturalidad pasmosa. Estar, siendo. Ausencia de *pose*. Noguchi solía decir que «el ki muere cuando toma forma» y así lo vivía, porque en él, el ki fluía. El secreto estaba en su forma de respirar, ese tándem, esa ondulación que recorría su pecho y su vientre y se extendía a todo su ser. Gracias a esta observación, Mamine logró encontrar la manera de aguantar aquellas sesiones maratonianas sentado en una postura a la japonesa, que no le gustaba nada, pero que tenía que adoptar. Reparó en que el katsugen, un katsugen interno y sin grandes aspavientos, le erguía la CVP y sus pies quedaban liberados de soportar el peso de todo el cuerpo. Desafiaba la gravedad, abandonándose al movimiento espontáneo que nacía de su interior. Katsugen. Así es como pudo soportar horas y horas. No había otra manera. De hecho, Katsumi tiempo después observó a otros maestros, como algunos muy relevantes del *zazen*. Sintió que sus posturas estaban muy relacionadas con la forma y con cómo soportar esa forma.

Pero había aprendido que la forma nace de dentro. La forma no nace de la cabeza, ni del control, sino de la mente coordinada con el resto.

Imagino los grandes esfuerzos que debió de hacer el joven Mamine por estar a la altura de aquel privilegio, que duró año y medio. El *dojo* era un espacio vibrante donde no había tiempo ni para comer, y mucho menos para perezas. Seguir ese ritmo debía de ser una experiencia muy intensa...

Y eso que aquellos eran los últimos tiempos del maestro.

Mamine regresó a España, y al poco tiempo Noguchi redactó su famoso testamento vital. ¿Lo recuerdas?

En el *dojo* dejaron de impartirse los cursos de soho y el maestro se retiró, se encerró en sí mismo y solo se relacionaba con unas pocas personas. Mamine en ese tiempo empezó a poner en práctica en Barcelona los conocimientos que había recibido en Japón y vivía ajeno a estos sucesos. No se sabe por qué, pero al cabo de menos de un año decidió volver. Fue al *dojo*. Esperó sentado a su maestro, pero inexplicablemente este no apareció.

Eso, en su ritmo incansable, era una novedad sin precedentes. Katsumi podría haber ido a casa de Noguchi a buscarlo, tenía la confianza suficiente como para hacerlo... pero no quería. Consideraba que el lugar de Noguchi estaba en el *dojo*. No entendía qué había pasado en tan poco tiempo.

Mamine esperó y esperó, hasta que un día lo vio aparecer. Tenía la misma cara, el mismo cuerpo... pero lo que habita en el interior, el movimiento que nos crea y que nos mantiene con vida, ese había cambiado, y mucho. Lo que no tiene forma había tomado forma.

Mamine comprobó que quedaba muy poco de lo que tanto había observado y admirado en él. Noguchi estaba allí en cuerpo presente, pero ya no era de este mundo.

El último curso de soho realizado por Noguchi se celebró esos días. Decidió ponerlo en marcha de repente. Asistieron cuatrocientas personas. Dividió el gran grupo en grupos de cuarenta personas y seleccionó a diez discípulos para encabezar cada uno de ellos. El joven Mamine fue uno de esos elegidos. Entre las personas de su grupo, había auténticos maestros de Seitai, por supuesto más mayores que él. ¿Por qué decidió aquello Noguchi? Jamás lo sabremos, pero lo que queda claro es que Noguchi siempre dedicó un trato muy especial a Mamine.

Terminó el curso y Noguchi volvió a su retiro. Ante el fatal desenlace que se avecinaba, Katsumi decidió regresar a Barcelona. Pero antes de salir de Japón obtuvo un permiso importantísimo: la autorización directa de Noguchi de traducir y publicar la revista *Zensei* en España para los alumnos de su *dojo*.

Esto no era cualquier cosa, al menos para los que vivimos en Occidente. Digamos que en Europa y en el resto del mundo hemos tenido acceso a algo tan valioso gracias a este trabajo tan titánico que supone traducir años y años de publicaciones. En ellas se recogían muchas de las conferencias que Noguchi había dado a lo largo de su vida, y que eran transcritas por el personal de su *dojo*. En concreto, se tradujeron y publicaron entre 1977 y 1991 un total de sesenta y siete números, que salían trimestralmente. Esa dedicación dio como resultado una joya, un legado que nos ha quedado para siempre. Aún hoy en día, se pueden adquirir muchas de estas revistas en el *dojo* de Barcelona y en algunos otros lugares. Este trabajo no lo realizó Katsumi solo. Empezó a hacerlo junto a Francisca Garrido, pero como tenía tanto trabajo, al final lo llevaron a cabo dos personas: Moriji Funakawa, del que ya os he hablado, y Jacqueline Gerday, una belga filóloga que aportaba el estilo final y revisaba que el castellano fuera lo más preciso posible. Todo ello era supervisado directamente por Mamine. Por lo tanto, a todas esas personas que estuvieron implicadas en esa labor les quiero dar las gracias.

Hoy en día, la revista *Zensei* se sigue editando en Japón, pero que yo sepa, los números posteriores a Noguchi no se han traducido, y si no es así, os agradecería que me lo comentarais contactando conmigo en los distintos medios que os facilito en este libro (RRSS o correo electrónico).

Nos quedamos con Mamine saliendo de Japón y regresando a España. A las tres semanas de llegar a Barcelona, Katsumi recibía la noticia de que Haruchika Noguchi había fallecido. Hablamos de 1976. Imagino el *mazazo*... Mamine, supongo que muy apenado, no se dejó influir y se puso manos a la obra en su *dojo* de Barcelona. En poco tiempo, el espacio creado por él se había convertido en referencia para personas de toda índole, que acudían atraídas por el carisma de Mamine. Lo mejor de cada casa: médicos, terapeutas, filósofos, yoguis, sufíes. Su fama crecía, y la de sus sohos también. Mamine había pasado de la soledad más absoluta a vivir rodeado de gente.

Cuando llevaba quince años inmerso en esa vorágine, tomó la decisión irrevocable de frenar el ritmo. Tenía algo que hacer. Se dio cuenta de que quedaba por realizar una labor con el legado de su maestro: aquella inmensidad requería ordenación. Noguchi había sido un personaje irrepetible. Intentar imitar su forma de hacer, su forma de intuir, su forma increíble de percibir el movimiento en cada estructura reducida de vida, como puede ser una célula, era algo inalcanzable para la mayor parte de los humanos. Noguchi podía realizar un soho en dos minutos. Era capaz de captar la vitalidad de una persona o predecir su muerte inminente con un simple vistazo, pero el resto de los mortales estamos abocados a la simpleza y al aprendizaje limitado.

Mamine estaba convencido de que lo aportado por Noguchi corría el riesgo de desvirtuarse con apreciaciones subjetivas por parte de cada uno que quisiera tener relación con esto. Para evitarlo, era necesaria una ordenación, a través de la cual se podrían asentar unas bases inalterables. Consideraba que era fundamental establecer un acuerdo común como punto de partida y que a partir de ahí cualquiera pudiera moverse en libertad, en busca de nuevos caminos que explorar. Su decisión requería reducir horas en el *dojo*. Todo en aras de realizar eso que se le había metido en la cabeza. El Seitai necesitaba una síntesis, una base, una bacteria que fuera el punto de encuentro para todo el que estuviera interesado en profundizar en él.

Moriji no estuvo de acuerdo, no entendía ese trabajo complementario de Mamine, y se fue a montar un *dojo* por su cuenta. Ello no frenó a Mamine. Durante dos, tres, cuatro años dejaría de atender a personas, o al menos reduciría su número. Ese es el tiempo que estimó para llevar a cabo su estudio. Pero no fue así. Mamine falló el cálculo.

Esa revisión, esa síntesis no le llevaron cuatro, sino que le consumieron cuarenta años, y siguió...

No sé cómo lo hizo. Quizá se planteara un reto nuevo de vida o muerte, pero lo que sí es cierto es que Katsumi Mamine tenía una gran capacidad de trabajo y de concentración para hacer lo que hizo. Además, una gran dosis de generosidad por dejarnos el impecable trabajo que nos ha regalado. Él siempre lo daba por concluido, pero es un regalo atemporal, sin caducidad en el tiempo. Hasta el día de su muerte revisó; replanteó y estudió todo para la mejor transmisión.

Aquel joven, al que la vida no le interesaba mucho, se ha convertido en una de las personas que más han podido profundizar en ella. Katsumi Mamine pasó de ser una persona que no valoraba la vida, a ser el más grande admirador de ella. Y es normal... Porque Mamine llegó a profundizar tanto en los descubrimientos de Noguchi sobre la esencia de la vida, que no ha podido más que quedar boquiabierto.

Visita guiada: Katsumi Mamine, el Seitai traducido a ciencia o viceversa

Qué fue antes, ¿el huevo o la gallina? No sé qué es más importante, si el Seitai traducido a ciencia o la ciencia traducida a los conocimientos tan interesantes que aporta el Seitai.

¡Ambos son tan complementarios! El Seitai enriquece la ciencia y la ciencia enriquece el Seitai. De una cosa estoy segura: si no es por el trabajo de Katsumi Mamine, el Seitai hubiera corrido el peligro de adulterarse poco a poco y desvirtuarse.

Ahora, transcurridos estos años suyos de dedicación, lo que queda es una base sobre la que impulsar el gran legado de Noguchi. Hay tanto por hacer, es tan vasto el territorio que explorar, que, digamos, asistimos al nacimiento de un nuevo paradigma.

Pasará el tiempo, pasaremos las personas, pero cuando el ser humano esté preparado para hacer una profunda revisión y autocrítica de su evolución, aparecerá el Seitai como vía. Estos conocimientos aflorarán, ofreciendo una luz que iluminará tanto despropósito en el que se ha embarcado el ser humano. Y cuando eso llegue, se podrá tener en cuenta una brújula que facilite ese nuevo rumbo: los libros de Mamine.

Siempre digo: si Noguchi descubrió, Mamine organizó.

Katsumi Mamine a menudo formulaba una frase en la que venía a decir algo así: «Llevo viviendo el Seitai sesenta años, y a lo largo de todo este tiempo he experimentado muchas cosas. Sin embargo, lo más difícil de mantener, tanto de transmitir como de vivir, es la sencillez. La sencillez, si realmente es sencilla, está conectada a lo más profundo de la vida y de nuestra existencia».

Sencillez... Mamine hablaba siempre de sencillez refiriéndose a aquella naturalidad vital que habitaba en el maestro Haruchika Noguchi, y que él tuvo oportunidad de observar y de admirar. ¿Por qué hemos abandonado el camino de la simplicidad?

Vivir de forma sencilla. Sencillo no es sinónimo de insustancial. No creo que descubra a nadie que todo se ha ido complicando, y lo peor es que se ha ido complicando alrededor de lo inane. Siento decir que casi nada de lo que hacemos es importante, ni trascendente. Ni lo tuyo, ni lo mío. Nosotros pasaremos y nada nuestro quedará, porque habremos quemado nuestra valiosa vida en lo *inane*. Es el momento de recuperar el sentido, y el Seitai ofrece mucho sentido y orientación. De eso no tengo ninguna duda.

Quiero que quede claro que yo no quiero desarrollar aquí un largo tratado despiezando el magnífico trabajo de Mamine. Afortunadamente, tenemos sus libros. Podemos colocarlos en la estantería y consultarlos siempre que queramos. Ya hemos hablado muchas veces a lo largo de estas páginas de que todo este conocimiento, sin práctica y sin vivencia, es como ser el mejor imitador de Elvis Presley: puedes mover el tupé y la cadera como un tiovivo, te acercarás a él, pero nunca estarás dentro del pellejo del original.

Si queremos vivir en la originalidad que nos aporta nuestra vida irrepetible, debemos existir con autenticidad, habitar nuestra propia experiencia intransferible, pero siempre está bien tener como referencia el trabajo que han realizado otros.

Realmente, Mamine no modificó absolutamente nada de lo aportado por Noguchi. En su dedicación impecable, lo que hizo fue ampliar, mejorar la forma de comunicar las prácticas, y algo muy importante: demostrar que nos encontramos ante un conocimiento real totalmente empírico, porque así lo refleja la ciencia y porque así lo demuestran las propuestas prácticas que ha desarrollado Mamine. A través de ellas, queda al descubierto toda esa estructura sobre la que se sustenta nuestro organismo y a través de la cual vivimos. Por tanto, el Seitai, por medio de todas esas conclusiones teóricas y de todas esas demostraciones prácticas y empíricas, deja de ser algo intuitivo y pasa a aportar conocimientos que se pueden demostrar ante cualquiera y exponer ante cualquier foro. Este es el gran mérito de Mamine.

Como somos tan absolutos, parece que todo lo tenemos que confrontar y poner en liza. O esto o lo otro. O ciencia ortodoxa o pseudociencia. O ciencia o esoterismo. Ciencia frente a holismo. Razón pura, Kant, o Descartes fue un error. Los descubrimientos que aporta la incipiente física cuántica, que alteran toda la física tradicional, parece que han empezado a conectar realidad palpable con realidad invisible. Desde luego ahí hay un hueco, un agujero negro que requiere un *link*. Desde un punto de vista, el Seitai viene a rellenar ese espacio. El Seitai conectará lo tangible y lo intangible. Lo intangible se convertirá en sensibilidad y certeza. Lo tangible, en duda.

El Seitai no habla de espiritualidad. Ni siquiera de muerte. El Seitai respeta las creencias particulares de cada uno, pero a lo que sí hace referencia fundamentalmente es a la vida. La vida nos ofrece tanto lo tangible y lo demostrable, como lo que nunca alcanzará nuestro conocimiento porque alberga la inmensidad de lo infinito. Y no solo eso. El Seitai se convierte también en el nexo de unión entre la ciencia occidental y las propuestas de salud y filosóficas que ofrece Oriente.

Noguchi utilizaba una metáfora muy elocuente, refiriéndose a ese eslabón perdido en la cultura humana. Decía que en algún momento se abrochó mal un botón de la camisa y el resto de la botonadura ha sufrido un desplazamiento que hace que el conjunto sufra un *decalaje*. Sé que esta palabra no existe en castellano, pero creo que se utiliza lo suficiente como para comprender a qué me refiero. Sobre esta teoría tan curiosa del botón mal abrochado, volveremos en otro momento. Occidente tiende a la especialización, a la parcelación del conocimiento. De hecho, la medicina trata dolencias específicas, órganos concretos. Para atender lo general, recurre a lo particular. Sin embargo, en Oriente es al revés. Lo particular se trata de manera general, como un conjunto. Oriente tiene una percepción holística de la existencia.

El término *holismo* proviene del griego ὅλος *hólos*, que significa 'entero, total'. Si en lugar de enfrentar opciones, se sumaran posturas y conocimientos, quizá el ser humano podría encontrar el impulso que necesita para hacer un trompo a su propia creación. Entre todos hemos configurado una realidad con pies de arcilla y nos da miedo regarla, deshacer el barro, desmontarla y comprobar dónde irá a encauzar de nuevo ese agua marrón.

Yo últimamente presto mucha atención a lo que se está contando en los medios de comunicación. Ellos *nos educan*. Configuran nuestras creencias, nuestros miedos y nuestra realidad. Y sinceramente, creo que muchas veces falta rigor y transforman en realidad lo que en el fondo son supercherías.

Hace poco cayó en mis manos un artículo de un estudioso que decía haber investigado el origen de muchas enfermedades. Con una soltura tremenda conectaba cáncer de hígado con tal emoción, el de mama, con tal otra. Y así sucesivamente discurría la entrevista.

Pero la periodista no le preguntaba en ningún momento: «Y usted ¿en qué se basa para hacer esas afirmaciones?». Parecía una cuestión de fe, nutrida por una quimera.

Yo no sé si es que soy muy quisquillosa, pero el signo de interrogación se me instala en mitad del cerebro, emitiendo destellos rojos, y no comprendo cómo esto no es un dispositivo común de seguridad que se nos active de manera inmediata a todos. ¿Somos listos o no somos listos? ¿Hacemos una oda a la inteligencia racional o la despreciamos? Por creer, nos creemos todo, si ello proviene de una publicación. Los medios de comunicación conservan un prestigio muy muy curioso. Poner en duda, contrastar, valorar ¡empiezan a ser algo tan raro!

En otro reportaje, se referían a la espalda como lo que vas dejando detrás de ti, lo que pretendes olvidar, lo que está en el fondo de tu mente. Una vez más, la mente y su poder ultramágico. De la columna vertebral hablaban como que es la que representa nuestra voluntad y que se tuerce porque la voluntad se doblega. Este reportaje lo colgaba en la red una amiga mía querida que es médico de familia. Artículos de este tipo los puedes encontrar a miles, porque sus contenidos se divulgan *a tutiplén*. «El dolor de rodillas es la rigidez de quien no quiere doblegarse»... ¿Vivir de rodillas? A mí, sinceramente, todo esto me parece una insensatez.

¡Claro que todo está conectado! ¡Claro que la emotividad no es algo aislado del resto!

Todo está intercomunicado. Pero todo eso *tiene un rigor vital, no una interpretación aleatoria*. Cada ser humano es único y merece ser tratado con respeto. Por lo tanto, no se puede crear una tabla sin criterio, para que cada uno la recorra con el dedo índice buscando su dolencia, como si consultara el horóscopo de la *Súper Pop*, y de paso, haciéndose un psicoanálisis casero. Eso es aprovecharse de la necesidad de respuestas que tiene la gente y jugar con su emotividad y sus miedos. Ninguna tabla reflejará tu estado profundo, lo que tú eres o lo que tú vives. Tú no eres el menú de una heladería donde encuentras tu sabor favorito. El ser humano más bien es un *pantone* cromático que muestra una variedad infinita de individuos. ¡Entran en juego tantos y tantos componentes, tantas combinaciones, que resulta imposible elaborar este tipo de tratados!

Y si se realizan, al menos sería deseable que se sustentaran en algo real. Cuando se habla de asuntos tan importantes como la salud, creo que es necesario establecer una serie de filtros y no dejarlo al *todo vale* imperante. La salud no es un entretenimiento, ni un relleno de contenidos. Se debería tener más en cuenta la repercusión que tienen esos artículos en los demás.

Hacer caso a todo ese volumen de informaciones que nos meten por vena cada día, sin otro análisis, nos seguirá sumiendo en la ignorancia y nos hará víctimas de la engañifa.

No irán a ningún sitio porque pertenecen al ámbito de lo inane. El Seitai habla de *rigor*, todo lo que expone está basado en algo y lo puede demostrar.

La primera edición de este libro se redactó entre 2014 y 2015, cuando los informativos estaban abriendo con el virus del Ébola. Estuvimos meses con ese asunto. Pongo esto como ejemplo, como puedo poner cualquier otro que se dé en el futuro. Hace un tiempo era la gripe aviar, y el gobierno de mi país destinó millones de euros a hacer acopio de una vacuna que jamás necesitó la población. Por muy mortífero que sea el agente patógeno, jamás afectará al cien por cien de la ciudadanía. Al menos hasta el momento, nunca se ha dado el caso. Habrá personas que se relacionarán con ese virus y nunca se contagiarán. Habrá otras a las que sí les afectará, pero lograrán sobrevivir, y otras directamente caerán fulminadas. Y qué decir de la pandemia de la COVID-19. Sin comentarios.

Eso es, sencillamente, porque no estamos expuestos a todos los males, ni una emoción nuestra se transformará automáticamente en una enfermedad, porque el estado de un organismo es único. Cada uno de nosotros será vulnerable a unos agentes externos o a otros generados internamente, y será inmune a otros. Hay quien reprimirá permanentemente su emotividad y tendrá un estómago a prueba de bombas. Habrá quien tenga una situación desesperada y jamás sufrirá un infarto. Habrá quien rompa traumáticamente con veinte parejas y jamás sufrirá una sola cistitis. Por lo tanto, esa cosa que te aboca inevitablemente a un mal, según el sentimiento, no se sustenta en nada demostrable, sin quitar que pueda tener alguna relación. Pero eso además ¿qué importa?

Vamos a ponernos en el caso matemático de que una emoción determinada esté vinculada directamente con una enfermedad concreta. ¿Qué pasa? Dile a tu cerebro que no quieres tener envidia, que no quieres alterarte cuando te llegan las cuentas de la luz.

Saber el porqué no resuelve el problema. Lo que resuelve el problema es que algo surja espontáneamente en el interior, para que nuestro organismo se oriente hacia su recuperación. Y para ello es fundamental que *la respiración, su forma de efectuarse, se dé naturalmente*. Eso sí tiene relación con lo que nos pasa. Más adelante te hablaré de la TPE, tensión parcial excesiva. No te daré recetas, sino referencias sobre las cuales poder reflexionar y orientarte. Para ello, la observación será imprescindible.

¿Qué tal observar? No hay nada que esté más vinculado a la ciencia que la observación.

Es cierto. Os he hablado reiteradamente de ciencia y aún no hemos visto los parámetros en los que se basa la ciencia para llegar a sus conclusiones. Hay muchos tipos de ciencia y muchas formas de investigar, pero en términos generales digamos que hay aspectos comunes.

La observación es muy utilizada en la ciencia. Cualquier estudio incrementará su valía en función del número de casos observados. A más casos y coincidencias, más probabilidad de acierto. Es un principio esencial. La observación nos conduce a la probabilidad, aunque la probabilidad no sea en ningún caso certeza.

Hay una ciencia llamada estadística que se basa en probabilidades. Probabilidades que algunas veces coinciden y otras muchas no. Si no, que se lo digan a los políticos cuando se presentan a elecciones. Si esta ciencia fuera exacta, no se verían obligados a salir a dar ruedas de prensa haciendo pucheros. Por lo tanto, la ciencia, como todo, tiene ramas que no son exactas. Son muchas las ciencias que trabajan con eso que llaman *horquillas de error*.

El concepto moderno de 'ciencia' surge de Galileo Galilei, quien estableció las fases que requiere una *nueva realidad*. Al fin y al cabo, la ciencia es uno de los sectores más influyentes de nuestra sociedad y está diseñando la realidad. Esa realidad, como hemos visto, es susceptible de cambiar con cada nuevo descubrimiento. No es lo mismo vivir creyendo que la Tierra es el centro del universo que saber que es un planeta más que se pasa la vida girando en torno a su sol.

El conocimiento científico está sustentado en enunciados que son sometidos a prueba empírica y tienen que ser demostrables. Pero a menudo se ven desmoronados por otros enunciados nuevos, por lo que es habitual que, una vez desmontados, sean sustituidos por otros principios. Por lo tanto, muchos conocimientos científicos son muy provisionales. Para la ciencia todo es *relativo*, porque considera que no hay ninguna verdad absoluta y permanente. Todas las verdades son provisionales.

Y además es progresiva, porque a pesar de no considerar respuestas finales, cada vez se dan unas mejores aproximaciones a la realidad. Gracias al término provisional, la ciencia se permite el progreso, el avance y el aumento de ideas verificables.

La investigación es la que permite establecer nuevas conjeturas, lo que va creando nuevos problemas. El investigador enfrenta esos problemas planteando preguntas, de las cuales surgirán las hipótesis. La hipótesis nacerá, se desarrollará y morirá en un estado de permanente problema. No es más que una idea, una conjetura que nace de la mente del científico. Para que la hipótesis adquiera el *status* de científica, tiene que ser sometida a la corroboración empírica, donde se demostrará finalmente su verdad o falsedad. Y aquí es adonde te quería traer.

Mira a tu alrededor, porque estás ante un planteamiento científico irrefutable.

Te voy a presentar a *certeza* y sus atributos. Certeza posee verdad. Certeza es el conocimiento perfecto. Certeza permite su afirmación sin ningún género de dudas. Certeza es verdadera y válida. Certeza se puede comunicar ante cualquiera, sin complejos. Certeza es entendimiento racional, es reconocible.

Certeza es confianza plena en dicho conocimiento. Y yo lo tengo. Tengo una confianza total en los conocimientos sobre los que se sustenta el Seitai. Las conclusiones a las que llegó Mamine son irrefutables.

¿Y por qué digo algo tan categórico? Pues porque los planteamientos de Noguchi se pueden demostrar por fin de forma empírica. Cualquiera puede comprobarlos.

Todas estas conclusiones, que hoy se pueden plantear sin complejos, han surgido gracias a la profundización que Katsumi Mamine realizó en diversas áreas de la ciencia. Tocó muchas especializaciones, pero la vida de un individuo tiene un límite y le quedó pendiente por hacer una incursión en todo el campo relacionado con la genética. Eso lo dejó para otro. Quizá lo puedas hacer tú, ¿verdad?

Mamine no ha llegado a todo, pero sí a lo suficiente. En más de cuarenta años tuvo tiempo de hincar mucho los codos, y os voy a contar cómo lo hizo. Ya sabéis que Noguchi descubrió muchas cosas, pero quizá una de las más trascendentales y novedosas sea que la vida se manifiesta y se estructura espontáneamente a través de cinco movimientos. Cuando Mamine llegó a España, estaba totalmente convencido de que eso era así, pero cuando empezó a confrontar su *certeza* con otras personas, se encontró con un gran problema que le llevó a preguntarse: «Y yo ¿cómo comunico esto a los demás?». Su certeza no era la de los otros.

En el *dojo* de Japón, el método de estudio y de formación consistía, entre otras cosas, en pasar un mínimo de veinticinco años tocando diferentes columnas, palpando espaldas, sintiendo la vida del otro a través de las señales inequívocas que quedan grabadas en el cuerpo. Esta era la tarea principal de los discípulos aventajados y relevantes elegidos en el centro. Y se llegaba a conclusiones, claro que se llegaba, pero vete tú a un congreso científico a exponer a todos esos sesudos investigadores que tienen que pasarse más de dos décadas *sobeteando* las vértebras de todo perro y gato que se cruzan, para confirmar que la vida se estructura y se manifiesta en cinco movimientos... Que no, que no. Quimera pura. Por lo tanto, la transmisión del Seitai resultaba algo imposible fuera del propio ámbito.

Mamine se dio cuenta de que algo tan valiosísimo quedaría reducido a una minoría. El Seitai había nacido como cultura, y una cultura que se limita de esa manera desde su nacimiento está encaminada a su desaparición. Es cuando Katsumi Mamine decidió confrontar todo su saber intuitivo con la ciencia. Esta ha sido una labor épica. El desconocimiento es la madre del atrevimiento, y gracias a ese desconocimiento, Mamine se atrevió. Su «ignorancia» es la que nos ha regalado sus hallazgos. Él pensó que su estudio le llevaría como máximo cuatro años, que al final han sido más de cuatro décadas.

Fuera de proezas *mal medidas*, Mamine vivió todo este proceso fascinado por la sorpresa. Según iba profundizando, iba comprobando que todos los planteamientos de Noguchi encuentran su reflejo en algún lugar de la ciencia. La ciencia contempla por entero y confirma todo lo expuesto por Noguchi. La única diferencia es que la ciencia no lo tiene ordenado como conocimiento global y lo expone como una sucesión de certezas parciales. Sin embargo, cuando todo ese desorden parcial se ordena, da como resultado que el gran hallazgo de Noguchi de que la vida vive gracias a la combinación de cinco movimientos es una certeza científica que, además se puede demostrar de forma no solo teórica, sino también practica.

A continuación voy a hacer un pequeño recorrido por todas esas ciencias exploradas por Mamine. La demostración y la teorización se las dejo a él, que es el padre de la criatura y lo hizo perfectamente.

Embriología

Es una de las ciencias muy estudiadas por Katsumi Mamine. ¡Qué mejor que ir al origen de la vida de un ser vivo para estudiar la vida misma! Imagínate cuando Mamine coge el primer libro de embriología, una ciencia cuya nomenclatura es enmarañada, y se enfrenta a todos esos términos. La embriología es una ciencia relativamente moderna, porque se empieza a profundizar seriamente en ella en el siglo XIX. Quien sea que se interese por su contenido, lo primero que tiene que hacer es aprender un sinfín de nombrecitos que denominan las variadas células que intervienen en todo el proceso de creación de una vida tan compleja como es la humana.

Mamine tardó un año simplemente en aclararse con todos esos nombrecillos. Sin embargo, cuando separó la paja del grano, llegó a la primera sorpresa acompañada de la primera certeza: si simplificaba todos esos nombres y los clasificaba según el movimiento de la célula, todo ese *mogollón* quedaba reducido a cinco.

Cinco movimientos, cinco tipos de células

¡Se quedó tan sorprendido! Y no solo eso, sino que observó que la vida siempre realizaba su trabajo de la misma manera. Como hablamos de humanos, estamos refiriéndonos a seres complejos, pero todo esto es algo común a otros animales, y muy especialmente a los vertebrados mamíferos. Después de que un óvulo es fecundado por un espermatozoide empieza una división celular ultrarrápida. Una vez que se parte en dos, esa mitosis prolifera multiplicándose por cuatro, luego por ocho, después por dieciséis, treinta y dos y en poco tiempo esa semilla de vida se habrá convertido en millones de células.

Pues bien, esas células se organizan de una forma muy concreta que se repite una y otra vez en cada vida. Primero, aparecen las células relacionadas con los movimientos medulares estáticos. ¿Te acuerdas? Vertical y central. Vertical y central dibujan el eje, lo que será la futura columna vertebral, coronada por el cráneo y sustentada por la pelvis. Estas células esbozan la estructura medular del embrión.

Eso ocurre en el origen de la existencia humana y de cualquier existencia, por simple que sea. Desde el principio la vida se organiza de manera que las células de tipología vertical, que vamos a llamar células del tipo I y II (+ y –), inalterablemente se van a colocar arriba. Las que tienen una tipología central con movimiento hacia abajo y hacia dentro se van a situar desde el primer momento abajo. A estas las vamos a conocer como células del tipo IX y X (+ y –).

Esto te suena, porque vimos esta misma nomenclatura cuando hablamos de los movimientos, y se repetirá cuando te hable de taiheki y de osei.

↕ Las células I y II, de naturaleza vertical, serán las responsables de crear el eje neuronal y este a su vez la futura espina dorsal y el cerebro. Formarán el sistema nervioso, principalmente el sistema nervioso central, y en el futuro serán las que desarrollen la epidermis, la piel más fina que recubre nuestro cuerpo como si fuera un papel de regalo.

También crearán las neuronas, que se conectarán entre sí de una manera sináptica, o sea, que no serán dadas a tocarse directamente. Serán jerárquicas y organizarán todo desde el cerebro comunicándose a través de los nervios. También llevarán la información que será transmitida a tres grupos celulares que aparecerán posteriormente.

◎ Las células del tipo IX y X, de naturaleza central, son más pequeñas y no forman un orden claro como las anteriores. Ellas no tienen miedo a tocarse entre sí. Se presentan como el plancton en el mar, todo juntito y multidireccional. Ellas formarán a lo largo del proceso embrionario la placenta y el cordón umbilical, o sea, el lazo primario entre la madre y el hijo. También participarán en la formación de todo lo relacionado con el sexo, el sistema conjuntivo, la dimensión gravitatoria, etc. Presentan una gran capacidad de regeneración celular. Crearán las fascias de los músculos y serán la base del sistema linfático y endocrino. Serán las que creen la todopoderosísima hormona sexual, ¿te acuerdas? Ella será la gran dama que reinará en este sistema.

¿No te parece de una simplicidad pasmosa? Yo aquí te lo estoy ofreciendo aún más sintéticamente de lo que realmente es. Pero si eres un científico, médico, periodista especializado en ciencia, etc., te quedarás absolutamente alucinado leyendo cualquiera de los libros de Mamine, y en concreto *El movimiento vital*. Ya me contarás, ya.

Bien, cada uno de los desarrollos embrionarios se realiza gracias a un tipo de movimiento, y cada uno de esos movimientos es el que crea cada uno de los órganos, tejidos, músculos, constitución ósea... Serán los que estén configurando futuras funciones, serán los que estén asentando las bases para el futuro desarrollo del ser completo y su crecimiento. La célula, cada una con su *meneíto* particular, con su increíble sabiduría, en coordinación con el resto, realizará un trabajo increíble.

Las células son duendecillos que encierran el secreto de la vida. Habla con ellas a ver qué te revelan .

Una vez ubicados estos dos grandes grupos celulares, estos dos tipos primigenios, a través de unas transformaciones maravillosas que realiza la vida, empiezan a aparecer las células de carácter dinámico, tres nuevos grupos celulares mesodérmicos que se colocan entre vertical y central. Y lo hacen siempre de la misma manera, respondiendo a ese orden establecido inalterable: frontal en los extremos dinámicos, lateral en medio, y en las zonas intermedias móviles, rotación.

Las células de tipo V y VI (+ y –), de naturaleza frontal, formarán todo lo que es de índole muscular, ósea y pulmonar. Son células cuyo movimiento será muy eficaz, buscando el camino más recto y directo. No hay desvíos: son las fosas nasales, la tráquea, la combustión, los hombros. Son células muy rápidas y prácticas.

En medio aparecerán las células de carácter lateral que llamaremos células del tipo III y IV (+ y –). Ellas formarán lo digestivo y lo que tiene relación con la circulación sanguínea. Crean los vasos sanguíneos, por lo que son células muy comunicativas que tienen mucha relación con el resto y se mueven lateralmente.

En la zona intermedia móvil aparecerán las células de rotación, que formarán los riñones, la vejiga y todo lo relacionado con el sistema excretor del organismo. También serán las responsables del futuro reciclaje que se realiza en el organismo y que separa y aúna lo que es común. A estas células las llamaremos VII y VIII (+ y –). Son células de carácter defensivo, y su movimiento en espiral las hace resistentes y controladoras de todo lo que ocurra en 360° a la redonda.

Toda esta simplificación, expuesta maravillosamente en los libros de Mamine, está demostrando claramente lo que expuso Noguchi el siglo pasado.

La vida se crea a partir de cinco movimientos + y –. Esta afirmación encuentra su confirmación en todos los datos que aporta la ciencia. Estos movimientos y sus complejas combinaciones son los que forman la totalidad de cada individuo.

Cada uno de los cinco grupos celulares forma cada uno de los cinco grandes sistemas orgánicos, realizando sus propias y específicas actividades orgánicas y biológicas, mostrando unas sabidurías concretas, que se pueden calificar como *psiques celulares*. A mí me gusta llamarlo inteligencia celular.

Conclusión: todos los vertebrados, los peces, los reptiles, las aves y los mamíferos, se forman por cinco grupos celulares embrionarios. Los seres más básicos, como son las amebas, también responden a este principio aunque sea de una manera mucho más simple. Todo esto llevó a Mamine a estudiar otra área importantísima de la ciencia: la evolución de las especies.

La evolución de las especies

Mamine hace un repaso desde el ser más básico, como es un ser unicelular, continúa con los primeros seres pluricelulares, sigue con los equinodermos, los peces y los anfibios y llega a los vertebrados, a las aves y a los mamíferos. Recorre cada uno de los peldaños de la escala evolutiva y alcanza siempre la misma conclusión: la evolución de la vida se origina y se realiza en cinco movimientos.

En cualquier vida, todo lo relacionado con el sistema nervioso, con la inteligencia, etc., se sitúa invariablemente arriba.

Esas células del tipo I y II, verticales, son siempre organizadas y jerarquizadas. Son las células que conservan la información, el manual de instrucciones de cómo se deben hacer las cosas, ser vivo tras ser vivo. El ojo, por sencillo que sea, siempre aparecerá arriba y delante. Extremo estático.

Todo lo que tiene relación con la perpetuación de la especie, con la regeneración, la conjunción, etc., pertenece a las células del tipo IX y X. Son de carácter multidireccional y tienen invariablemente un movimiento central hacia abajo y hacia adentro. Circular estático. Ellas no llevan un manual de instrucciones, como vertical, sino que llevan la esencia que transmite la vida para reproducirse, para que se tenga el instinto de supervivencia, para conectar con lo íntimo y con el infinito inabarcable.

Para avanzar y desplazarse de manera eficiente y rápida, cualquier ser vivo lo hará a partir de las células del tipo V y VI de manera frontal, que estarán creando los lugares específicos desde su sede en el extremo móvil.

Todo lo que tiene que ver con lo digestivo y con la circulación sanguínea está relacionado con las células del tipo III y IV, y su movimiento será lateral, de izquierda a derecha. Se ubicarán siempre en la zona media móvil.

Rotación se colocará siempre como base móvil, circular dinámica, y en ello estarán implicadas las células del tipo VII y VIII. Ellas formarán todo lo que es de índole excretor y eliminatorio. Son células de carácter conclusivo.

Lo siguiente que hizo Katsumi fue embarcarse en el estudio de la anatomía: huesos, músculos, órganos, funciones fisiológicas. De nuevo miles de nombres que, al reducirse por su tipo de movimiento, vuelven a constatar una vez más lo hallado por Noguchi.

Como no me quiero extender, solo te diré que el fango en el que se embarró Mamine pasó por profundizar en muchas áreas, como por ejemplo en cómo se relaciona el interior de un organismo con el exterior, en concreto en el ser humano. Para ello estudió los nervios craneales. Cada gran sistema orgánico tiene una ventana a la que asomarse, y lo hace a través de los cinco sentidos. En este asunto, Mamine también concluye y constata la misma realidad.

Estudió la composición del cerebro, tanto en los humanos como en otros animales, y exactamente lo mismo.

Todo, absolutamente todo le condujo a lo mismo: la ciencia corrobora el descubrimiento de Noguchi de que la vida se estructura en cinco movimientos. Y no es lo mismo un invento que un descubrimiento. El descubrimiento se refiere a algo que está ahí, que está expuesto a nuestros ojos, pero que no lo vemos hasta que llega uno y lo ve. Colón no inventó América. Descubrió América. Quizá llegaron otros antes, como, por ejemplo, los vikingos, pero lo tomaron como una tierra más, sin reparar en la novedad. Por lo tanto, América estaba ahí antes de que llegara Colón, y la estructura vital organizada en cinco movimientos existía antes de llegar Noguchi. Él simplemente dirigió ahí su atención y se percató de su existencia. La conquista de los cinco movimientos llegará y será menos cruenta de lo que fue la invasión del continente americano.

¿Llegaremos a conquistar y a adoptar en nuestra vida cotidiana el concepto de cinco dimensiones?

Mamine lo comprueba empíricamente y nosotros llegamos a mesa servida, porque la complejidad de la vida, la inmensidad, se pueden reducir a conceptos básicos y simples. ¿Os acordáis? Lo difícil es conservar la sencillez. Sencillez no es sinónimo de banalidad. Todo lo contrario. La simplicidad es el oro de la sabiduría. Llegar a esta síntesis es sabiduría pura y dura.

Bien, os he dicho que Mamine no cambió nada de lo expuesto por Noguchi, solo lo mejoró. Pero sí hay un término cuyo *copyright* es suyo exclusivamente: ese es CVP.

Hacemos noche en el planeta rector de la vida: CVP, el eslabón perdido en el conocimiento humano

> Yo entiendo que enseñar la forma no es Seitai. Seitai es comunicar una vida con otra, de la forma que sea, pero siempre manteniendo el rigor natural que tiene el katsugen undo. Esta práctica, aparentemente sencilla, proviene de la inmensa necesidad que tiene la vida de vivir. Nuestra CVP lo sabe y conoce la importancia que tiene prestar atención lo más llanamente posible a esto que tenemos.
>
> —Katsumi Mamine

Cuando Mamine llegó a Europa y empezó a transmitir la práctica del katsugen undo, se dio cuenta de que sus palabras eran transformadas por aquellas mentes europeas en conceptos que no tenían nada que ver con lo que él había vivido en el *dojo* de Tokio.

Noguchi se caracterizó por ir evolucionando siempre su forma de expresar lo que quería transmitir, y como ya hemos visto, tomó del psicoanálisis, muy en boga por la época, el enfoque de términos como *involuntario* y *sistema nervioso extrapiramidal*. Estas palabras las encontró adecuadas para intentar expresar lo que quería transmitir.

Pero resulta que cuando Mamine llegó al viejo continente y empezó a hablar de movimiento involuntario, sus palabras se interpretaron de una manera muy diferente. Se encontró con que aquí las personas entendían que para practicar katsugen tenían que esperar a que un movimiento ajeno a su conciencia surgiera e invadiera el organismo entero. Entonces lo que ocurría es que había gente que se ponía muy contenta cuando aparecían espasmos o movimientos incontrolados. Para ser fiel a la práctica de katsugen, creían que era necesario que el movimiento surgiera involuntariamente, sin que la voluntad interviniera para nada. Se daban circunstancias rocambolescas, y algunos se dejaban ir como si estuvieran imbuidos del método vivencial de teatro de Stanislavski. También se daba la paradoja de personas quietas y agarrotadas que, en espera de que ese algo involuntario les sobreviniera, se podían pasar la sesión entera sin mover una pestaña.

Con estas premisas, había algunos que conectaban enseguida, pero otros salían espantados. Para muchos, encontrarse ante la posibilidad de engarzar con lo involuntario les suponía tener que entrar en una especie de trance o posesión ajena a ellos mismos. Esto era algo que Katsumi solo había visto en Occidente. Como esas personas no estaban dispuestas a abandonarse al azar de su parte instintiva, primitiva e involuntaria, preferían huir, sin permitir que el katsugen se les manifestara. Perder el *yo* puede ser aterrador para la mayoría de nosotros, que queremos controlarlo todo con nuestra presidenta de la comunidad, Doña Cabeza de todos los Santos.

También había quien vivía la práctica del katsugen con normalidad, y a base de mucha práctica conectaban. Pero en ocasiones, tardaban mucho tiempo en comprender la sencillez que encierra el katsugen undo. Quizá este sea mi caso. Fíjate bien en lo que estoy diciendo.

Simplemente unas palabras modificaban la percepción real. Gracias a que Mamine tuvo la posibilidad de confrontar sus conocimientos con los europeos y gracias a su permanente estado de duda y recelo, algo que pertenece a su naturaleza más íntima, se entregó a la búsqueda de nuevos enfoques para poder comunicar. Indagando, indagando, Mamine por fin dio con el término CVP. Curiosamente, buscando las Indias, se topó con América...

Esto no es nada original. Llegar a conclusiones partiendo de la «casualidad» no es nuevo. Pero esto no le ocurre a cualquiera, claro está. Las revelaciones solo se le presentan a quien se ha puesto en el camino. A lo largo de la historia hemos visto muchos ejemplos de esto. Supongo que conoces el famoso moco de Fleming. Este estaba trabajando con su microscopio y estornudó. Hizo una pausa, y cuando volvió y miró a través de la lente observó que el hongo *penicillium*, con el que trabajaba investigando otros asuntos, creaba una sustancia natural con efectos antibacterianos. Claro, esa es la percepción de un científico. Tú y yo nos encontraríamos con un moco acuoso transparente y no nos haríamos esas preguntas sobre el origen y el destino de dicha sustancia. Pero gracias a este tipo de genios, nacen grandes descubrimientos. A consecuencia de aquella casualidad, algo tan simple como un estornudo, se salvaron numerosas vidas durante la Segunda Guerra Mundial y se asentó el conocimiento imprescindible para la elaboración de los antibióticos.

Pues bien, la CVP de Mamine es otro gran descubrimiento que llegó de forma casual, mientras el descubridor andaba en otro asunto. Mientras Mamine buscaba una palabra, un concepto que le sirviera para transmitir la práctica del katsugen undo en Europa, encontró un término que iba a ocupar algo tan increíble como un espacio vacío en el conocimiento humano. La cultura humana, tanto la occidental como la oriental, había dejado una vacante. Era algo tan sorprendente, que hasta hace dudar sobre lo hallado, pero cuando reparas en ello y lo vives, el concepto CVP queda incorporado a la vida cotidiana con toda naturalidad. Y no solo eso: la CVP se convierte en una fuente inagotable de autoconocimiento y de vivencia porque posee un alto índice de inteligencia vital.

¿Y qué tiene de original y extraordinario el flamante término acuñado por Katsumi Mamine? ¿Qué espacio viene a ocupar el término CVP en la cultura humana? Pues bien, hasta el día de hoy, Oriente y Occidente, con visiones diferentes sobre muchos aspectos, sin embargo en este asunto han coincidido: el ser humano, de forma esquemáticamente básica, se divide en cabeza, tronco y extremidades. Así se enseña en el colegio a los niños, y así lo aprendemos. ¿Y qué parte se considera fundamental en todo este engranaje? ¿Quién manda en el *mando*? Pues está claro: la cabeza. Si voy a Wikipedia, leo:

> *La cabeza aloja el cráneo y en él, el cerebro. Su función orgánica es la de ejercer un control centralizado sobre todos los demás órganos del cuerpo. El cerebro actúa sobre el resto del organismo por la generación de patrones de actividad muscular o por la producción y secreción de sustancias químicas llamadas hormonas. Este control centralizado permite respuestas rápidas y coordinadas ante los cambios que se presenten en el medio ambiente. Algunos tipos básicos de respuesta, tales como los reflejos, pueden estar mediados por la médula espinal o los ganglios periféricos, pero un sofisticado control intencional de la conducta sobre la base de la información sensorial compleja requiere la capacidad de integrar la información en un cerebro centralizado.*

Y yo digo: «¿Ah, sí? ¡Tiembla, Punset! El alma no está en el cerebro».

Ya sé que Wikipedia no es el oráculo de la verdad y del rigor, pero creo que con la definición que os he expuesto, más o menos cambiando la redacción, aportando matices o ampliando datos, nadie estará en desacuerdo. Pues esa es una verdad aceptada en el mundo entero que no se ajusta a la realidad de la vida. La vida no vive gracias a un cerebro superdirector que todo lo controla.

En nuestra cultura hemos otorgado a la cabeza un papel protagonista, un papel estelar que no ha hecho más que chupar tanta cámara, que al final hemos reducido la vida a un monólogo. A un *bla, bla, bla* intelectual que ha relegado al resto de intérpretes a meros figurantes. Pues bien, nosotros atribuimos al cerebro esa preponderancia, pero la vida no. La vida nos dice que hemos dado a la cabeza un papel que no le corresponde, y además una responsabilidad con la que ni ella misma puede. Nosotros creemos que la cabeza controla todo lo demás. Desde la cabeza parten todas las órdenes que el resto del organismo ejecuta sumisamente. Consideramos la cabeza como una especie de Dios *supercalifragilisticoespialidoso*.

Sin embargo, siento comunicarte que la cabeza no es la rectora de la vida.

¿Entonces quién asume ese rango de rector de la vida? ¿Nadie? ¿Estamos encaramados a una barcuela de náufrago? Nada de eso. Sí, existe una rectora. Pero esa dirección no parte de un único elemento. La vida habla de coordinación y no de mandato. La estructura rectora de la vida es la CVP. Esta CVP no manda, sino que actúa coordinadamente. La cabeza todopoderosa por sí sola no es nada. Si la cabeza fuera tan autónoma, podríamos cortarnos a la altura de la cervical 2 y seguir viviendo con nuestra cabeza solita, a lo María Antonieta después de pasar por la guillotina.

Pero no: si nos seccionan la cabeza, *ciao, adéu, au revoir, auf wiedersehen*. Adiós. Nuestra vida se va al carajo. Lo mismo nos ocurrirá si nos seccionan por la cintura, o por cualquier lugar de la CVP. Entonces, ¿qué es CVP?

CVP es cráneo, vértebras y pelvis.

Todo esto está constituido por cinco cavidades: la cavidad craneal, la cavidad torácica, la cavidad digestiva, la cavidad renal y la cavidad pélvica. *(Véase ilustración 3)*. En estas cinco cavidades se localizan los cinco grandes sistemas orgánicos, se ejecutan las cinco grandes actividades fisiológicas, y todo ello configura las cinco psiques espontáneas que nos habilitan para vivir. Este conjunto, para vivir, tiene que estar coordinado. La cabeza no es más importante que el corazón, y el corazón no es más importante que el estómago, etc. Y tú dices: «Hombre claro, si te pegan un buen tajo, te vas para el otro barrio *ipso facto*». Pues no. Cuando hablo de parte rectora de la vida, me refiero a eso fundamental con lo que tienes que contar para poder vivir y sin lo cual te mueres. Esas cinco cavidades jamás se pueden seccionar. Se podrá extirpar algún órgano, pero en conjunto la vida sin esa unidad desaparecería.

Ahora cierra los ojos y mira... Plantéate que tienes un accidente y te tienen que amputar los dos brazos y las dos piernas. ¿Qué es lo primero que te viene a la cabeza?

¡Justo! A mí me pasa lo mismo. «¡Qué *putada*! ¿Cómo me rasco?». «¿Cómo me peino? ¿Cómo me apaño para bajarme la ropa interior si voy al baño, eso si llego a sentarme por mis propios medios?». Sí, tu vida se habrá convertido en una gran *putada*, pero una vez curados los muñones, podrás vivir y vivir hasta que tu vida decida irse con otro. Por lo tanto, eso de que la cabeza manda al tronco y que todo lo que nos pasa por dentro rinde cuentas inexorablemente en el despacho de arriba...Nada de nada. Quizá te parezca una tontería y que este concepto no cambia mucho la existencia, pero sí la cambia.

Las ideas configuran el pensamiento y el pensamiento la realidad. La realidad sustentada en creencias infundadas ocasiona desorientación, y creo que vivimos un momento en el que el ser humano, con toda su ciencia, con toda su tecnología y con todos sus *todos*, vive desorientado.

Hay muchas razones para esto, pero creo que una de las principales es que cree que su cabeza lo puede todo, pero la pobre cabeza está ya que no puede con tanta responsabilidad. Nadie está quitando mérito a esta maravilla evolutiva que es el cerebro humano. El cerebro es importantísimo en nuestra vida. Pero se hace importante y brillante cuando entra en coordinación con el resto. Cuando está encogido, agobiado, sobreexcitado, sin ninguna causa objetiva y exterior, cuando vive sumido en la preocupación, el gran cerebro se vuelve un cerebro *coñazo* que amarga a su propietario.

Por lo tanto, como este libro habla de vida y no de *listillos* que quieren mandar en todo, a partir de ahora hablaré de CVP. Será un término que utilizaré con mucha frecuencia, porque a través de él te podré contar cosas que de otra manera me hubieran resultado muy difíciles de comunicar. Sin este término jamás hubiera surgido en mí la expresión *inteligencia vital*. Así es la vida. Una cosa lleva a otra. La CVP es la herramienta que utiliza la inteligencia vital para expresarse, para crecer, para manifestarse...

Mamine se dio cuenta de que la asociación CVP es la parte rectora del organismo. Es este un término que crea unidad, y es mucho más completo que la vieja creencia con la que estamos familiarizados de cabeza y tronco. Si te apetece adquirirlo en tu cotidianidad, quizá empieces a comprender asuntos internos de tu vida profunda, que hasta ahora le resultan totalmente incomprensibles a tu sobreexpuesta cabeza y a tu sobrevalorada razón.

Cuando tu cerebro se siente liberado de esa presión y se le permite actuar coordinadamente con el resto, empieza a ofrecerte mejores respuestas de las que te brindaba hasta ahora. Al no estar revoloteando por ahí fuera desbocado, en busca de *soluciones* intelectuales *objetivas*, se reconcilia con el resto del organismo. Tu cerebro deja de ser el pedante vecino que ocupa el ático del edificio, haciendo acopio de toda la planta superior, y empieza a relacionarse con normalidad con el resto de vecinos. Entonces, como por arte de *birlibirloque*, todo el edificio funciona correctamente.

Nuestro organismo no es un edificio elitista donde unos son más y otros son menos. Es un *edificio inteligente* en el que todo funciona de forma coordinada. Siempre hay un ambiente de colaboración entre vecinos. Cuando este orden se altera y algunos de ellos empiezan a actuar a su aire, el director se vuelve loco, no hace carrera del personal y se evade. La IV jamás se evade. Se evade el pensamiento racional sobreexcitado y alejado de la coordinación integral. El cerebro que está en sintonía con su equipo mira por y para los suyos, trabaja coordinadamente y aporta su capacidad de mirar lejos, porque se está poniendo al servicio de lo que hay dentro. La vida deja de desbaratarse, deja de ser un tormento, deja de ser una cárcel insufrible llena de fantasmas, de miedos y de inseguridades. Y ¡*equilicuá*!, la vida vive. Que la vida viva, que esta *incongruencia* suceda, proporciona una tranquilidad que ni te imaginas. Confiar en la vida, permitir a la vida vivir, fluir, manifestarse... Esto tiene unas consecuencias i-ni-ma-gi-na-bles. Recuperar la cabeza para la coordinación es recuperar la propia CVP y sus referentes de IV. El cerebro pertenece a la CVP, que es la que realmente rige la vida. El cerebro entra en actividad siguiendo, incluso obedeciendo, las vitales actividades, principalmente no conscientes, de los componentes de la CVP. Estos son los sistemas orgánicos, y en definitiva las células cualitativamente individuales.

Y ahora voy a algo práctico. ¿Cómo pronunciar esta CVP de manera cotidiana? Como CVP era algo complicado de decir por la sigla V, que indica vértebras, la hemos transformado fonéticamente como «cebepé». Suena mejor al pronunciarla de corrido. Como Katsumi no pretendía inventar ninguna palabra, hizo uso de los términos inventados por los padres de nuestra cultura, como los griegos, utilizando estas palabras creadas en la Antigüedad. Por lo tanto, mantenemos nuestra vida gracias a nuestra CVP y a su IV actuando coordinadamente. No estamos vivos por la química, ni porque tu médico de cabecera te *mire* a cada momento. Estás vivo gracias a la vida y a su inteligencia.

La CVP es tan importante, que es lo primero que se forma. El eje de la CVP se organiza originalmente en el feto, arriba y abajo, y después se distribuyen el resto de los movimientos.

¿Cómo es posible que todo esto se le haya escapado a la ciencia? Si profundizas en lo que te estoy contando, te quedarás totalmente alucinado. Además, una vez que reparas en ello es tan *sensible*, perceptible y observable, que te dirás: «¿En qué hemos estado pensando hasta ahora?».

Pues bien, Noguchi ideó la manera de conectar con esta coordinación inteligente, que no está orquestada por el cerebro, sino por la respiración.

No seas impaciente, queda muy poco para que te hable del katsugen undo y del yuki. Pero antes me gustaría introducirte en el fascinante mundo del yo espontáneo.

Fiesta de disfraces en el vagón de cafetería. Yo vestido-yo espontáneo. Yo y mi avatar. Empieza el *striptease*

> Los que gozan de una capacidad mental limitada conceden una importancia excesiva a los conocimientos. Creen que sin ellos no se puede hacer nada. Sin embargo, la vida se desenvuelve en un plano diferente. La acumulación de conocimientos permite mandar cohetes a la Luna, pero no logra crear la vida.
>
> (...) La vida empieza a vivir cuando se abandona el saber.
>
> —Haruchika Noguchi

¿Quién soy yo? ¿Yo es eso que se refleja en el espejo? ¿Yo está dentro o está fuera? ¿Dónde se ubica el yo? ¿De qué está hecho el yo? ¿Hay un yo o hay varios yos? ¿Yo soy mis pensamientos?

¿Yo soy mi profesión? ¿Yo soy mis propias contradicciones? ¿Sé quién es yo? ¿Me identifico con algo denominado yo? ¿Yo es eso que muestro o eso que oculto? ¿Eso que conozco o eso que no conoce nadie?

¿Qué es yo?

Son tantas las indagaciones que el ser humano ha hecho sobre sí mismo: Indagaciones filosóficas, religiosas, psicológicas... Hacerse preguntas sobre el yo es algo ancestral e intrínseco al humano. El yo suele ir vinculado al verbo ser. *¿Quién soy yo? ¿Yo y tú somos lo mismo? ¿Mi yo y tu yo son diferentes? ¿Quién eres tú?*

Entonces ese yo egocéntrico, ese yo que gira sobre sí mismo, ¿queda reducido a la nada si no se vincula a un estado, a un *ser*? El yo se enfoca desde muchos puntos de vista: el yo físico; el yo espiritual; el yo palpable: yo madre, yo padre, yo deportista, yo cantante de éxito, yo alcalde, yo periodista. El yo intangible: yo emocional. Yo misma.

Yo que enseña. Yo del que aprendo. Yo inteligente. Yo caprichoso. Yo pragmático. Yo luchador. Yo vibrante. Yo superior. Yo inferior. Yo que siente. Yo que sufre. Yo que calla. Yo que no puede más. Yo que sueña. Yo que anhela.

Hay un mantra que habla de siete yoes. Cada yo se sitúa en un plano. Algunos de esos yoes se interrelacionan. Otros se mantienen distantes, como incompatibles, incapaces de comunicarse. Hay una extensa filosofía del yo. Si nos remontamos a los orígenes de nuestro pensamiento filosófico, encontramos que las posturas ante el yo son muy dispares. La interpretación pitagórica expone que el alma es un elemento inmaterial que podemos considerar como nuestro auténtico yo. Sin embargo, la interpretación aristotélica dista mucho, porque trata el alma como un elemento material que proporciona vida a un cuerpo. Por lo tanto el alma como el yo, como el cuerpo, son mortales y materiales.

Existe una gramática del yo: *Ich*. *Ego*. *Io*. *I*. *Eu*. Yo... yo: «pronombre con el que la persona que habla o escribe se refiere a sí misma».

La psiquiatría del yo. Va uno al psiquiatra y le dice: «Doctor, tengo doble personalidad». A lo que el psiquiatra contesta: «No se preocupe, póngase cómodo y charlemos los cuatro». Es un chiste antiguo, verdad...

¡Hay cosas tan antiguas!

¿Y qué me dices del psicoanálisis? El *ello*, el *yo* y el *superyo*.

El inconsciente, el mediador y el moral que lo juzga todo. Sigmund Freud consideró el yo, al menos inicialmente, como una especie de órgano sensorial especializado en la percepción de estímulos, tanto externos como internos. Consideraba el yo como sinónimo de consciencia y lo contraponía al inconsciente reprimido. También consideró la atención y la memoria como funciones del yo.

El arte, la literatura, el cine... La creatividad humana ha profundizado en la dualidad del yo, en la *insoportable levedad del ser*. La mayoría de las veces se tiende a enfrentar los yoes. Hay casos en los que se considera que un yo representa el *bien* y el otro el *mal*. Ambos mantienen a lo largo de la vida una pugna. Son yoes en guerra permanentemente.

El extraño caso del doctor Jekyll y mr. Hyde. Lo correcto y lo irreverente. Lo que convive con los convencionalismos sociales y lo que quisiera destruir esa estructura hasta reventarla, para así poder expresar los instintos más básicos. El yo «bueno» en liza con el yo «malo».

Alter ego. El otro yo. El segundo yo. Doble personalidad. Doble vida. *Second life*. Quién soy, ¿yo o mi avatar?

Ahora hay una generación de personas que han crecido identificándose con una segunda vida creada dentro del ordenador, intercomunicándose con los demás a través de un avatar, o lo que es lo mismo, una identidad virtual elegida y diseñada a la carta por su propietario. Lo virtual y lo nuestro son bien diferentes. En este mundo nos han soltado sin preguntarnos nada. Nadie nos ha ofrecido la oportunidad de consultar un menú y decidir. En el mundo virtual, te puedes engañar todo lo que quieras. Creas tu propio prototipo. Puedes ser quien desees, elegir tu color de ojos, de pelo, tu estatura, tu complexión. Puedes ser simpático, vital, divertido. ¿Y qué te acaba gustando más, tu avatar enérgico, exitoso, guapo o tu persona sentada en una silla acumulando grasa mientras come palomitas? Podemos dar vueltas y vueltas alrededor del yo, pero todo seguirá resbalando. Nada penetrará en el meollo de la cuestión, porque una vez más a nuestra cultura se le ha escapado algo importantísimo: la esencia del yo.

¿Y por qué? Pues porque lo ignora. No me pillo los dedos diciendo que el Seitai sí tiene respuesta a esto del yo. Lo ofrece teóricamente, pero se adquiere a través de la vivencia.

¿Existe alguna relación entre tu yo y tu vida? ¿Está tu yo conectado de alguna manera a tu vida? Sí: tú posees un yo profundo.

En ti vive tu yo espontáneo. Es más, el yo espontáneo es el origen de tu existencia. Katsumi Mamine dice: «Por muy civilizados y modernos que seamos, a la hora de la verdad siempre acabamos moviéndonos por fuerzas invisibles que son algo antiguo y universal. Esas fuerzas que no se pueden cuantificar, ni clasificar, ni domesticar, son el yo espontáneo».

¿Y qué es concretamente el yo espontáneo? Pues el yo espontáneo o mente espontánea es una natural y estricta asociación del consciente y del no consciente celular. Si buscas la expresión «yo espontáneo» fuera del ámbito Seitai no la encontrarás. No existe.

Hay un poema del estadounidense Walt Whitman que se titula «Yo espontáneo». Pero el enfoque que le da el poeta a este término es muy diferente al que te expondré a continuación. Whitman utiliza «yo espontáneo» como un acto sublime de los sentidos y de la naturaleza, una rebeldía ante el momento histórico que le toca vivir, y lo asocia al placer y al erotismo.

El Seitai, como escuela de vida, reconoce claramente la existencia de dos yoes: el yo vestido, creado culturalmente, y el yo espontáneo, que es el responsable de permitir que la vida viva, o sea, es el garante de que nuestros deseos profundos encuentren su forma de expresión.

Inteligencia social y cultural + inteligencia espontánea = inteligencia vital

Esta es la fórmula de la vida plena.

Cuando ambas inteligencias se reconocen y dialogan, la inteligencia vital se apodera de ti y te impulsa a una existencia en la que te sientes conforme contigo mismo. Así es, cuando el organismo está regido por la inteligencia vital, tú te sientes a gusto dentro de esa *forma* que en realidad encierra algo que *no tiene forma*.

Un yo es creado y el otro crea. Esa es la diferencia.

El yo espontáneo, o mente espontánea, nace de las células. El yo vestido, o mente vestida, es el resultado sociocultural de lo que hemos aprendido de nuestro entorno, y es lo que empezamos a obtener nada más nacer. ¿Y cuándo se nos instala uno u otro? ¿Cuándo empiezan a convivir esos dos yoes?

Durante los nueve meses de gestación, el yo vestido no intervino. Fuimos puro yo espontáneo. La formación del yo vestido comenzará en el momento de nacer. Durante un tiempo seguiremos siendo yo espontáneo, pero poco a poco lo cultural irá entrando en nosotros y así se mantendrá a lo largo de la vida. En nuestra existencia aeróbica, los dos yoes serán importantísimos y estarán abocados a convivir y a coordinarse entre sí. Lo que ocurre es que habitualmente el yo vestido querrá hacerse fuerte y tapar al fundamental yo espontáneo. Sin embargo, en el momento solemne de la muerte, el yo vestido también pasará a un segundo plano, casi desaparecerá, y el yo espontáneo volverá a tomar el mando absoluto.

El yo vestido, creado por nuestra inteligencia cultural y social, es el más conocido por nosotros, porque además nos identificamos totalmente con él. Incluso hemos llegado a creer que ese yo es el único yo y que se trata del yo auténtico. El yo vestido cree que todo lo puede con la espada maleable de la voluntad. El yo vestido en cierta manera te ha programado para considerar que él es el que te está creando.

A mí me encanta en los *realities* cuando el presentador pregunta a un familiar o a otro exconcursante una recomendación para el nuevo habitante que está a punto de entrar en la casa de Gran Hermano.

«¿Algo que decirle a Sarita de Pamplona?». Entonces el que tiene la varita mágica responde invariablemente: «Que sea ella misma». ¿Y qué es *ser uno mismo*? Parece que está muy relacionado con ser y mostrarse tal y como uno es. ¿Y cómo uno es?

El yo vestido es el legado que nos ofrecen nuestros padres, nuestros maestros, el colegio, el pueblo en que hemos nacido, la lengua que hemos aprendido... No es un yo orgánico. El yo vestido es lo que adquirimos en la universidad. Es lo que pertenece a nuestra vida cotidiana. Desde bebés absorbemos todo lo que hay a nuestro alrededor.

Nuestros padres nos lo ofrecen con todo su cariño desde el momento mismo de nacer. A través de ese yo aprendemos cómo se habita y cómo habitan nuestros semejantes en esta realidad creada. El yo vestido es producto de muchas cosas. Lo han ido creando tus antepasados, lo ha mantenido tu familia, está influido por el clima, por el ambiente en que te has desarrollado, por el momento histórico que te ha tocado vivir, tus vecinos, los libros que has leído, la tele que has visto. Una cuchara sirve para comer líquidos, pero si eres un individuo de las cavernas, esa cuchará no tendrá ningún sentido, porque tú te comerás el mamut a bocados. «Donde fueres, haz lo que vieres»...

Tú no eres un simple imitador. Todos esos impulsos externos que recibes los haces tuyos y los transformas en algo personal: tu forma de vestir, la elección de la música que te gusta escuchar, el tipo de locales que te gusta frecuentar. Eres un producto de lo que recibes y de lo que eres capaz de crear en torno a tu persona. Tu combinación cultural al mismo tiempo se está interrelacionando con otras combinaciones que respiran el mismo aire que tú, te guste o no. Si eres de derechas te ves obligado a convivir con gente de izquierdas, y si eres de izquierdas tienes que aceptar como puedas a los de derechas. Esto crea debates encendidísimos. En defensa de ese yo vestido se abren discusiones increíbles, sobre todo entre los que curiosamente son iguales. Los del Real Madrid contra los del Barça. Tu abuelo era del Betis, tu padre es del Betis, tú eres del Betis y a tu bebé recién nacido lo primero que le pones es una camisetita *ultrachiquinina* del Betis. «Los del Sevilla son todos unos pusilánimes y unos nenazas. ¡Viva el Betis, *manque* pierda!». «¿Cómo se puede ser del Sevilla, existiendo el Betis?».

Los nacionalistas españoles no comprenden a los nacionalistas independentistas de otras comunidades autónomas. Los nacionalistas de esas comunidades no pueden llegar a acuerdos con los nacionalistas nacionales... En tu casa, comer paella los domingos es sagrado. En la de otro, lo consideran una horterada de cuidado. Eres de la peña de tu barrio que más le zumba al tambor en las fiestas, y la Virgen del Rosario, patrona de tu pueblo, es la más guapa. Hablando de lo más: como la tortilla de patatas de tu madre, ninguna, ¿a que sí?

Lo cultural nos hace percibir una realidad creada como auténtica. «Las cosas como Dios manda»... «Lo que bien empieza, bien acaba»... Hay una edad para ir al colegio, otra para ir a la universidad o para empezar a trabajar. Edades y más edades. La edad apropiada para conocer a alguien con quien crear una familia, la edad de comprar una casa, la de adquirir una segunda en la playa o en la montaña, la de tener hijos, la de esperar la jubilación y empezar a disfrutar de los locos viajes del IMSERSO. Cada momento de la vida tiene una forma de sentir y de enfocar las cosas, pero...

¿Cómo es posible que hayas integrado todos esos preceptos y sin embargo la cosa haya salido como ha salido? Es más, ¿lo que ha salido según lo programado por qué tantas veces te hace sentir tan vacío? Buscaste a un buen chico, y hoy en día vives con un coñazo de señor aburridísimo que dice que te quiere y te mira con los mismos ojos de las vacas cuando ven pasar los trenes. Y tú, *bonica*, no te quedas atrás. Él te buscó porque eras una chica buena y dulce, y resulta que le montas unos pollos insufribles cada vez que deja unos tristes calcetines sudados encima del sofá. No es para tratarlo como si fuera un asesino en serie...

¡Con lo obedientes que hemos sido con todas las recetas que nos han transmitido! Hemos cocinado al pie de la letra, y resulta que el guiso nos ha salido un poco *chamuscaete*. ¿Sabes qué ha ocurrido? Pues que nadie te habló de tu yo espontáneo. Nadie ha reparado en él, nadie se ha ocupado de tenerlo en cuenta, de escucharlo y de observarlo.

Si ponemos el manido ejemplo del iceberg, el yo espontáneo sería al yo vestido lo que la gran masa de hielo sumergida frente al piquito ridículo que sobresale en la superficie.

El piquito tiene su importancia y verlo es muy interesante, pero si solo ves eso sin sospechar lo que se oculta abajo, ay, ay, de nuevo el Titanic. B4, tocado. B5, tocado. B6, tocado. B7, ¡hundido!

No es tu culpa. Con todas las cosas que te han enseñado, y de una tan importante resulta que nadie te ha hablado... El yo vestido intenta ser educado, social, cortés. ¿Cuántas veces te han impuesto la idea de compartir? ¿Cuántas veces te has visto obligado a dejar tu camión favorito a tu vecinito? No sigas luchando contra tu yo espontáneo.

Acepta que no eres generoso. Es más, llegar a ser algo como generoso implica un movimiento interior que nos haga serlo de forma espontánea. Si no, todo serán acciones de maquillaje, sin sustancia.

Todo lo cultural, educado y vestido, sea yo, sea inteligencia, sea voluntad, es cambiante y efímero. Todo lo espontáneo, sea yo, inteligencia, deseo, es natural y riguroso, y forma parte de nuestra realidad más real. Sin embargo, curiosamente, lo que nos nace espontáneamente no solemos encajarlo bien. No queremos, y nos enfrentamos con todo lo espontáneo. Vuelvo a hablar de espontáneo natural: lo espontáneo natural, cuando nace naturalmente de nuestras células, tiene rigor. Espontáneo no es sinónimo de descontrol. Nada tiene más control que lo espontáneo que fluye.

Como lo domesticado siempre conserva su parte más salvaje, jamás se libera de ella. Y utilizo «salvaje» para referirme a lo indómito. En ningún caso lo uso en su acepción más peyorativa. Más bien, al contrario. Esa parte nuestra salvaje fluye dinámica y creativa, siempre y cuando no se la intente enjaular. Las noticias están repletas de espontáneos amordazados que emergen de una manera imprevisible y violenta. Pero eso no son espontáneos puros, sino espontáneos adulterados por el vestido caminando solo, en un intento de superioridad.

Lo espontáneo está regido por la inteligencia espontánea celular, y eso no es cualquier cosa...

Cuando lo espontáneo y sus innumerables inteligencias funcionan, sencillamente lo ignoramos, y cuando el espontáneo nos llama la atención, lo tapamos y hacemos como que no pasa nada. No queremos ver. Sin embargo, cuando lo espontáneo se «estropea», la vida entera se ve atrapada por su desasosiego. El diccionario define el término *espontáneo* de la siguiente manera:

> **Espontáneo, espontánea** (adjetivo):
>
> 1. [Fenómeno, acción] Que se produce sin intervención o estímulo exterior. *Combustión espontánea, aplausos espontáneos.*
> 2. [Acción] Que se realiza sin estar coaccionado u obligado a ello. *La comunicación oral espontánea, una ayuda espontánea.*
> 3. Que actúa con naturalidad y sinceridad.

En el Seitai, cuando hablamos de yo espontáneo nos estaremos refiriendo a lo que conforma la actividad autónoma y natural del ser humano. El yo espontáneo es la unidad entre el organismo y la psique que nace de las células: pensamos, sentimos e imaginamos espontáneamente. Ocurre por el hecho de estar vivos, y es muy diferente a lo que surge de forma voluntaria o condicionada.

El yo vestido no tiene una relación directa con el organismo y ha sido formado desde el exterior, por la influencia del entorno sociocultural que vive cada individuo a lo largo de su vida. El yo espontáneo es tan real o más que el yo vestido, y se deja ver si lo observamos.

Y yo pregunto: ¿quién te ha enseñado esto? Nadie.

> El yo espontáneo, algo fundamental para la vida, algo que va a vivir y a expresarse lo tengas en cuenta o no, se puede observar. ¿Y para qué queremos observarlo? Pues para comprendernos un poco mejor. Para acercarnos algo a eso que realmente somos.

Para entender. Por fin podemos comprender lo que nos pasa y por qué nos pasa. El *porqué* y el *qué* intransferibles, tuyos. Solo tuyos. El *porqué* y el qué de los demás. Lo tuyo. Lo de los otros. Aprender del yo espontáneo es aprender directamente de la vida. Es aprender de la creación. Es aprender a estar y a marchar. Es saber despedirse.

Cuando llegaste al mundo llegaste desnudo. Aterrizaste gracias a tu yo espontáneo. Cuando te vayas, tu yo vestido no tendrá ningún valor. Será el yo espontáneo el que te conduzca a la muerte. Irse de este mundo con una pataleta, reconociendo que se ha echado por la borda la valiosa vida, debe de ser muy triste. Pero más triste me parece encontrarnos por primera vez con ese yo espontáneo en el momento del adiós.

Te preguntaba: ¿para qué necesitamos observar el yo espontáneo?

¿Te parece poco? Al observar lo espontáneo, ponemos a dialogar a ambas inteligencias que siempre se están interrelacionando: inteligencia cultural más inteligencia espontánea da como resultado inteligencia vital en estado pleno. Cuando la inteligencia cultural decide actuar inteligentemente de manera consciente y reconoce la existencia de esa inteligencia aún más grande, la pone a su servicio. Es entonces cuando la inteligencia cultural y vestida, al estar montada a lomos de la inteligencia vital, crece.

Percibir el yo espontáneo es importantísimo porque está directamente relacionado con todo lo fundamental de tu vida: con tu enamoramiento, con tu parpadeo, con tu respiración, con el latir de tu corazón que bombea tu sangre, con tu forma de conectar con tus deseos profundos, con tu integridad, con tu relación entre el *tú-individuo* y el *tú-integrado* en el universo. El yo espontáneo está detrás incluso de tus actividades más sociales y culturales, como son la elección de tu profesión, de tu pareja, con cómo te relacionas con tus hijos en un nivel más profundo que el simple «Cómete la sopa, Manolito»... Lo espontáneo surge de tu CVP, sobre todo de las actividades celulares no conscientes, que son precisamente las que generan lo consciente. Por lo tanto, el yo espontáneo es una asociación de lo consciente y de lo no consciente celular.

Digo *consciente* y *no consciente celular*, no voluntario e involuntario. Tampoco expresaré nunca *subconsciente*. A mí me gusta siempre poner el ejemplo del enamoramiento, porque ¡es tan claro! No hay nada más consciente que el enamoramiento, y sin embargo no hay nada más difícil de manejar por parte de nuestra voluntad. Las locuras de amor y las pasiones arrebatadoras montan unos líos tremendos en las parejas y en las familias que pretenden vivir «como Dios manda». De hecho, son las tramas más interesantes para los espectadores de las películas o los lectores de novelas. Da igual la temática: de guerra, de época, de ciencia ficción. Lo que importa no es lo que ocurre, sino las pasiones que viven los protagonistas. Además, cuanto más incoherentes, inconvenientes y rocambolescas sean, tanto mejor.

Queremos que nuestra vida esté equilibrada y controlada, y sin embargo la vida es un culebrón de los buenos. Cuanto más disociados están el yo vestido y el yo espontáneo, más divertidos son los culebrones.

¿Qué interés tendría en un culebrón un inteligente vital con sus dos yoes en sintonía? Las imperfecciones nos hacen humanos y eso nos gusta mucho, porque todo lo humano se aleja de lo divino. Cuanto más coherente se quiere ser, más incoherencias se hacen. Es el yo espontáneo llamando la atención.

El yo espontáneo es el que está conectado con tu deseo de imaginar, de actuar, de emocionarte, de luchar, de vibrar con la inmensidad de la vida. Es el yo que te decía que te hubieras encontrado realmente bien con aquella persona que conociste una vez. Esa persona era la adecuada, pero te inclinaste por la idónea para tu familia, adaptada al ámbito social que frecuentas. Una vez más, silenciaste a tu yo espontáneo. Él está acostumbrado a vivir maniatado. Es más, cada vez que ha intentado aflorar, lo has cubierto de arena.

Si él probó a llegar a ti en forma de trastorno, le has chutado un buen medicamento. Si lo hizo en forma de deseo, le colocaste un buen cilicio moral o emocional y cumpliste con los preceptos aprendidos. ¡Tienes tantas herramientas para acallarlo! La religión, la ética, la estética, la familia, tu barrio, tu pueblo. Todo el mundo se empeña en indicarte que la vida se vive de una manera precisa. Pero esa vida es más cabezona que todo tu entorno junto y una y otra vez te desmonta lo edificado, porque ella tiene más herramientas que tú.

Vaivén, ¿recuerdas? Una de los grandes utensilios de la vida. Todo lo que empieza, acaba. Todo lo que acaba, empieza. Todo lo que tensa, en algún momento aflojará... Y mejor que así sea. En este altercado cotidiano al que sometes tu existencia, un día todo se congela. Algo eclosiona. Pero de eso hablaremos más adelante, cuando entremos en el apartado dedicado a la enfermedad y la tensión parcial excesiva.

Simplemente diré que ese yo espontáneo solo quería aflorar, convivir con todo lo que has aprendido de tu cultura, expresar toda la fuerza vital que adquirió en su origen y que te catapultó a este mundo. Pero tú no has querido saber nada de él. Al yo espontáneo no le gusta nada nadita que lo silencies. Reconoce que no lo has tratado como se merece. ¡Lo has llamado de tantas maneras!: subconsciente, instinto... Y encima has calificado ese instinto. ¿No es menos cierto que en numerosas ocasiones le has añadido el adjetivo *bajo*? Bajos instintos... «Primitivo, inferior, mecánico, onírico, irreal». Respuestas reflejas. Se habla mucho de inconsciente y subconsciente. Todos ellos son términos extraídos del psicoanálisis y se usan continuamente para intentar definir todo lo que se nos escapa al conocimiento consciente.

Es un poco ingrato por tu parte tratar así a tu yo espontáneo, que es el que te ha creado. Y lo ha hecho a través de esa inteligencia espontánea celular. Gracias a él tú estás aquí, y te guste o no, es tu yo más genuino.

Tu yo vestido es mucho más interesante cuando se relaciona con tu yo espontáneo. Ambos disfrutan más cuando conviven y se respetan entre sí. Ambos requieren de una interacción fluida. Es por ello por lo que el Seitai pone tanto énfasis en la profundización del yo espontáneo. La cultura Seitai no comprende cómo hemos llegado a este desconocimiento tan grande acerca de las manifestaciones del yo espontáneo.

No creo que revele nada nuevo diciendo que las sociedades, cuanto más se desarrollan, más se alejan de su propia naturaleza. Que el progreso esté vinculado a distanciarse de lo natural es incomprensible, además de insostenible. Todas las películas futuristas han dibujado a un ser humano frío, espigado, con un intelecto sobreexcitado y viviendo en un entorno tecnológico sin una sola plantita. En esas realidades, la naturaleza ha desaparecido y ha sido sustituida por metales y minerales. Sí, todo muy limpio, ordenado, blanco, muy brillante, pero... ¡tan triste! En el futuro no se escuchará una voz por encima de otra. Adiós a la *mamma* gritando desde la ventana: «¡¡Fabriziooooooo!!».

Vivimos un momento histórico maravilloso. La tecnología nos permite comunicar con cualquiera, esté donde esté. Lo lejano se ha hecho cercano, pero lo cercano, lo que nos late dentro, se ha convertido en distancia. Podremos conectar con cualquiera a través de un solo clic de ratón, pero mientras no conectemos todo ese otro mundo increíble con ese que es aún más inmenso y maravilloso, el ser humano estará dando tumbos.

Es necesario recuperar el rumbo, abandonar lo insustancial y penetrar en el camino del rigor natural, en ese que nos conduce a conectar directamente con lo único que tenemos, que es la vida. Y a ella... solo se puede acceder observando al yo espontáneo que surge de nuestro organismo de manera natural. Sencillamente. Hemos vestido nuestra mente y cada día le añadimos más ropa. Entonces, ¡que empiece el *striptease*!

Naniana, nanianaaaa...

Noguchi aseguraba que «tememos la extinción de nuestro yo. Sin embargo, la extinción del yo debe realizarse en vida, porque quien lo consiga logrará la vida total en armonía con la naturaleza» (*Zensei*). Lógicamente él se refería a ese yo egocéntrico y manipulador que oculta al yo que nos creó, que nos empujó a nacer y que nos hace vivir.

También solía decir que «a lo único que hay que temer en esta vida es al yo».

Nuestra existencia, nuestra cultura serían muy diferentes si estuviéramos educados en el conocimiento de que se puede aprender a dialogar con las células, con las inteligencias que actúan en todo momento en ellas para mantenernos con vida. Ya va siendo hora de hacer un trasbordo y virar el trayecto. ¿Que adónde vamos? ¡Tú sígueme y verás!

Viaje al centro de la inteligencia vital: el principio del primer botón de la camisa mal abrochado

¿Hay algo más fascinante que viajar al meollo de algo? Esa es la diferencia entre un turista de rebaño y el explorador curioso. El ser humano se hace preguntas constantes, y su ansiedad por conocer lo lleva siempre a avanzar, a ir hacia delante. En la actualidad hay miles de equipos de científicos estudiando, analizando, investigando... Cada uno, en la intimidad de su despacho, de su laboratorio, se adentra en un misterio. Por ejemplo, los neurocientíficos intentan comprender cómo funciona el cerebro. La mente humana sigue siendo un jeroglífico. Hay mucho dinero invertido en desentrañar esos enigmas. Se ahonda y se ahonda, pero esa profundidad ha hecho perder la perspectiva de mirar todo desde fuera.

Los avances son muchos y fascinantes. El genoma humano se ha cartografiado. Eso es ya una realidad, y ahora existe otro gran desafío: perfilar los mecanismos que mueven los complejos circuitos del cerebro y sus más de mil billones de conexiones. Pero esto tan emocionante se ha convertido en una actividad épica, titánica y agotadora para los investigadores. Esto no lo digo yo. Te pongo como ejemplo al profesor Henry Markram, director de un equipo de científicos que trabaja en el ambicioso estudio bautizado como Proyecto Cerebro Humano. Markram considera que sin que exista un cambio de estrategia en las normas del juego, los esfuerzos de los mejores científicos del mundo ofrecerán pocos resultados. Él lo expresa de la siguiente manera: «A veces hay que darse cuenta de que te estás dando de cabezazos contra la pared y de que no vas a ninguna parte. En el mundo de la ciencia, vamos sencillamente a toda máquina sin mirar realmente adónde nos dirigimos. Personalmente, no creo que vayamos a entender el cerebro de esta manera. Tenemos que cambiar el modo de pensar. Tenemos que ver qué es lo que estamos haciendo bien y lo que estamos haciendo mal». ¿Y esto lo dice un señor que tiene entre manos un proyecto de tal envergadura, que recibió mil doscientos millones de euros de la UE, para conseguir una simulación del cerebro en una computadora? A mí me parece un acto de sinceridad tremendo.

Este profesor percibió eso que Noguchi expresó como «el primer botón de la camisa mal abrochado». La metáfora es tan clara, que sobran comentarios. En algún momento, justo al principio de esta revolución en el conocimiento humano, algo se abrochó mal y todo el mundo ha seguido el curso del camino equivocado. ¿Y dónde está la clave de ese primer botón? Noguchi lo descubrió en el siglo XX: observar la vida desde la perspectiva del movimiento. La naturaleza de la vida es movimiento. Y ese movimiento, como hemos visto, está inteligentemente organizado en cinco movimientos.

Si la ciencia tuviera en cuenta esto tan simple, todo encajaría. No hay que desbaratar nada. Solo se trata de ir un poquito hacia atrás y tomar impulso. Nada más. Cuando se aplica el conocimiento de los cinco movimientos vitales y su organización perfecta, regentada por la inteligencia vital, todo conocimiento se impulsa.

Yo aquí no me quiero adentrar en una ensalada de referencias anatómicas, porque quiero conservarte como lector. Pero como este libro se llama *Inteligencia vital*, creo que es necesario hacer un pequeño recorrido por todo lo relacionado con lo orgánico y con la psique. Así que no te asustes: este sigue siendo un texto divulgativo, con vocación de llegar a todo el mundo. Si eres alguien de ciencia y estás interesado en profundizar, todo esto lo encontrarás perfectamente ordenado en los estudios de Katsumi Mamine. Podrás confrontar con él todos tus conocimientos, y no dudo de que te quedarás maravillado. Pero nosotros sigamos con nuestro paseo relajadito y dejemos lo sesudo a la gente sesuda.

↕ **Inteligencia vital desarrollada por el movimiento vertical**: está interrelacionada con el sistema nervioso central (SNC). Este movimiento de psique planificadora tiene su centro en la cabeza, ubicada en la cavidad craneal. El movimiento vertical surge de aquí y arrastra toda la CVP hacia arriba. Su expresión es neuronal.

Inteligencia vital desarrollada por el movimiento frontal: está interrelacionada con el sistema locomotor respiratorio. Este movimiento de psique pragmática tiene su centro en los hombros y en el pecho, en concreto en la cavidad torácica. Por ello el movimiento frontal surge de los hombros. Si los hombros van hacia delante, toda la CVP, incluidos los miembros, avanza. Está muy implicado también el sistema nervioso central, pero su acción es muscular.

Inteligencia vital desarrollada por el movimiento lateral: está interrelacionada con el sistema asimilocirculatorio. Este movimiento de izquierda a derecha y de derecha a izquierda, de psique emotiva, tiene su centro en el vientre o cavidad digestiva.

De ahí sale este movimiento lateral en relación con el corazón. Si esta zona se mueve de manera bilateral, toda la CVP, incluidos los miembros, se inclina de izquierda a derecha.

Su acción inteligente es emocional y digestiva, y es la encargada de la asimilación de las sustancias fundamentales y su repartición.

Inteligencia vital desarrollada por el movimiento rotatorio: está interrelacionada con el sistema eliminatorio y reciclador. Este movimiento de rotación de psique defensiva y combativa tiene su centro en la cintura. Si la cintura gira, toda la CVP, incluidos los miembros, rota y se retuerce. No solo elimina tóxicos, sino que también recicla los alimentos y la propia sangre. Su inteligencia está orientada exclusivamente a revisar y expulsar todo lo que pone en peligro al organismo, y lo hace movilizando todo el eje en espiral.

Inteligencia vital desarrollada por el movimiento central: está interrelacionada con el sistema reproductor, regenerador celular y conjuntivo. Este movimiento multirradial, que va desde el exterior hacia el núcleo y desde el núcleo hacia el exterior, se relaciona con la psique profunda y tiene su centro en la pelvis. Cuando ambos coxales de la cadera se cierran, arrastran toda la CVP, miembros incluidos, hacia la compactación. Esta inteligencia de concentración se expande y relaja, soltando la cadera y abriéndose al exterior.

Noguchi se dio cuenta de que a través de cinco movimientos espontáneos ubicados en cada una de las cinco cavidades donde se alberga cada uno de los cinco grandes sistemas orgánicos, no solo tenía relación con la actividad biológica y energética, sino que esa espontaneidad del movimiento vital estaba íntimamente relacionada con la vida psíquica espontánea. Es por eso por lo que todo se estructura siguiendo este mantra invariable del cinco. El cerebro se estructura en cinco partes fundamentales, siguiendo la lógica de los cinco movimientos.

Toda inteligencia debe ser capaz de interrelacionarse y de mantener el equilibrio. Una inteligencia vital despierta no vive solo alojada en el sistema nervioso central (SNC). Una verdadera IV es la que es capaz de responder adecuadamente a cada estímulo, tanto exterior como interior. Esto en el Seitai lo conocemos como esquema osei. Con él te familiarizarás más adelante, pero de momento sigamos dándole a la mente.

La **psique** que surge del sistema nervioso central es contemplativa. Reúne datos e informaciones, compara, analiza, sintetiza, siempre desde arriba. Esto que hace de cara al exterior, lo realiza en su interior. Las neuronas, en su labor de discernimiento, no se tocan, se comunican con un sofisticado sistema sináptico y no se mezclan mucho con el resto para no sentirse involucradas y conservar objetividad orgánica.

La **psique pragmática** que nace del sistema locomotor, muscular y respiratorio en su cara exterior es la que nos impulsa hacia delante, buscando la rapidez del camino más corto, y en el interior actúa, se desarrolla y se forma de la misma manera. Las vías respiratorias son autopistas rápidas por las que transita el oxígeno a toda velocidad para ir a desembocar en la sangre.

La **psique emotiva** que surge del sistema asimilocirculatorio, de cara al exterior, en su permanente relación con los demás, en la que surge la empatía, el gusto y el disgusto, actúa de la misma manera en el interior. Todo lo digestivo, al contrario que lo locomotor, requiere tiempo, sociabilidad, recorrido, tal y como ocurre con los senderos sinuosos de los intestinos, los cauces de las ramificaciones venosas que dejan el pedido en cada casa, etc. Esta psique siempre tiene en cuenta lo que tiene a izquierda y derecha.

La **psique defensiva** que surge del sistema eliminatorio, de cara al exterior en permanente estado de alerta, defendiendo lo que es mío y de los míos, actúa de la misma manera en el interior. El sudor, las nefronas de los riñones, la orina, todo actúa en defensa del organismo y lo hace con movimientos rotatorios y espirales. La expulsión es mucho más eficaz. Ningún boxeador se defiende sacando pecho, ni razonando filosóficamente con el contrario. Gira la cintura, se protege la cara con los puños y si puede arrear, arrea.

La **psique profunda** que surge del sistema reproductor, conjuntivo y regenerador de cara al exterior actúa de la misma manera en el interior. Todo lo que es de naturaleza multirradial es instintivo y adaptativo. Crea unidad. Conecta lo cósmico con lo nuclear. Tiende a la compactación. Cerrar, hacia dentro y hacia abajo. Hondo, intenso, penetrante. Al abrir, relaja.

Si alguna de estas inteligencias busca la supremacía y en lugar de actuar coordinadamente entra en liza con el resto, la persona, aunque desconozca a nivel consciente todo esto de los cinco movimientos y sus equivalencias orgánicas, lo empieza a sentir a nivel celular. Es cuando su mente global, en lugar de permanecer cristalina, se adentra en un *mogollón* enmarañado. La persona queda atrapada en el desconcierto.

De nuevo, «No sé qué me pasa, pero me pasa algo»...

Noguchi, un ser extraordinario que habitó como nadie en la inteligencia vital coordinada, supo apreciar con gran lucidez que todo está imbricado y que existe una coherencia entre lo biológico, lo energético y lo psíquico. Todo ello está conectado a través de los continuos vaivenes que genera el movimiento vital.

Cuando se tiene en cuenta el movimiento, se puede analizar y observar absolutamente todo. Entonces se puede comprender cuál es la función fundamental de cada sistema nervioso y por qué los nervios transmiten sus impulsos eléctricos y químicos a todo el organismo. Se puede comprender cómo funciona el sistema nervioso central, importantísimo en la vida, pero sin olvidar la trascendental importancia vital del sistema nervioso periférico.

¿Cómo funciona el sistema nervioso central?

En los vertebrados, este grupo celular se sitúa, ante todo, arriba y delante. Hay seres previos a los vertebrados, como los anfibios, que no tienen cerebro, pero sí médula espinal.

Tanto en el desarrollo embrionario como en el aspecto, todo lo que se sitúa arriba, sea el cerebro, sea la médula espinal, se protege. Es por eso por lo que todo lo vertical es difícil de tocar. En el caso humano, al igual que en los demás vertebrados, se protege metiéndose dentro de la columna vertebral y del cráneo. De esta manera no necesita conectar con ninguna célula, excepto con las células conjuntivas. Esto es una obra de ingeniería vital que se inició ya en el embrión y es producto de la fusión del ectodermo y de las células de abajo, que en Seitai conocemos como células multirradiales. El sistema nervioso central, al que le gusta ir solito por el mundo, acepta la conexión con estas células única y exclusivamente porque tiene que sujetarse en algún lugar.

Como el independiente cerebro no puede vivir de las ideas volátiles y también es de este mundo, tiene que alimentarse, hacer pis y caca, oxigenarse. En fin, como todo bicho viviente. Y lo realiza a través de los vasos sanguíneos que aportan las células conjuntivas.

Y hasta aquí sus relaciones sociales. Aparte de esto, no toca ni se trata con nadie más. Tanto se aleja de la conexión y del tacto, que incluso se distancia de las células de *su misma especie*. Las neuronas, por no conectar, no conectan ni entre sí mismas... directamente. Lo hacen a través de la sinapsis, una forma de conexión indirecta que se realiza desde los extremos de cada neurona a través de impulsos químicos y eléctricos.

Voy a hacer un poco de patria y decir que el descubrimiento de que las neuronas no eran una red interconectada, como se creía hasta entonces, sino que se relacionaban con esta sublime y sofisticada comunicación sináptica, la llevó a cabo un médico científico navarrico llamado Santiago Ramón y Cajal. Su hallazgo le hizo merecedor del Premio Nobel, y la Segunda República le hizo un homenaje poniendo su cara en los billetes de cincuenta pesetas. Pero bueno, aquí lo importante es saber que la neurona no se interconecta.

Otra cosa curiosa es que tampoco participa directamente de ninguna labor realmente vital. El alejamiento es la manera sutil que tiene el cerebro de distanciarse, o al menos de intentarlo, de cualquier acontecimiento visceral. No se involucra, pero como es educado, sí atiende. Desde la distancia recibe información y la procesa con objetividad. Todo esto lo consigue gracias a su capacidad de ir arriba impulsado por el movimiento vital vertical. Cuanta más información obtenga, mejor, y es un as en el arte del almacenaje, del recordar, de ordenar y de coordinar la información de todo lo que ocurre dentro del organismo. Esta es la tarea interna que están haciendo las células neuronales, y en general todo el SNC. Pero no solo somos SNC. También somos sistema nervioso autónomo (SNA), o neurovegetativo (SNV), como prefieras. Para el Seitai, la observación de todo esto resulta decisiva para comprender el funcionamiento del organismo y de la psique.

¿Cómo funciona el sistema nervioso neurovegetativo?

Este gran sistema se compone de dos sistemas antagónicos entre sí: el sistema nervioso simpático y el sistema nervioso parasimpático.

Para la ciencia todo este asunto se interpreta como que el sistema autónomo o neurovegetativo es el responsable de las acciones automáticas del organismo, como las contracciones de las pupilas, de los intestinos, etc. Digamos, de forma muy genérica, que estas acciones son activadas por el parasimpático y son desactivadas por el simpático.

La ciencia trata todo este asunto, vital y trascendental en nuestras vidas, como meras reacciones químicas. Pero no, no es así, y quizá aquí aparezca el primer botón mal abrochado. No se le está dando la importancia necesaria a un sistema nervioso totalmente involucrado en el movimiento de la vida y, por lo tanto, totalmente interrelacionado con una gran extensión de la inteligencia vital.

Detrás de todas estas acciones cotidianas importantísimas para nuestra continuidad en este mundo, están presentes, ni más ni menos, el movimiento de la vida y su inteligencia. Mientras el movimiento de las neuronas del sistema nervioso central es de naturaleza vertical, los del sistema simpático, que también tiene, son de naturaleza lateral, y lo hacen bilateralmente desde las dorsales 6, 7, 8, y 9, en conexión con la lumbar 2. Estos movimientos de izquierda a derecha curiosamente se sitúan en la zona media del organismo, y mira tú por dónde, dentro de la cavidad digestiva es donde se forma el plexo solar o celiaco. Este plexo es una densa red nerviosa que rodea la arteria aorta ventral (¡hala, también está implicado el corazón!).

El plexo solar es el responsable de inervar las vísceras intraabdominales, y en él se combinan fibras nerviosas provenientes del simpático y del parasimpático. Diálogo, conjunción. Todo lo que está en medio dialoga.

Y así sea dicho de paso, y solo por curiosidad, ¿sabes dónde se da la zona emotiva del cerebro? Solo con aplicar el conocimiento de los cinco movimientos, y sabiendo que lo emotivo está en medio. Piensa, piensa.

Has oído hablar bastante de los *dos hemisferios* y de cómo un lado es el lógico y el otro el holístico, al que se le atribuyen los sentimientos e incluso la emotividad. Pero esto es un *neuromito*. De hecho, se considera una teoría. Sin embargo, ha calado en las creencias populares como verdad absoluta. Claro que ambos hemisferios procesan cosas diferentes, de eso no hay duda, pero ese asunto de las emociones a la derecha, pragmatismo a la izquierda, es algo que carece de fundamento real y total.

Este es el ejemplo de cómo una teoría alcanza el *status* de realidad incuestionable. Alrededor de tal premisa se han confeccionado másteres, diplomaturas y hasta maestrías. Pero esa hipótesis está sin confirmar, y desde luego desde el punto de vista de los conocimientos del Seitai es totalmente descartable, porque el centro real de la emotividad cerebral está en la zona media, conocida como zona límbica. Ahí es donde se reparten las arterias cerebrales. Arteria, comunicación, sangre, sistema circulatorio. La unión de la corteza cerebral con el corazón. ¡Ay, madre! El concepto de los cinco movimientos hace sencillo lo complejo, ¿a que sí?

Si eres un convencido de la teoría de los hemisferios, fenomenal, aquí nadie intenta imponer nada, solo exponer. Pero dale una vuelta y verás. Nadie niega que las funciones de un hemisferio y otro son diferentes, pero de ahí a eso de lo emotivo y lo no emotivo.

Hay otras investigaciones que desde el principio nacen como pseudociencia y se contemplan con escepticismo, y, sin embargo, tienen una base real.

Últimamente se habla mucho en los medios de comunicación del *otro cerebro*, que ubican en el estómago, donde existen en torno a cien millones de neuronas, muchas más de las que contiene la columna vertebral. Esta red de células permite mantener un estrecho contacto entre el sistema digestivo y el cerebro a través de los nervios vagos, informando arriba de todo lo que transita por abajo. Este movimiento lateral es un *cotilla* de cuidado. Y es curiosísimo. La llegada de comida al estómago hace que se liberen al torrente sanguíneo numerosas hormonas.

Solo con observar la formación del sistema nervioso y de la médula espinal en el periodo embrionario, se puede percibir claramente cómo el sistema nervioso simpático nace de una manera independiente y especial, al contrario que el sistema parasimpático, que no muestra ninguna característica especial y además no sale de ninguna vértebra. El nervio vago, perteneciente al parasimpático, parte del bulbo raquídeo, o sea, del cerebro, y llega directamente a los órganos. Es la forma que tiene el parasimpático de contrarrestar la acción del simpático. También sale un poco de la zona del sacro-coxis. Extremo-extremo. Con esta perspectiva de las regiones según el movimiento, podemos ver claramente que el sistema nervioso parasimpático es f-e y está desprovisto de cualquier signo de lateralidad.

Tampoco la medicina considera esto para nada. Los médicos no terminan de comprender muy bien el sistema neurovegetativo, pero si la ciencia lo analizara desde el punto de vista del movimiento vital, todo quedaría mucho más claro. El simpático trabaja casi exclusivamente para acompañar al sistema asimilocirculatorio, y en él todo el movimiento es lateral, de izquierda a derecha. Sin embargo, en el sistema parasimpático todo tiene un movimiento f-e, es frontal. El organismo alterna permanentemente acción activa y acción pasiva. Vaivén. Te expongo esto como simples ejemplos curiosos para dar un pequeño apunte y hacernos entender que pretender diseccionar la inteligencia según meras categorías de «esto es más inteligente que lo otro» no tiene ningún sentido. La verdadera inteligencia está en la coordinación global de todo el organismo, en concreto en la CVP, y de su funcionamiento interior en sintonía con el exterior.

Todo esto tiene que ver con el movimiento vital y ya se define durante todo el proceso embrionario. Por ponerte un ejemplo, si tenemos unas células nerviosas que se mueven multirradialmente, darán como resultado neuronas conjuntivas, que serán las responsables de la creación de la piel. Tu piel es inteligente y sabe discernir algo tan fundamental para tu existencia como detectar el fuego cerca. ¿No es eso inteligencia? Si no poseyera ese conocimiento vital, tu envoltorio se achicharraría, pero es infinitamente más rápido que lo que le puede llegar a tu sistema nervioso central, alojado en el ático y que no está preparado para atender esas situaciones de urgencia con tanta rapidez.

No te quiero saturar de datos. Pensaba entrar en todo lo que tiene que ver con los doce pares de nervios craneales, las ventanas que tiene nuestro organismo interior con el exterior a través de los sentidos. Pero creo que, de momento, ya está bien. Todo esto es apasionante y seguro que traerá otro libro. Lo más apasionante del Seitai no está en todo este embrollo, sino en aprender a establecer un diálogo entre lo consciente y lo no consciente celular.

¿Te imaginas ir al cole y aprender esto? Suena *díver*, ¿a que sí? A los niños les encanta aprender. ¿Por qué no les dotamos de inteligencia vital, de ese conocimiento trascendental que combina cultura con vida, respeto con admiración? Ahora el aburrimiento de los niños lo llaman síndrome o trastorno de Atención Dispersa, y le ponen unas siglas muy chulas y parece algo. Pero no es mucho, sinceramente. Conviene asegurarse bien de los síntomas, señales y diagnósticos. Lo que nos dispersa en absoluto y por el contrario coordina y unifica es. ¡Agárrate a tu butaca o al banco, si vas en el metro, porque vienen curvas! Entramos en un capítulo fundamental.

¿Cómo *resetearnos* el organismo entero?

Es fácil y sencillo si sabes cómo: a través de unas prácticas maravillosas al alcance de cualquiera, con las que aprovechar todo el potencial que nos brinda la vida. Te las voy a presentar brevemente: katsugen undo, la *gimnasia* que desarrolla el músculo espontáneo. Yuki, la sensibilidad y la comunicación que cultiva el diálogo espontáneo con el ki. Gyoki, la *gimnasia* para ejercitar el músculo que activa la ternura del yuki con uno mismo y con los demás.

Todo esto saldrá del ámbito de las ideas en un momentito y entrará en el mundo de la vivencia.

Me voy a dar un baño en la piscina y ahora vuelvo. Tú si quieres puedes seguir leyendo, porque supongo que para cuando este libro esté en tus manos, yo ya me habré pegado el chapuzón y habré terminado de escribirlo.

Capítulo 5
Actividades Seitai

Visita al taller del maestro orfebre. Las prácticas del Seitai, auténticas joyas de la corona

> Cada uno debe y puede mantener su salud por su cuenta. Las hormigas, los ratones, los perros lo hacen naturalmente, y sin embargo al ser humano «moderno» le cuesta horrores. ¿Por qué? Pues porque a lo largo de su historia y sin darse cuenta, se ha ido persuadiendo de que la enfermedad es algo que existe, y que para preservarse debe ponerse en manos ajenas. Considera que la salud depende de diversos métodos y no de unas funciones autónomas.
>
> Sin embargo, solo cambiando un poco el enfoque uno se da cuenta de que la vida se desenvuelve de manera libre, independiente y espontánea.
>
> Si uno no sabe cuidar de sí mismo, ¿dónde está la independencia? ¿Dónde la libertad? Si tanto la mente como el organismo no están preparados para responder ante una situación de urgencia, ¿de qué sirve tanta palabrería invocando el concepto de libertad?
>
> —Haruchika Noguchi

¿Se puede ser libre con el miedo a la enfermedad instalado en nuestro interior?

Miedo es sinónimo de parálisis. El capitalismo vende lo que él necesita, no lo que tú realmente necesitas. No te creas todo lo que te cuenten. Y hablando de desconfiar, lo que te he contado desde el principio lo puedes tirar a la basura. Mientras leas y no vivas lo que te estoy contando, todo se circunscribirá al ámbito de lo inane. ¿Recuerdas lo inane que era lo *inane*?

El Seitai nunca intenta convencer a nadie. No hace proselitismo. Practicar o no es cosa de cada uno. Lo realmente importante de la vida se aprende espontáneamente. La experiencia se puede compartir, pero no transmitir. Para eso vivimos. Si pudiéramos acumular todas las experiencias ajenas, ¿qué nos quedaría a nosotros por hacer?

Somos creadores de experiencia. Lo que concluimos por nosotros mismos es lo que realmente percibimos como propio. La experiencia que nace de la vivencia es uno de los tesoros más preciados que podemos acumular.

El camino de la experiencia personal no lo puede recorrer nadie por nosotros. Es producto de nuestra dedicación, de nuestro mimo, de nuestro sufrimiento. Un maestro puede proporcionar atajos. Esos secretos existen. Son las fórmulas magistrales que se transmiten de generación en generación. Pero lo que nunca se puede ni ofrecer, ni heredar, es la experiencia personal. Como bien dice la expresión, es personal, como las líneas que surcan la palma de tu mano, los laberintos que se enroscan en las huellas de las puntas de tus dedos y como el mapa genético encriptado en tus cromosomas.

Se escucha a menudo: «Ese empresario se hizo a sí mismo. De la nada ha creado un emporio». Puede parecer que se alude al dinero logrado, pero la frase encierra algo más importante, que además pertenece al subconsciente colectivo: ese alguien es especial porque para llegar a donde ha llegado, ha tenido que tener la capacidad de superar todos los obstáculos, por lo que se le presupone arrojo, instinto, inteligencia, una fina percepción. Realmente el dinero es lo de menos.

Las tribus de numerosas culturas primitivas cultivaron la experiencia como fundamento vital, que servía para capacitar al individuo en el futuro. Un adolescente en cuanto cumplía cierta edad era *abandonado* en el bosque. Era una experiencia que se libraba a vida o muerte. Si conseguía sobrevivir, era recibido en el poblado como un ser humano, merecedor de pertenecer a esa sociedad. Habría demostrado capacidad de autonomía y eso garantizaba que no iba a suponer una carga para la comunidad. Una sociedad justa protege a sus individuos, es un derecho, pero sus integrantes dan lo mejor de sí mismos para contribuir al bien común. ¿Y llaman primitivas a estas sociedades? La experiencia es un don que no se hereda, es una herramienta valiosísima que nos permite resolver problemas, que nos evita darnos con el dedo gordo en la misma piedra, una y otra vez. Es el tesoro de Gollum. ¿Y sabes cómo se acumula experiencia en el Seitai? ¿Sabes cómo se revelan los conocimientos de Noguchi?

A través de las prácticas.

¿Y cómo? Pues hay una buenísima noticia. A pesar de que las prácticas son fuente inagotable de experiencia personal, son muy, muy fáciles de realizar. Aunque yo no te puedo enseñar cómo practicar, sí te puedo aportar algunas referencias para que las descubras y las incorpores.

Las prácticas del Seitai no requieren esfuerzo, ni voluntad, ni horarios, ni nada de nada. No te ponen en una encrucijada. No tienes que elegir: o ellas o tus clases de bachata. No. Las prácticas de Seitai suman y te impulsan en cualquier faceta de tu vida. Ellas te van a devolver tu preciosa respiración pectoventral.

Ella sí que es la directora de la orquesta y no el cerebro. A mí, que tanto se me había llenado la boca en el pasado de un concepto llamado libertad, descubrí que la verdadera libertad estaba en la capacidad de respirar espontánea y profundamente. Y esa respiración surgió de una manera totalmente sencilla a raíz de empezar a practicar.

Estas actividades, ¡tan agradables!, no encierran ningún tipo de misterio, no tienen ciencia alguna. No requieren destreza. Cualquiera las puede realizar. No hay edad, ni estado. Si estás enfermo, si eres un tío deportista, si eres escritora o tornero fresador. Viejo, joven, niño, embarazada...

¡Ay! No te confíes. Ahora viene la parte menos bonita. Todo no podía ser tan fácil. Sí hay una cosa que tendrás que hacer durante tu práctica y que quizá te cueste mucho esfuerzo. Al estar tan arraigado, puede que te resulte complicado despojarte de ello.

Vivimos en una sociedad donde todo está relacionado con la rentabilidad. Si hago esto, obtengo algo a cambio. Nadie hace nada por nada. Todo tiene un fin último. Sin embargo, las prácticas de Seitai no se pueden realizar en busca de objetivos. ¿Lo ves?

Si no tengo objetivo, ¿para qué practicar? Ya sabía yo que iba a pasar esto.

Pero te pregunto, ¿qué ocurre cuando vas a una boda, te sientes a gusto y te marcas unos bailecitos hasta quedar exhausto? ¿O cuando de forma espontánea, en el metro, te enrollas a intercomunicar con un bebé que está en su cochecito? ¿Y cuando te lanzas a tocar el lomo del cachorro de pastor alemán del vecino, con el que no te hablas desde hace años? Lo espontáneo, lo que nace de dentro sin saber por qué, es lo que nos hace reconectar con nuestra CVP, con nuestra respiración y con nuestra psique profunda.

No todo está vinculado al rendimiento. Es más, lo importante de la vida no tiene nada que ver con los objetivos finales, sino con la capacidad de disfrutar durante el trayecto.

Nuestra vida, al igual que la naturaleza, está repleta de acciones *tontas*: quedamos prendados ante el fuego de una hoguera, ante un atardecer. Miramos embobados a una pareja de enamorados que se mira cómplice. Un beso. Nos gusta sentirnos rozados por la brisa templada y perfumada de una mañana de primavera. A veces lloras sin saber por qué. Ríes sin saber por qué. Te enfadas sin saber por qué. ¿Y qué más da que tú sepas el porqué? ¿De verdad es tan necesario que la mente vestida conozca todo? La mente vestida no tiene la respuesta a todas esas cosas. ¿Sabes quién la tiene ? El diálogo entre ambas mentes. Tu mente vestida aprende a conversar y a respetar a tu mente espontánea. Ahora tú ya conoces el secreto.

Lo que nos gusta y deseamos no es siempre inconsciente. Suele ser lo espontáneo dialogando con nuestra mente vestida. Nos damos cuenta. ¿Qué significa en el conjunto de tu vida acariciar una piel que te gusta? ¿Y es tan importante saber el porqué?

Acaricias y punto. Una caricia con propósito y análisis deja de ser caricia y se convierte en un toque de plástico. Nadie se pone guantes de boxeador para acariciar. La vida real, y no la que hemos creado, se hace por sí sola, sin esperar un resultado. Inteligencia vital.

Los objetivos son simples creaciones de la mente vestida. ¿Por qué no reivindicar la libertad de *hacer el tonto*? Hacer el tonto, actuar con gusto, sin más, es dejarnos llevar por el deseo profundo que nace de nuestras células. Disfrutar. ¿Quién nos lo impide? El gusto del gusto. El gusto de estar a gusto. Qué descanso, ¿verdad? Además de agradable, ¡es inteligente!

Las prácticas de Seitai son puro espontáneo y te reconectarán con tu yo espontáneo. Permiten que se produzca ese trasvase imprescindible entre lo vestido culturalmente y lo espontáneo que nace de las células. Reordenar coordinadamente. Seitai. Tu organismo a veces quiere llorar, reír, sudar, soltar caspa, estornudar, tener fiebre.

Cuando el cuerpo está regulado, de manera natural manifiesta sus excesos y sus carencias con este tipo de cosas. Observarlas y pasarlas tranquilamente reconectan los dos yoes.

¿Cómo te sientes después del bailecillo espontáneo, ajeno al ridículo, en la boda? La vida hace por hacer, sin más, sin esperar admiración ni resultados. A eso se reducen las prácticas de Seitai. Estar a gusto con uno mismo en el caso del katsugen undo, y a estarlo con otro cuando practicamos yuki en pareja. Sencillez. Simplicidad. ¿Te acuerdas de Baloo en el *Libro de la selva*? Lo más vital para existir te llegará. Nos llegará. Practicar pensando que vas a obtener algo es catastrófico para tu práctica.

No será fácil. La sencillez se ha vuelto complicadísima para nuestra sobrevalorada y señorona Mente Vestida. Ella está ahí apalancada, con sus joyones y su barrigota preguntando: «¿Quéeeeee? ¿*Whaaattt*?». Las tres bes. ¿Así porque sí?

Las prácticas del Seitai son tan sencillas, tan fáciles de realizar por cualquiera, que incluso pueden parecer una tontería. Parecen... Pero no lo son. Esa tontería es trascendental para la coordinación CVP, para que la vida viva, para que todo en nuestro interior esté lubricado. De purito fácil, parece mentira. De simple, parece tonto. Pero el katsugen undo y el yuki tienen de todo, menos tontería.

Es más, cuando empieces, no querrás parar y te preguntarás: ¿cómo podía yo vivir sin esto?

No podías vivir. Sobrevivías, ibas como podías, sintiéndote siempre pesado, internamente sobreexcitado sin razón aparente, apabullado por problemas pequeños e incluso inexistentes. Como los pequeños te superaban, cuando llegaban los grandes, te comían.

Luchar contra gigantes requiere mucha energía. Una energía innecesaria, porque en realidad son molinos. ¡Cuánto arrojo derrochamos dando palos de ciego! Realmente todo lo expuesto en este libro carece de sentido sin las prácticas. Y esto es otro mérito de Noguchi. Él descubrió cómo tu yo espontáneo y tu yo vestido pueden reconciliarse y recuperarse el uno al otro. Lo sencillo es lo que va a lo más profundo. Las prácticas del Seitai son un regalo. Son tus aliadas. El mero hecho de tener oportunidad de conocerlas, te convierten en una persona muy afortunada.

Tienes una entrada para acceder a una prueba totalmente gratuita. Si no te gusta, no te devolveremos el dinero, porque las prácticas de Seitai no están tasadas. No valen dinero... porque su valor es incalculable.

Antes de subir al camello, puedes adquirir algún refresco. Katsugen undo, la chispa de la vida

Viento

Lo primero es moverse. Aunque carece de forma, el viento mueve todo lo que tiene forma, y a través del movimiento de todo lo que tiene forma se perciben las cosas.

Al sentirlo, todo empieza a estremecerse por simpatía. (...) Los bambúes, los quicios de las puertas lo acompañan con sus voces. El polvo se arremolina, se agitan los árboles, tiemblan las casas y hasta los cables de la luz se ponen a temblar. El cielo y la tierra están envueltos por el viento.

Lo primero es moverse, y mientras el viento no se extinga, el movimiento profundo irá propagándose hasta el infinito. Eso es el viento. La fuerza que levanta al viento está en el fondo de todos nosotros. Al enfrentarte a lo inmóvil, no pierdas la esperanza. Si el movimiento está latente dentro de ti, se manifestará. Y una vez hayas comunicado con tu movimiento, ese mismo movimiento impulsará a otros. Que cada uno se ponga en movimiento desde sí mismo. Este es el primer paso.

—Haruchika Noguchi

Puede que exista algo tan sencillo como el katsugen undo, pero más sencillo, no.

Hemos dedicado capítulos al vaivén, a la respiración pectoventral, a la coordinación CVP, a los cinco movimientos descubiertos por Noguchi, que surgen espontáneamente, etc. Bien, todos esos conceptos toman relieve cuando se transforman en vivencia, practicando katsugen undo.

Esta expresión fue acuñada por Noguchi. La inventó y la dejó tal cual, a diferencia de otros hallazgos a los que fue cambiando el nombre. Esta palabra quiere decir 'el movimiento que está en el origen de la vida'. Bonito, ¿verdad?

El katsugen conecta con el movimiento que nos impulsó a vivir. La vida nos mueve. Vivimos en movimiento. Fuimos movimiento antes de ser engendrados y seremos movimiento hasta el día en que nos vayamos de este mundo. Aun así, el movimiento seguirá sin nosotros... Katsugen undo... el movimiento que está en el origen de la vida... Y nosotros nos podemos subir en él siempre que queramos.

Noguchi descubre esta capacidad de ordenación que tiene nuestro organismo a través del movimiento espontáneo, atendiendo a una anciana. Mientras él actuaba en su cuerpo, ella se movía. Y no de cualquier manera, sino que su movimiento respondía a algo muy preciso. El organismo realizaba algo por sí mismo y con gran inteligencia, y la mujer tenía la capacidad natural de recuperar su salud a través del movimiento. Sus manos de terapeuta solamente acompañaban el proceso. Sí. Estamos asistidos. La vida nos lanza a este mundo con la capacidad natural de mantener la vida por sí sola a través del movimiento, y ese acto espontáneo se puede desarrollar y practicar. El movimiento regenerador que está en el origen de la vida y que nos acompaña a lo largo de la existencia se puede afinar incorporando de manera cotidiana la práctica de katsugen undo. Esta puede ser la decisión más importante, trascendental y con más repercusión que hayas tomado.

Porque ¿puedes vivir sin ducharte? Sin duda, puedes. Entonces, ¿por qué te duchas? ¿Puedes vivir sin practicar katsugen? Por supuesto.

No practicar es como no bañarse. Si nunca pasamos por la ducha, acumularemos capas y capas de secreciones en la piel. El cabello albergará una grasa imposible, las uñas ni se verán por la suciedad. Los ojos... las axilas... ¡Qué voy a decir!

La ropa limpia no cubrirá esa realidad y será complicado que los demás se sientan atraídos por alguien que nunca se expone al agua. La mayor parte de la gente no dirá nada, pero el afectado vivirá rodeado de una burbuja invisible, que lo irá fagocitando poco a poco, alejándole de todo. Lo normal es que lo de dentro se refleje en el exterior. En la mirada se acumula mucha opacidad, en los poros podredumbre y en la piel se dibuja un óleo cuarteado. Todo habla de nosotros: el aliento, el color invisible del ki, el eje perdido, la falta de vigor. Un actor sabe mucho de cómo colocar el cuerpo para transmitir un interior.

Son muchas las actividades que utilizan el movimiento como aliado para mejorar el estado general del organismo. De hecho, las recomiendan a todas horas: andar, nadar, salsa, tango, pesas... Es cierto, cuando mueves segregas endorfinas y se desatan numerosas acciones internas que nos dan sensación de plenitud. Todo esto es muy recomendable si te apetece y te gusta. El deporte y el baile, mueven nuestro cuerpo, pero el movimiento no llega a todas partes. Realmente lo que más movilizan este tipo de actividades son los músculos y todo lo que tiene que ver con el sistema locomotor y combustivo. También existe el pilates, el yoga, el taichí. Todos ellos ejercen de válvula de escape, sin duda.

Pero al final, cualquier disciplina requiere técnica, aprendizaje, tiempo para poder observar sus resultados. El katsugen undo es totalmente diferente a todo lo demás por varias razones:

- **Es complementario** a cualquier actividad. Sumará siempre.
- **No requiere técnica** ni condiciones físicas especiales.
- **Carece de objetivos**. Desde el primer momento, cualquiera se sentirá a gusto. Es muy agradable retomar contacto con algo que sientes que has perdido hace mucho tiempo.
- **Es único**, es lo más importante porque es la expresión de tu vida, es la forma que tiene tu vida para recuperarse. Nadie se moverá jamás como lo hacen tu organismo y su necesidad de recuperar su orden natural.

Ahora que están tan de moda los *coach*, los entrenadores personales que diseñan ejercicios y estrategias específicas para sus clientes, descubrimos que contamos con un *coach* propio y específico, muy sabio y económico. Katsugen undo no son ejercicios, ni técnica, ni deporte. No es una tabla de gimnasio impresa en una hoja plastificada que se deja en la taquilla. Es tu movimiento y será de todo, menos rutinario. Al practicar, nos ponemos en manos de la vida. No hacemos. Ella hace. Nos sentiremos movidos, respirados, atendidos por la fuerza de la naturaleza. Ese vaivén, cuando se hace automático, entra en la dinámica de la inercia y tendrá sus velocidades específicas, sus zonas concretas. *So-Ki-Do-Ma*: lugar, momento, intensidad, tiempo. Este concepto lo desarrollaré cuando hablemos de yuki, pero me gustó también adelantártelo en este momento.

El katsugen lo puedes practicar de pie, tumbado, en una silla. Si no tienes problemas de movilidad, la manera más agradable será sentado en el suelo. En *seiza*, que es la manera tradicional que tienen los japoneses de sentarse, pero también puedes ponerte con las piernas cruzadas e incluso estiradas. Lo importante es que estés a gusto y que tu columna, se pueda mover libremente. Cuando practicamos solo hacemos una cosa: fijar la atención en la CVP (el cráneo, las vértebras y la pelvis), y cada componente es independiente, aunque al mismo tiempo, todos ellos estén totalmente interrelacionados entre sí.

Solo hay que observar alrededor. ¡Hay tanta gente rígida!

Son perdedores. Perdedores de movilidad en su CVP. El cráneo se les ha anclado al cuello. El cuello rígido e inamovible es un ente incapaz de comunicarse con las vértebras dorsales, y las lumbares se presentan como una tabla de planchar. Ahora sí que estamos ante un «vivo» ejemplo de columna jónica, dórica, corintia e incluso podremos encontrarnos algún ejemplar de columna rococó.

El estado de una persona salta a la vista y se puede apreciar, simplemente contemplando su inmovilidad. Quizá en el médico, a estas personas les estarán tratando miles de dolencias: las rodillas, el estómago, la soriasis, la tiroides... da igual. Mientras esas CVP no recuperen su movimiento espontáneo y coordinado, todo será una labor de *patchwork*. Desgraciadamente, habrá muchas personas *haciendo cosas*, pero ni el afectado, ni su médico, ni su masajista, ni nadie, habrán considerado el fondo del problema. Hemos alargado la esperanza de vida y la lista de enfermos crónicos, también. No sé si tienes cerca a un enfermo de Alzheimer. Si es así, mírale la nuca y dime qué ves. ¿No le iría bien a esa cabeza recuperar un poco de movimiento y de conexión con el resto de la CVP? Este es un ejemplo entre miles.

Ahora está muy de moda tomar medicamentos para aislar la emotividad.

Mucha gente no quiere sufrir y se toma lo que sea, aunque eso conlleve dejar de sentir. Son personas que necesitan con urgencia ser desposeídas de su emotividad. Desgraciadamente, no conocen la práctica sencilla del katsugen undo, y lamentablemente ignoran los efectos reales que esos medicamentos provocan en sus organismos. «Si el médico se los da, por algo será». Delegan su salud en los demás, sin más planteamiento. A través de los ansiolíticos y antidepresivos, *logran aislar* la emotividad sobreexcitada, sí. Pero eso tiene un coste: quedarse *tiesos* del cuello. Cada día más, nos encontramos con personas con la mirada vidriosa, los ojos fijos y perdidos mirando hacia un frente inalcanzable, y los reflejos disminuidos. Eso se ve a simple vista. Pero es peor lo que no se ve. Sus organismos entran en la confusión. La organización vital, al recibir órdenes y pautas que no encajan exactamente con su rigor natural, empieza a buscar soluciones para enfrentar la nueva situación.

¿Alguien ha informado a los consumidores de este tipo de medicamentos, sobre las repercusiones, salvo que su ingesta se realice de forma moderada?

Ahora que hay estudios sobre todo, ¿existen informes sobre esto? Y si los hay, ¿por qué no se divulgan de forma masiva, como otros asuntos que están en las portadas de todos los medios de comunicación?

A la mayoría de los pacientes no se les ha notificado con veracidad y seriedad sobre las repercusiones que pueden tener en el futuro todos esos medicamentos en su organismo.

Nadie les relaciona, ni le relacionará, por supuesto, algunos males que les pueden aparecer en el futuro. Sin embargo, muchas enfermedades que hoy en día son tratadas como espontáneas, como fallos de la naturaleza, como suerte o azar, provienen de ese consumo, cada vez más aleatorio y cada vez más descontrolado (¿tendría que decir *presuntamente*?).

Y yo pregunto: ¿es eso es atajar el problema? Ese cuello, esa nuca que van perdiendo movilidad, se transforman en cárceles insufribles. El individuo se cree libre, pero está prisionero. Prisionero de su propia rigidez. El mal uso de los medicamentos no hace más que añadir puertas blindadas, cerrojazos metálicos. Esas personas, supuestamente *perturbadas*, se van alejando de la boca de salida del túnel. El resultado es que rara vez solucionan su *aprieto vital original*, y a cambio generan nuevos aprietos, cada vez más complicados de resolver.

Está a la orden del día la aparición de enfermedades raras y trastornos que no sabemos explicar, pero desde el punto de vista del Seitai, hay recursos para interpretar muchos asuntos cotidianos. Ese descontento generalizado ¿no se deberá a algo que estamos haciendo mal? Creo que todo esto requiere una reflexión colectiva profunda.

> Vivir sin vigor es una incongruencia que solo se da en los seres humanos. Cuando la vida se observa con esta perspectiva, cambian muchas cosas. Todos estamos en mayor o menor medida perturbados. Este adjetivo que se usa casi exclusivamente para referirse a enfermos mentales, sin embargo, en su etimología refleja perfectamente el estado interno y alterado de la mayoría de las personas que viven en sociedades modernas: *inquietud, desorden, intranquilidad*. La sociedad está formada por una caterva de perturbados.

Y ahora viene la buena noticia. Esa perturbación cotidiana, instalada con toda naturalidad, será erradicada por la práctica del katsugen.

Los problemas no desaparecen. Desaparece la pusilanimidad que es reemplazada por el vigor y la fluidez del eje. No son palabras. No es magia. Solo transmito mi experiencia, y tú lo podrás vivir también si te pones a ello.

La CVP ha nacido para ser libre. Si no puede ejercer su derecho de ser movida por la vida, por el ki, esa CVP se irá encogiendo, empequeñeciendo, se descolocará, se volverá rígida, perderá su capacidad de erguirse.

Los músculos intentarán a toda costa que el andamiaje no se venga abajo y se irán tensando, como los vientos de una tienda de campaña. Esa tensión de los músculos irá invadiendo zonas que no le corresponden, los tejidos se endurecerán, los órganos también se verán encarcelados. Presión, presión, presión. El estado defensivo de todo el organismo irá creciendo. El organismo, al perder la fluidez, se transforma en una olla a presión. Todo el interior aguanta las embestidas como puede, pero el tifón nunca pasa del todo. Gira y gira sin traslación. Gira egocéntrico, porque el tifón se ha instalado.

Los nervios estarán buscando cómo librarse de unas moles ingobernables, y ¿sabes dónde irán muchos de esos impulsos nerviosos sobreexcitados?

AL CEREBRO

El cerebro, que bastante tiene con lo suyo, de repente se ve poseído por problemas que tiene que resolver y para los que no está preparado. El tamaño de su timón no puede manejar de ninguna manera, una barcaza en la que se ha instalado un tifón. Al verse incapaz de solucionar todo ese entuerto que hay montado abajo, el pensamiento empieza a divagar en forma de miedos, ansiedad, agresividad, depresión, racanería, prepotencia, deseo sexual incontrolado... Cada cerebro elegirá su propia espita por la que huir. Estoy segura de que todo este cuadro que te dibujo lo estás visualizando, porque es la realidad ignorada más cotidiana, esa que no se verbaliza y que vive dentro. ¿Por qué no cambiamos *sentido común* por inteligencia vital?

Consideramos que todos los problemas provienen de la mente y de que no somos capaces de controlarla, pero no es así. Provienen de la falta de coordinación y porque no existe ningún ejercicio de diseño humano que movilice ese conjunto. El katsugen undo, sí: moviliza tejidos, nervios, órganos, tendones, vértebras, células, energía, psique...

Ya tienes tu herramienta multiuso. Es tuya. Úsala. Practica katsugen undo.

La práctica será tu aliada. De una manera sencillísima y agradabilísima, evitará que todo ese engranaje tuyo se gripe. Hasta ahora no conocías exactamente cómo se desarrollaba todo eso en tu interior, aunque intentabas expresarlo con palabras. El *mogollón* se suele traducir con estas expresiones tan extendidas del malestar general: no tienes motivos, pero no te encuentras bien. No sabes qué te pasa, pero sabes que algo te pasa. Si al malestar no se le hace caso, la vida enciende otro piloto rojo y empiezan a aparecer manifestaciones corporales que se interpretan como enfermedades y no como alarmas encendidas. Entonces se acallan las alarmas y la vida, que no quiere ser ahogada, deja de emitir señales. Cuando reaparece, lo hace en forma de enfermedad grave.

¿Te das cuenta del proceso? Creo que merece un poco de reflexión y eso es algo que solo cada uno, íntimamente, puede hacer. Nadie podrá hacerlo por nosotros.

La enfermedad, en realidad, es la manifestación, la expresión de la gran fuerza de la vida que quiere vivir. Es el piquete de la huelga que reivindica mejoras vitales.

Yo, sinceramente, conociendo algo tan sencillo, me siento en la necesidad de exponerlo y de que todos lo conozcáis. No podemos seguir viviendo en la olla sin quitar de vez en cuando la válvula de escape. Ahora ya sabes en qué se transforma la presión. En este momento, mi energía y mi motor, están enfocados a la trascendencia que tendrá esta práctica tan sencilla en tantas y tantas personas en el mundo que están comidas por su propia fuerza vital coagulada.

La vida es mucho más sencilla de lo que la estamos haciendo. Me encantaría observar los resultados de la práctica del katsugen undo, por ejemplo, en los niños armados y asesinos de África, esos que fueron enrolados en los mismos ejércitos sanguinarios que mataron a sus padres. ¿Qué huellas intensas arrastran esos organismos infantiles?

¿Y esas personas paralizadas por el miedo, agarrotadas por la posibilidad de que su acreedor les quite la casa, acogotadas por un horizonte laboral incierto? ¡Hay tantos y tantos sucesos cotidianos que nos encogen! Es necesario dar una salida vital al miedo, liberar los bloqueos.

Saber que muchos estados extremos se hubieran podido prevenir simplemente reconociendo que detrás hay una TPE (una tensión parcial excesiva), y que al menos, si no se pueden erradicar totalmente, se pueden suavizar y que no se hace por desconocimiento, es realmente triste. Sencillez. Despojar el camino de maleza. ¿Puede nuestro castillo de princesa dejar de ser un lugar infranqueable? Esa maraña no se creó de un día para otro. Se cocinó a fuego lento, esperando pasivamente a que un tercero abriera el camino. ¿Aún buscamos que un beso de amor nos despierte? Katsugen undo es recuperar la confianza en nosotros mismos. Es despertar el vigor.

Poco a poco, todas esas cosas que se te habían instalado y que creías, habían venido a quedarse para siempre, simplemente se irán. Sin artificios, sin hacer ruido. Durante la práctica, tu CVP se reencontrará con sus cinco genuinos movimientos surgiendo espontáneamente. De una forma natural, tensando y destensando, bombeando, respirando, los cinco movimientos volverán a combinarse entre sí hasta el infinito, aportando fluidez en todas las necesidades vitales, ocupando el espacio en cinco dimensiones. Cuando esto ocurre, llega el momento de disfrutar. Nada de analizar qué movimiento aparece, ni cómo se está combinando. Da igual, porque el katsugen no es análisis: es vivencia, es vaivén. Tu cráneo, tus vértebras y tu pelvis no querrán salir de esa zona de confort. Tus tejidos internos dejarán de estrangular a tus órganos. Tu respiración pectoventral reaparecerá. Tu corazón recuperará su espacio original para poder latir en todo su esplendor. Tus nervios ya no vivirán tan pellizcados y tu mente podrá dedicarse por fin a su magnífica tarea de crear, de imaginar, de desarrollar nuevos avances.

Durante la práctica no hay juicio, ni exigencia. No hay que ofrecer resultados. Practicamos katsugen porque nos da la gana.

Menuda liberación, ¿verdad? Y resulta que esta «tontería», este acto de libertad espléndida, está totalmente relacionado con la forma en que fuiste formado en el útero materno. Así llegaste al mundo, así creciste y así te desarrollaste. Los cinco movimientos siempre han estado agazapados en el fondo de todo lo que has sido, de todo lo que has sentido, de cada vivencia...

¿No es un gran hallazgo, una maravillosa herramienta con la que empezar una nueva vida? Para mí fue una revelación. Me preguntaba: «¿Cómo podía vivir yo sin esto? ¿Por qué una cosa tan identificable y tan propia no se está teniendo en cuenta en nuestra cultura para nada?».

¿Se puede vivir sin una ducha? Pero, ¿por qué renunciar a su efecto tonificante? C, V y P se han organizado para regir la vida y en complicidad con tu práctica de katsugen, aprenderás que todo en la vida tiene un rigor. Noguchi se dio cuenta de esto.

Durante la práctica, esos movimientos se convierten en vaivenes continuos y poco a poco esas oscilaciones van entrando en el automatismo, en el + y –, en el tensar y destensar de manera natural.

Vaivén vertical: arriba tensa, abajo relaja. Pensamiento que tensa, pensamiento que se relaja. El movimiento vertical tensa hacia arriba, hacia la cabeza donde se encuentra su sede central y destensa al bajar. Su centro está en el sistema nervioso central y su psique es planificadora.

Vaivén frontal: delante tensa, atrás, relaja. Acción que tensa, acción que relaja. El movimiento frontal va hacia delante y tiene su centro en los hombros, combinado con la articulación fémurocoxal. Su centro orgánico está en los pulmones. Sistema locomotor. Su psique es pragmática.

Vaivén lateral: se inclina lateralmente de izquierda a derecha. De derecha a izquierda. En ese movimiento lateral va tensando y relajando de un lado a otro. Su centro orgánico está entre el corazón y el vientre. Sistema asimilocirculatorio. Su psique es comunicativa.

Vaivén rotatorio: la cintura gira sobre sí misma de izquierda a derecha y de derecha a izquierda en espiral. Así va tensando y relajando. El movimiento de rotación tiene su centro orgánico en los riñones. Sistema eliminatorio. Su psique es defensiva.

Vaivén central: todo se compacta hacia el interior, todo relaja abriendo al exterior. El movimiento central, tiene su centro en la pelvis. Si la cadera se cierra, todo se condensa. Cuando relaja, la CVP recupera altura. Sistema reproductor, órganos sexuales. Su psique es profunda e integral.

La vida es la combinación de todos estos movimientos que están interactuando continuamente.

Esos vaivenes no solo son actividades físicas, tal y como las solemos entender. Están implicando a órganos, a funciones fisiológicas, a psiques, a células, a desarrollos energéticos. Todo se ve arrastrado a participar en la práctica de katsugen: cada tejido, cada vértebra, cada nervio... Al estar implicada la totalidad de nuestro ser, inicia una intercomunicación vital de todo el conjunto, que nos saca de la rigidez y de la parálisis. Parece que la vida y el katsugen undo están realmente relacionados entre sí.

¿Nos dejamos de palabras y vamos a la práctica?

Clase tutorial gratis de vuelo sin motor. Primeras maniobras. La práctica del katsugen undo

> Haruchika Noguchi descubrió en el ser humano todo lo que tiene que ver con el movimiento espontáneo, y ese movimiento espontáneo es algo que siempre estuvo ahí, en cada uno de nosotros, permitiéndonos cultivar y explorar nuestra vida. Por lo tanto, me parece muy acertado el uso de la palabra descubrimiento, para transmitir todo lo que el maestro halló.
>
> —Katsumi Mamine

Hay muchas formas de empezar a practicar katsugen undo. Yo te he dejado la ilustración n.º 4, pero es solo una imagen. El katsugen carece de intelectualidad. Es solo vivencia. Es sentir con mayúsculas.

Noguchi inventó varios ejercicios respiratorios para que la CVP exprese su movimiento espontáneo. Suelen ser muy útiles, sobre todo al principio, pero no son imprescindibles. Hay otras maneras que te mostraré más adelante y otras que tú mismo podrás inventar. El katsugen irá apareciendo poco a poco por sí mismo y podrás realizarlo en cualquier momento y en cualquier lugar, sin preparación alguna.

El katsugen es algo que se le puede enseñar a cualquiera, excepto a los bebés, porque ellos viven en permanente katsugen. Por lo tanto, vamos a regresar en lo posible al origen de la vida, para que el katsugen se manifieste espontáneamente de forma natural.

Yo te voy a proporcionar los ejercicios preparatorios que ideó Noguchi, pero no los relaciones con una actividad física o gimnástica.

> Katsugen es la expresión máxima del *no hacer*, del *no analizar*. Es vivir y sentir.

Estos ejercicios o gestos que te describiré a continuación, tienen en común tres cosas:

- Provocamos una tensión máxima para alcanzar la mayor distensión posible. A través de la tensión recuperamos la relajación. Para hacer que la flecha llegue al destino, es necesario tensar mucho la *cuerda del arco*.
- Con tensar, me refiero a tensar de forma agradable. Jamás forzar, ni luchar contra uno mismo. La clave en katsugen es disfrutar. La tensión debe ceñirse al lugar ejercitado y no al resto, por lo que la cara estará relajada, en especial el entrecejo y la mandíbula.
- Recuperamos una respiración pectoventral lo más amplia y profunda posible.

Para empezar, colócate en *seiza*. Si no puedes, ponte de rodillas sin apoyar el culo en los talones y si lo prefieres, ponte de pie. No es recomendable estar sentado con las piernas cruzadas. ¿Preparados?

¡Vamos a ello! Ya sabes que puedes encontrar todo esto en el canal de YouTube y en el sitio web www.bioseitai.com

Gesto 1: vaciado del ki residual en el plexo solar

Coloca con suavidad las yemas de los dedos en la boca del estómago, como en la ilustración n.º 5 que puedes encontrar en el cuadernillo de las ilustraciones. Las palmas colócalas planas y relajadas, cubriendo las costillas. En concreto, sitúate en ese triangulito que aparece al final del esternón y donde comienzan las costillas flotantes. Procura que las axilas estén flojas y abiertas. Unas axilas cerradas encierran tacañería. Mira cómo comen las personas refinadas, con los codos pegados al cuerpo. Este ejercicio es generoso en soltar, por lo que requiere racanería cero. Ahora verás por qué. Inspira con naturalidad por las fosas nasales abriendo bien el pecho. Seguramente el torso se inclinará hacia atrás y arrastrará a la cabeza. Al exhalar, lo harás por la boca bien abierta. Mientras espiras, deja caer el cuerpo hacia delante. La cabeza relajada. Los dedos, en especial la yema del dedo central, se irán clavando en el plexo solar. Tú no eres el que hunde los dedos, sino que será el peso de tu cuerpo sobre las yemas, lo que provocará que los dedos, poco a poco entren en esa zona. Todo esto se hará de manera agradable, como si fueras un cachorro. Vaciamos, vaciamos. Cuando hemos expulsado todo el aire, soltamos. Nos relajamos totalmente y respiramos con naturalidad. Si la inspiración nos incorpora, mejor, pero si no es así, no pasa nada por quedar unos segundos relajados.

Lo más importante de este ejercicio es la inhalación que sobreviene de forma espontánea, cuando terminamos de exhalar. Es una inhalación profunda que invade todo el ser. Este ejercicio responde a un algo cotidiano que se va agudizando en la gente mayor: el suspiro. Es increíble el servicio natural que ofrece al conjunto de nuestro organismo, un simple suspiro. Este gesto, lo puedes repetir las veces que quieras. Yo, y esto es personal, diría que no menos de seis, ocho, pero, como en todo, seguirás tu propio ritmo, siempre disfrutando.

Este ejercicio sirve para expulsar el ki *residual* que se acumula en esa zona del plexo solar. Sus efectos son inmediatos. Es mi favorito, y enseguida percibo mi cuerpo como algo mórbido, como una seda que se ha dejado caer desde el techo y se ha depositado suavemente en el suelo. Es una forma de estar muy particular. Es estar, pero sin sentir el peso de la existencia. Ya sabes que el plexo solar es un centro donde confluye una gran cantidad de nervios. Está muy relacionado con el corazón, porque esta densa red nerviosa rodea la arteria aorta. Es una zona muy sensible a la respiración de mala calidad, a los problemas y a los impactos. El plexo solar o celiaco, como prefieras, tiende a agarrotarse porque es muy receptivo y enseguida percibe el estado general de tu organismo. Por eso, este ejercicio es una joya.

Repitiendo este gesto unas cuantas veces, de manera sencilla, esa zona que tiende al bloqueo, se va reblandeciendo. Es importantísimo para la vida cotidiana que el plexo solar no se endurezca. Y curiosamente, la mayoría de las personas que viven en *sociedades modernas* lo tiene agarrotado o demasiado rígido. Para que te hagas una idea de lo que representa este lugar en tu conjunto, simplemente decirte que esa zona conoce el momento de tu muerte con anterioridad a que suceda. Lo descubrió Noguchi. Observó cómo en el plexo solar aparece invariablemente un granito, una semilla dura. No te toquetees, porque no es fácil encontrarlo. Eso es cosa de genios como era Noguchi. Esa dureza anuncia que la muerte sobrevendrá en tres días. Tú ocúpate de mantener ese lugar blandito y alejarás esa visita tan poco deseada.

Noguchi nos ofreció una referencia sobre el estado de un individuo observando tres puntos: el del plexo del que estamos hablando, otro en el bajo vientre, en concreto un par de dedos por debajo del ombligo, y otro equidistante, en el centro, entre el plexo y el tándem. El plexo debe estar blando y el hara, o tándem, lleno. El segundo punto queda en medio y debe sentirse con una resistencia intermedia, ni lleno, ni vacío, más bien neutro. Por regla general, hay mucha vibración y palpitación.

Haz tus propias comprobaciones y siente el estado de cada uno de esos lugares. Nuestra forma de vida, propicia lo contrario. Es frecuente encontrar plexos endurecidos, haras *blandurris* y fofos y segundos puntos arrítmicos. Tener un plexo solar flexible es de gran trascendencia. Ahora es tu herramienta sencilla y valiosa. El baño del trabajo es un buen lugar para expulsar tu ki contaminado y renovarlo por uno nuevo. Siempre será mejor sacar la basura y depositarla en el cubo, que dejarla dentro. Mejor respirar naturalmente que enganchar por la corbata a nadie

Es muy probable que aparezcan bostezos. Sentirás cómo despejan tu cabeza más que una buena colleja. Yo nunca he logrado eso de la mente en blanco y si, me lo han pedido, menos aún. Sin embargo con este ejercicio la mente se lubrica, se esponja, se flexibiliza y los pensamientos van y vienen sin perturbar. Sin platearte una mente blanco nuclear, el resultado es que se da un estado despejado de *nubarrones eléctricos*.

Gesto 2: alternar giros de la CVP a izquierda y derecha

Giramos la cintura y con ella la cabeza y los hombros, como si quisiéramos mirar lo que tenemos detrás. Puedes observar todo esto en la ilustración n.º 6. En el momento de máxima tensión, cuando notamos que el ejercicio repercute en el lado de la cadera opuesto al movimiento, soltamos de golpe. Hacemos lo mismo en el otro sentido. Será suficiente con realizarlo unas diez veces para cada lado. Cada vez que torcemos, lo acompañamos con una exhalación por la boca; por lo tanto, antes de reiniciar el giro hacia el lado opuesto, siempre inspiramos. La velocidad la marcas tú. Hay a quien le gusta realizar los giros de forma muy dinámica y hay quien prefiere lentamente.

Este ejercicio provoca en la CVP un retorcimiento que le proporciona flexibilidad. Está muy relacionado con la lumbar 3, por lo que todo tu estado defensivo sobreexcitado, tenderá a desaparecer.

Gesto 3: subir los hombros separando las primeras vértebras dorsales

Este ejercicio sirve para separar las primeras vértebras dorsales relacionadas con la capacidad de pensar y de actuar. Al ejercer esa sacudida que proporciona el ejercicio, enseguida sentirás que la mente se relaja de una forma efectiva y con ella todo tu ser.

Como en la ilustración n.º 7, se trata de, inspirando, elevar los hombros como si quisieras tocar las orejas. Cuando has llegado al máximo, exhalando lleva los hombros hacia atrás, dibujando un círculo. Abre bien el pecho, siente como si los omóplatos quisieran juntarse y no dejes de espirar por la boca. Este acto de exhalar tiene que ser generoso, como en todos estos ejercicios. La boca está bien abierta y soltando con placer, incluso con ruido. Cuando estés seguro de haber vaciado por completo, sueltas. ¡Plaf! Como un látigo, como un arco. Deja el cuerpo en un estado mórbido. Repetir varias veces.

Gesto 4: sacudir el bulbo raquídeo

Este gesto es el que va a desatar el movimiento espontáneo. Con él te adentrarás de pleno en el katsugen undo. Coloca los pulgares en el interior de los puños. No aprietes. Adopta la actitud de un bebé que duerme plácidamente. Levanta los brazos. Inspira y, exhalando, lleva los codos hacia atrás, sin bajarlos. Sentirás cómo el cuello y la nuca se tensan. Al final de la exhalación, suelta. Puedes mirar la ilustración n.º 8.

Este ejercicio es otro tesoro. Al abrir el pecho, facilitamos la relajación de la glándula timo. Alrededor de esta glándula se ha generado mucha literatura, porque se le atribuyen muchas funciones y propiedades. Hay quien la ha llamado la *glándula de la felicidad*. Incluso se le otorga el *status* de sede de un chakra. La ciencia la considera como un lugar fundamental para la vitalidad del ser humano durante su crecimiento. En la edad adulta se atrofia y se reduce considerablemente. Cuando somos niños, pesa unos treinta y tantos gramos, y en la edad adulta se queda en diez gramos. La glándula está muy relacionada con el sistema inmunológico, y hay estudios que la relacionan con la prevención del cáncer. Es una glándula vinculada a las glándulas mamarias, por lo que esto explicaría por qué la leche materna es insustituible durante la lactancia del bebé. Si está activa, evita que el organismo envejezca, pero está debilitada en un 95 % de la humanidad.

Además de influir en la glándula timo, este gesto sirve para estimular la zona occipital, la médula espinal y en especial el bulbo raquídeo. Su ejecución supone una auténtica sacudida para el bulbo raquídeo o médula oblonga.

Es muy importante para facilitar que el movimiento espontáneo aparezca, porque está íntimamente relacionado con el pulso cardiaco y con las funciones respiratorias. Se repite varias veces. Con tres o cuatro, será suficiente.

Terminados estos gestos, abandónate al katsugen undo. Deja el cuerpo mórbido, la cabeza relajada. Si quieres, en un primer momento, entrégate a un dulce vaivén.

Promuévelo. Mécete y permite que ese balanceo suave vaya conectando poco a poco con el movimiento vital. No te fuerces a nada. Simplemente observa. Disfruta. Si piensas, muy bien. No le des importancia. Los pensamientos irán coordinándose de manera natural con el resto de tu CVP a medida que el katsugen realice su trabajo.

No se trata de hacer nada aparatoso. No se trata de hacer florituras. Si logras entrar en el automatismo de un solo vaivén, estará bien para empezar. Como el segundero de un reloj de pared. Movimientos grandes o pequeños, da igual. Lo importante son los acontecimientos que se producen en tu interior. Tú no haces, la vida hace.

Tú no respiras, la vida te respira. La vida respira a través de ti. Tú y la vida, disfrutando de una tonificante y espumosa sesión de katsugen undo.

Yo me retiro. Disfruta...

Antes de soltar la anilla, ¿por qué realizar estos ejercicios preliminares?

Tener el no camino como camino y la no limitación como limitación.

—Bruce Lee

Estos ejercicios tan sencillos no son invento de cualquiera. Fueron creados por Haruchika Noguchi, un sabio entre los sabios.

Él supo conectar con la vida que late dentro de cada ser vivo, y si especificó y sintetizó la preparación al katsugen undo de esta manera, sus razones tendría. Me gustaría añadir algunas explicaciones más a las ya expuestas.

Estos ejercicios proporcionan una manera sencillísima de reconectar con la tan vapuleada respiración pectoventral. El mero hecho de tener la oportunidad de disfrutar de unas respiraciones semejantes ya es un gran logro. En concreto, el primer ejercicio es quizá el más particular en este sentido. Al expulsar de forma concienzuda todo el ki residual o *zyaki*, como dicen los japoneses, nos entran ganas de bostezar naturalmente.

Esos bostezos no tienen nada que ver con las normas de educación. Surgirán con la bocaza abierta y muchas veces serán ruidosos. Eso es ya una manifestación de katsugen en estado puro. Jamás reprimas esos bostezos. Son jalea real. Con ellos estás dejando escapar muchos malos rollos. En cada bostezo te estarás despidiendo de un poso psíquico revenido. Son como un masaje directo a tu cerebro, a tu cuello, a tu cara... Tus neuronas saltan de alegría.

También es frecuente lagrimear, y con menos frecuencia, pero ocurre también, salen estornudos e incluso eructos. Aquí estamos hablando de vida, no de protocolo. Sea o no sea correcto en la vida social, todas estas manifestaciones espontáneas resultan súper agradables. No es que la cultura Seitai promueva que seas un asocial, porque en tu vida cotidiana seguirás comportándote según tus reglas. Esto surge durante la práctica y se circunscribe a ella. Ese lugar es sagrado e íntimo. Es un espacio de libertad donde lo espontáneo que surge de forma natural del organismo, se manifiesta. Si no practicas solo y lo haces con otros, ellos comprenderán. No les molestarán, como ellos no te molestarán a ti. Los estornudos, los bostezos, lagrimeos, etc., son la esencia, la gota de perfume que encierra un principio activo valiosísimo que se llama recuperación. ¿Y qué recuperas? A ti mismo. Casi nada, ¿eh?

Por otra parte, todos estos ejercicios estiran la columna, la flexibilizan. Al someterla a esas tensiones seguidas de relajaciones inmediatas, la columna adquiere ductilidad.

Y eso no es baladí: la vida es un vaivén que fluye entre la tensión y la relajación. Esta capacidad de contraer y destensar es imprescindible para que la vida viva.

Los ejercicios preliminares, como su enunciado indica, anteceden a la práctica. En ningún caso son la práctica. Cuando estás en katsugen, todo ejercicio, técnica, referencia, etc., carecen de sentido. Y apuesto doble contra sencillo, a que aún no te has dado cuenta de una cosa muy, muy importante. Por eso estos ejercicios son radicalmente diferentes a cualquier otra actividad que realices en tu vida cotidiana.

Normalmente la inhalación provoca tensión y la exhalación, relajación. Puedes probar intentando levantar algo pesado, por ejemplo el sofá. Ahora aguanta. No lo sueltes.

Quédate ahí. También puedes elegir sujetar algo de tipo mental o emocional, como por la angustia que puede provocar no pagar varios recibos de la hipoteca y tener en la mano una orden de desahucio. En ambos casos obsérvate. ¿Cómo va la cosa? Fíjate en el último tramo de todos los acontecimientos que se están desarrollando en ti. ¿Cuál es ese último eslabón que está soportando toda la presión? La respiración. ¿Y cómo está?

Exacto. Has inhalado y retienes ahí arriba. Tensión, tensión. Inhalación, inhalación. Te toca la lotería y pagas. Viene el de la mudanza y se lleva él solito el sofá.

Sueltas. ¿Qué pasa? Relax total. Cuando te liberas, exhalas.

Y, ¿me puedes decir qué hemos hecho en estos cuatro ejercicios introductorios? ¿Aún no te has dado cuenta? Pues que estos ejercicios son *anormales*. En todos ellos hemos exhalado mientras ejercíamos la tensión y hemos inhalado en el momento de la relajación. Al revés de lo que es común en la vida cotidiana. De eso se trata, de provocar algo *anormal*, en especial en el último ejercicio. En él se involucraba al bulbo raquídeo, lugar donde se encuentra el centro de control de lo voluntario y de lo involuntario. Al realizar esta pequeña *anormalidad* de concentrar la fuerza en la nuca justo antes de soltar, nace la necesidad de renovar la compensación entre lo voluntario y lo involuntario. Después de la tensión se produce la relajación y con ella, un pequeño titubeo. Eso es lo que aprovechamos para «despistar» a nuestra voluntad y para que, en vez de seguir rigiendo, se abandone y permita que la vida se exprese a través del movimiento que surge de la CVP. Cultivamos ese instante para entrar en la práctica.

Nos entregamos a esa sacudida, justo cuando nuestra parte intelectual y analítica se hermanan. Lo primitivo y lo espontáneo están totalmente vinculados a la fuerza de la vida. Diálogo. Ya no manda nadie. Voluntad y espontaneidad actúan juntas. Las cinco dimensiones se reajustan durante la práctica, con el fin de expresar el deseo, la energía y la fuerza de la vida. No hay que hacer nada más. Simplemente ir siguiendo, ir siguiendo.

Ya estás preparado para no poner límites a tu existencia y fluir con la agradable e incomparable práctica del katsugen undo.

Ahora pilotas tú el velero, sin asistencia. ¿Por qué el katsugen undo es diferente?

> Todo lo que Noguchi dice es grande
> y va conectando con tu vida.
>
> —Katsumi Mamine

Hay muchas actividades que aúnan cuerpo y mente y que ahondan en la respiración: yoga, taichí, chikung... Otras se basan en el movimiento libre, como, por ejemplo, la biodanza, que es un sistema de auto desarrollo que utiliza los sentimientos provocados por la música. A través del movimiento, profundiza en la conciencia de uno mismo. La antigimnasia propone reencontrar el equilibrio perdido a través de pequeños movimientos muy precisos, sin forzar. Apela a la movilización de todos los músculos del cuerpo, despertando zonas musculares que están en desuso. El método Feldenkrais utiliza también el movimiento con el fin de crear nuevas conexiones neuronales que cambien los patrones del movimiento por otros más eficientes. Los derviches sufíes danzan girando para apartarse del individualismo y fundirse en el todo.

Existen numerosos ejemplos, pero me gustaría marcar claramente las diferencias que existen entre el katsugen undo y las demás disciplinas. No es por someterlo a un valor de mejor ni peor, pero el katsugen es un hallazgo único, incomparable y genuino.

> La práctica del katsugen undo es una necesidad vital. No es una actividad complementaria que eliges porque te hace sentir bien, sino que es una actividad que la vida precisa. El katsugen no es un ejercicio de diseño humano, como todo lo demás. Es una actividad natural y espontánea que la vida realiza para recuperar la salud. Es una cualidad de nuestro cuerpo, de nuestro organismo en su conjunto, para autorregularse.

El katsugen undo no es una actividad exclusivamente física. Por supuesto que moviliza músculos, vértebras, tendones, fibras, etc. Pero no solo eso. Es una manera de mantener *en forma* tu actividad energética, orgánica, celular, fisiológica. El katsugen coordina todo lo que está dotado de movimiento dentro de ti y lo que se mueve, no es solo físico y tangible. También estamos hechos de espacios intangibles. El ki necesita movimiento, tanto o más que tus bíceps. Tu psique necesita mover, tensar y destensar, recuperando su espacio sin encogimientos.

La vida requiere movimiento, fluidez y coordinación, por lo que el katsugen suma y no resta. El katsugen es una actividad integradora, no excluyente. Si buceas, practica katsugen. Si piensas, practica katsugen. Si vas al gimnasio a levantar pesas, practica katsugen. Si eres docente, empresario, actor, periodista... Bueno, en este caso practica el doble que los demás.

HAGAS LO QUE HAGAS, PRACTICA KATSUGEN UNDO

¿Acaso dejarías de respirar porque has descubierto lo bien que le va a tu vida una sesión de spa? Si vas al spa, practica katsugen. Si haces yoga, practica. Si meditas...

¿Dejarías de ducharte porque has descubierto el macramé? Si haces macramé, practica katsugen. Si haces taichí, si vas a iniciar un negocio, si estudias, si tienes una cita... Tu organismo requiere unidad y coordinación consigo mismo y con el entorno para permitir que la vida se exprese. En Seitai, la idea de movimiento se relaciona con la experiencia vital de habitar en el movimiento global.

Las prácticas de Seitai están intensamente relacionadas con la vida y con los movimientos que la hacen vivir.

Mover órganos, intervenir en la circulación sanguínea, en las fascias, descongestionar arterias, no son algo que se pueda realizar dando órdenes cerebrales. Mover psiques, mover centros energéticos. Solo el katsugen movilizará esas zonas. Solo el katsugen undo coordinará todos esos movimientos sinfónicos. No podrás hacerlo de otra manera. Esto *te lo firmo ahora mismo*.

> El katsugen undo no es una técnica, ni recomienda ejercicios precisos, porque solo hay un «ejercicio» válido: el que requiere tu organismo único, en cada momento único.

Cada individuo tiene su movimiento preciso particular relacionado con la esencia que lo acompañará durante toda la existencia y un movimiento puntual, cambiante, relacionado con los avatares de la vida como son las mareas, si se ha dormido bien o no, si se tiene hambre, si se ha discutido con la pareja, etc. No intentes meterte en berenjenales de comprender. Tu vida sabe lo que hay que hacer. Déjala actuar. Observa cómo lo hace. Es apasionante. Vas a alucinar contigo mismo. Si ponemos a varios individuos a hacer algo sencillo, como por ejemplo subir los brazos, cada uno presentará su particular y exclusiva manera de manifestarse.

El katsugen no se puede ni imitar, ni copiar. No se hace ni bien, ni mal. Ni es libre, ni cautivo. Es. Surge. Se hace. Se vive. Se observa. Para eso es importante sentir que el movimiento nace de la CVP y arrastra a las extremidades. No al revés. Los miembros también se mueven, pero esa dinámica está originada en la CVP. Cuando practicas katsugen undo sientes cómo tu cráneo restablece comunicación con la cadera. ¡Por fin se ven, saben de la existencia el uno de la otra y encima se gustan!

La CVP es una entidad segmentada, pero al mismo tiempo interrelacionada. Cuando el organismo se descoordina y empieza el *sálvese quien pueda*, es cuando comienzan los problemas. El malestar nos invade. La salud se resiente. El katsugen es fundamental para anticiparte al hecho catastrófico de que cada función empiece a ir por su lado, barriendo para sí de forma egoísta. El katsugen no busca ni la paz interior, ni la mente suprema, ni la conciencia superior, ni la iluminación.

La primera vez que me acerqué al katsugen lo hice así, esperando a que el movimiento espontáneo me sobreviniera. Y me sobrevino.

Yo flipé. No creas que me surgió en el espacio donde se había impartido el curso durante el fin de semana, sino en mi casa, al día siguiente, cuando estaba sola. Allí no había nadie a mi alrededor que pudiera ejercer influencia alguna. Lo recuerdo perfectamente. Estaba sentada en el suelo viendo un vídeo que me había dejado la persona que había amenizado el curso en Madrid durante el fin de semana. En las imágenes se veía al profesor esquiando en Suiza. Luego se le veía cenando con unos amigos y de repente, por corte, entraba una sesión de katsugen. Yo solo estaba mirando. Ese día me había levantado con una tortícolis considerable que atribuía a que debía haber hecho algo mal durante el curso y estaba tiesa. De repente, y sin saber cómo, toda mi CVP empezó a girar, en especial el cuello. ¡Parecía la niña de *El exorcista*! Mi cuello giraba de un lado a otro sin esfuerzo alguno. ¿Cómo era posible? Me había pasado el día hecha un bloque, como un robot de los años 60, y sin embargo esa rigidez había desaparecido y daba paso a una fluidez y a una velocidad con las que yo misma me quedaba deslumbrada.

Todo eso se hacía, porque yo no hacía nada. En cambio, no me sentía fuera de mí, ni fuera de control, ni ajena a los acontecimientos. Al contrario. Esa que parecía poseída por una fuerza del averno, era más yo que nunca. Aquel movimiento me resultaba totalmente agradable y sentía que mi cuerpo quería hacer aquello desde hacía mucho tiempo. Estuve así un par de horas, quizá más. Yo podía pararlo si quería claro, pero no quería. Esa noche dormí como un bebé y me levanté ligera, con la mente despejada. Me sentía en un estado de plenitud natural, sin artificios ni alharacas. Sencillamente me sentía, por decirlo de alguna manera, en mi eje.

A partir de aquel día ha ocurrido una constante en mi vida. Cuando me encuentro a alguien que hace años que no veo, todo el mundo coincide en hacerme un comentario: «No sé qué es, pero te veo realmente bien. Hay algo en ti que no es frecuente ver». ¿Y sabes qué es ese algo? La vida burbujeando. Vigor. La vida que habita en mí se siente atendida y ella me devuelve más de lo que yo le doy a ella.

Esto no quiere decir que yo sea Superwoman con superpoderes. Estoy expuesta a los avatares de la vida igual que lo estás tú, pero hay algo diferente. Mi espontáneo está afinado y eso me hace aceptar y enfrentar los vaivenes de una manera diferente. Vivo sin miedo, confío en la vida y sé que dispongo de una herramienta de la que tiro cuando me siento superada. Mi respiración pectoventral me acompaña siempre y si me aparto, sé que al practicar katsugen, me reencontraré con ella.

A veces me sorprendo actuando en pleno espontáneo. Estoy cocinando. Voy a coger un tarrito de especias de la estantería. Como están muy juntos, empiezan a caerse un montón de cosas. No sé cómo, pero en un microsegundo he sido capaz de parar todo ese caos como si fuera un karateka entrenado. ¿Cómo? Ni idea, pero es cuando siento que dentro hay algo lubricado, alerta, despierto, vivo. Existe una vibración.

Una vez más, lo intangible. Lo que no se ve, pero se siente. Esto te da un rollito personal, que ni te imaginas. El bótox no podrá sustituir jamás a la respiración pectoventral.

Las arrugas son también movimiento. Lo otro son espejismos y torturas infructuosas. Por mucho que luches, un día tendrás que despedirte de este mundo.

Por lo tanto, ¿no será mejor ir a favor, en lugar de remar a contracorriente?

Ahora que vuelas, ¿quieres probar el globo y el paracaídas? Otras maneras de comenzar el katsugen

> La forma única que toma cada ser humano proviene de algo que no tiene forma. Eso que no tiene apariencia es la enorme fuerza de la vida. No somos una forma, ni siquiera la adoptamos. Lo que realmente somos es esa fuerza vital que nos nace de dentro y nos hace vivir.
>
> Cuando practicamos katsugen o yuki, estamos conectando con esa fuerza creadora. Es una buena oportunidad de observar la potencia, gracias a la cual estamos vivos.
>
> —Katsumi Mamine

Lo más bonito del katsugen es saber que dispones de un espacio y un tiempo propios.

Tú a solas con tu forma y con lo que forma tu forma... Durante tu práctica conectas con la fuerza de la vida que te ha creado y te mantiene vivo.

Esto tan básico y tan obvio se nos ha olvidado. *Cumplimos* con miles de obligaciones y, sin embargo, la de atendernos a nosotros mismos, no está en la lista. Atendemos a la alimentación, hacemos ejercicio, pero desatendemos por completa a la respiración espontánea. Es frecuente escuchar: «No tengo tiempo».

> Pero el tiempo más precioso y fructífero será el que saques para coordinar el organismo y con él la vida que quiere vivir.

No importa la cantidad sino la calidad del descanso. Cuando la calidad del sueño es mala, da igual las horas que se dediquen. La TPE, la tensión parcial excesiva, se nos instala como una garrapata, y hagamos lo que hagamos, nada la apaciguará, excepto el katsugen undo y el yuki.

El katsugen será tu Kit Kat. Puedes incorporar rituales si lo prefieres, pero dialogar con la vida no requiere de grandes cosas, ni de inciensos, ni de velas. Se trata de estar a gusto, de conectar con la CVP, de disfrutar de sus vaivenes, de observar cómo la respiración pectoventral aparece y de cómo el conjunto sintoniza. Hay veces en que la música te acompañará. Otras, te sobrará. Unas querrás estar solo, otras en compañía. ¡Es verdad!, aún no te he dicho que puedes practicar el katsugen undo mutuo.

Practicar en grupo es muy agradable porque es una oportunidad de intercambiar el ki y el movimiento se contagia de una persona a otra. Es algo que podrás experimentar y te sorprenderá. Es increíble cuando la comunicación entre los organismos encaja y empiezan a tocar una partitura a dúo. Dos respiraciones que de repente se convierten en una...

Como Noguchi descubrió algo muy fresco y novedoso, no existían términos con los que definirlo, por lo que se dedicó a buscar la forma de expresarlo. Ya te comenté que en esa época estaba muy de moda el psicoanálisis de Freud, por lo que él utilizó las expresiones *involuntario* y *sistema motor extrapiramidal* para intentar comunicar. De hecho, en Europa, la mayor parte de las personas que trasmiten el katsugen siguen usando esos términos. Esto provoca que, sobre todo al principio, muchos practicantes, al escuchar involuntario, consideren que el movimiento que tiene que surgir viene de algo ajeno, e incluso que pueden entrar en algo incontrolable.

Involuntario quiere decir que la voluntad no lo puede controlar. Entonces entra miedo, lógicamente. Pero el katsugen realmente no es involuntario. Es un diálogo entre lo consciente y lo no consciente celular, como todo en la vida. Pocas cosas pertenecen a la más pura consciencia o a la más pura inconsciencia. Por ejemplo, caminar es un acto cotidiano en el que participan la voluntad y la no voluntad. Si dices «Voy a dar un paseo», lo haces de manera consciente, pero luego no vas marcando izquierda, derecha, como en la conga. El andar se hace solo, de forma automática, sin más, y nadie se asusta por ello. Cuando se aprende a conducir, estar repleto de lo voluntario es catastrófico. Solo fluirá cuando la acción se vuelve espontánea, combinando lo voluntario y lo no consciente.

El katsugen está vinculado a la actividad de la vida, por lo que conecta con el gusto de seguir el automatismo que va surgiendo de la CVP y aprovecha la inercia para contactar con la perspectiva involuntaria. Para ello es necesario contar con la voluntad de seguir y seguir ese proceso en el que la CVP va a hablar. Así es como el diálogo entre el yo voluntario consciente y el yo involuntario no consciente celular, van recuperando su combinación natural. Llega un momento en que el movimiento de la CVP y su propia inercia empiezan a inventar algo muy orientado, muy certero. Incluso se puede empezar a sentir alguna molestia, pero es eso precisamente lo que se está encaminando a la recuperación.

Noguchi decía que esta autonomía es la que lleva a la columna a erguirse.

Tenemos la tendencia a estar fuera de nosotros mismos, ignorando el movimiento, a pesar de ser una expresión genuina que habla de nosotros más de lo que queremos comunicar con la boca. Nosotros mentimos mucho, pero nuestro cuerpo no miente nunca. La postura de cada uno es la foto fija del movimiento vital y de todo lo que pasa en el interior.

Cuando logramos sentirnos a gusto en la práctica es cuando empezamos a recuperar el movimiento espontáneo, y con él, la percepción de que no es solo una expresión física, sino que implica a la globalidad del ser. El katsugen va compensando lo que cada persona tiene descompensado. Por nosotros mismos, sin ayuda de nadie, ampliamos nuestra propia capacidad de vivir. Relegarlo exclusivamente a lo involuntario es un error.

Para que el movimiento se vuelva espontáneo y automático, no hay que esperar a que pase el tiempo. Hay pescados congelados a –5°, a –10°, a –50°, pero finalmente todos saldrán del bloqueo. Antes o después, el movimiento espontáneo aparecerá y realizará su proceso de *deshielo*. Pero el pescado que empieza a practicar katsugen no tiene que esperar tieso a que llegue ese momento. Siempre queda un poco de espacio dentro del lingote de hielo para poder moverse, por lo que permitir un vaivén conectará desde el principio. Diálogo entre voluntario y no voluntario. Al final, sea como sea, tu práctica se hará fluida y agradable…

Algunas personas han podido sentir que esto no es para ellas.

¿Cómo el movimiento espontáneo de la vida no va a ser para ellas? El katsugen pertenece a la vida, no a las cosas inanimadas. Quién empiece a hablar, da igual. Lo importante es que el diálogo sea fluido, ameno y entretenido. Cuando dos personas charlan a gusto, no se plantean quién lo hizo primero, ni quién dice más palabras. Lo importante es que se entiendan.

Te estás preguntando que si esto tan valioso, lo puedes llevar contigo adonde sea. Pues sí, a todas partes. Habrá momentos en los que no tendrás tiempo para preparar parafernalias. ¿Te imaginas en el trabajo sacar una colchoneta, tirarte en el suelo y empezar a expulsar el ki residual? Pues no. Estas prácticas son serias y no cosa de exhibicionistas. Hay un tipo de katsugen, que yo me he permitido llamar *katsugen express*, que puedes hacer en cualquier lugar.

Cuando las cosas se ponen *feas*, te vas al baño y como los perros cuando salen del mar, pegas una sacudida. Luego vuelves, dices lo que le tengas que decir a tu compañero, pero con la coordinación orgánica a tono.

¿Te acuerdas de eso que nos decían de pequeños de contar hasta diez? Ya no será la situación la que pueda contigo, sino que serás tú quien podrá con la situación.

Hasta ahora te he hablado de la importancia del movimiento y de que la CVP, al igual que los miembros, tiene una estructura, pero no te he explicado por qué. La práctica del katsugen undo no requiere de conocimientos. Pero gracias al esmerado estudio de Katsumi Mamine, ahora además, se pueden hacer comprobaciones empíricas de por qué la estructura del movimiento se manifiesta durante la práctica. También, a partir de esta ordenación, cualquiera puede empezar a practicar katsugen desde el minuto uno, familiarizándose con los vaivenes, incluso antes de que se empiece a manifestar automáticamente. ¿Probamos?

En el vagón de cola se están distribuyendo prismáticos para el avistamiento de aves. Observación de los cinco movimientos en la CVP

> Algunos conceptos filosóficos hablan del infinito y del alma como algo sobrenatural. Que digan lo que quieran. Yo lo que digo es que esto de ir hacia el infinito, esto de ir hacia la eternidad, es algo que ya lo hacen las células.
>
> —Katsumi Mamine

Observar. Conocer los cinco movimientos, no como concepto, sino como vivencia. Para ello es útil apartar la idea de que la cabeza rige el tronco. Te estoy hablando de la cabeza, que pertenece a la CVP y que habita en coordinación con todos los componentes que dan la forma a eso que eres, pero que en realidad no tiene forma.

Las comprobaciones sobre la existencia de la estructura del movimiento las puede realizar cualquiera, incluso se le pueden proponer a los ancianos que poco a poco han ido viendo cómo su movilidad se reduce, o a los niños, que son un bullir de actividad. Para ellos será un juego coordinar su CVP, y ese juego lúdico les aportará una herramienta maravillosa para su vida futura. Antes de meternos de lleno en la práctica, te propongo unos *ejercicios comprobatorios experimentales* muy muy sencillos. Ya verás. Te pido que te pongas de pie.

↕ Movimiento vertical:

Sube la cabeza (ilustración n.º 9). Todo lo que puedas. Observa cómo al subir la cabeza, toda tu CVP sube, incluido el extremo del coxis. También participarán las puntas de los dedos de los pies, porque si subes la cabeza, finalmente te pondrás de puntillas. El movimiento vertical también conecta con la punta de los dedos de las manos. Todo esto está muy relacionado con la psique intelectual, reflexiva. Cuando la cabeza despega, se activa la IV que crea las ideas. Es increíble comprobar cómo si subes la cabeza, toda la CVP, incluidos los miembros, participa. Nada de esto ocurrirá si subes solo los hombros. Podrás subirlos, pero el resto ni se inmutará.

¿Y qué ocurre si te centras en la cara y en la cabeza? Los ojos suben. Tienden a subir y a mirar lejos. Lo mismo que la cara y la cabeza que suben. Vertical es planificar, mirar lejos. Lo cercano, da igual. Solo con adquirir esta postura centrando la atención en la cabeza hacia arriba, todo el interior cambia, la psique cambia y muchas zonas internas que no ves a simple vista, están siendo movilizadas por este movimiento vertical.

Las personas que tienen una cabeza espigada y en las que se puede observar como si todo en ellas subiera, seguro que tienden a pensar y a analizar. Las cosas del suelo les interesarán bien poco. Con la práctica del katsugen toda esta dinámica entrará en coordinación con el resto y no tenderá a ir tanto por libre.

Movimiento frontal:

Ahora, en lugar de subir la cabeza, adelántala (ilustración n.º 10). ¿Lo ves? La CVP no se inmuta. Entonces prueba a adelantar los hombros. Así, a tope. ¿Qué pasa? Tú mismo lo estás comprobando. Automáticamente, toda la CVP, incluida la cabeza del fémur, avanza. Si sigues llevando los hombros hacia delante, tu sistema locomotor no podrá más y tendrá la necesidad de actuar. ¿Y cómo lo hace? Avanzando.

Si llevas tus hombros hacia delante, tus piernas empezarán a caminar, porque te verás obligado a dar pasos. ¿Y si observas tu cara o tu cabeza?

¿Hacia dónde se proyectan? Delante, ¿verdad? La nariz es lo que más resalta, porque siempre quiere ir hacia delante.

El pecho sobresale del tórax. Actuar. Ir hacia delante. Combustión. Musculatura. Psique pragmática. Cuando los hombros se desplazan hacia delante, se activa la IV que crea la acción.

Toda esta implicación se da simplemente adelantando los hombros. No muevas nada más; sin embargo, al final todo se sentirá implicado y arrastrado por el movimiento frontal. Por lo tanto, queda claro que la cabeza y los hombros juegan un papel muy diferente en el conjunto de la CVP.

Prueba a adelantar otra parte. Haz tus propias comprobaciones sin problemas. Por ejemplo, avanza tu cadera. No solo no avanzarás, sino que toda tu CVP quedará retenida y se irá hacia atrás. Nadie avanza de cadera, sino que lo hará de hombros. Lo mismo ocurre con tu cara.

Cuando avanzas los hombros, inmediatamente los ojos miran lejos y de frente. Tendrán fijeza. No miran hacia los lados, dispersos. Eso no le interesa a este movimiento. ¡Ya ni hablar de mirar hacia atrás! Es importante que todo esto lo compruebes por ti mismo. ¿Alguien te había hablado de ello anteriormente? Pues todo esto tan sencillo, está realmente vinculado a tu vida y a cómo la vives. Si tienes los hombros cerrados y el pecho hundido, seguramente te costará mucho actuar. Las personas con los hombros poderosos y el pecho abierto, avanzan sin problema, porque nada les detiene. Su psique es pragmática. Hablo de hombros naturales, no de un producto de gimnasio.

Movimiento lateral:

Ahora nos centramos en la parte media. Si quieres antes probar a inclinar lateralmente la cabeza y los hombros, puedes hacerlo. Cuando lo hagas, procura que solo sean ellos los que intervengan (ilustración n.º 11). Si no implicas ninguna zona más, seguramente la CVP no se inmutará. Podrás mover la cabeza, pero la CVP y menos aún los miembros, se sentirán arrastrados. Ahora céntrate en la parte del estómago en relación con el corazón.

Prueba indistintamente con una mano o con la otra, con el fin de sentir mejor el movimiento. Si colocas la mano derecha, que sea a la altura del estómago-corazón. Si es la izquierda, hazlo en relación con el estómago-hígado. Zona media de la CVP. Boca. Circulación sanguínea. Psique emocional. Gusto. Disgusto. Cuando la zona media de tu vientre se ladea de izquierda a derecha, se activa la IV que crea la emotividad y la sociabilidad.

Si ponemos la mano en esta zona y nos movemos lateralmente, al estilo de los cantantes melódicos, toda la CVP se dejará arrastrar de un lado a otro. Cuando esa parte media se moviliza, también la cara y los ojos se verán *contaminados* por el mismo movimiento. Los ojos van de aquí para allá, hacia los lados. Cuando vas de compras, la mirada se te va a los escaparates. No te digo nada si se trata de una pastelería. Irás recorriendo los dulces con una mirada golosa decidiendo con cuál quedarte: «Esa galletita, ay, y ese pastelito, ay, ay, no sé, no sé».

Lateral tiene una indecisión que es impensable en frontal. Pero es que lateral necesita tiempo, charleta. Es un movimiento que asimila cosas y eso es algo que lleva su tiempecito. ¿Recuerdas esa tortura de las madres obligando a los pobres niños a hacer la digestión? Este tipo de movimiento se hace en yoga y en gimnasia, pero se suelen colocar los brazos abiertos en aspa, porque desconocen el movimiento que nace de la CVP. En katsugen este movimiento surge y se hace automático. No hace falta poner las manos en ningún sitio, pero si se hace en el pecho, hay algo que acompaña de una manera muy agradable. Al dejarlo ir, toda la CVP y todos los órganos implicados recuperan la fluidez.

Recuerda que el katsugen no es gimnasia, por lo que cada movimiento que surge está conectado directamente con ciertas funciones fisiológicas, orgánicas, energéticas, psíquicas, celulares, etc.

Movimiento de rotación:

Para descubrir este movimiento prueba a girar la cabeza o los hombros dejando quieto el resto. No muevas la parte de abajo. Tu CVP no se inmutará. Ahora gira la cintura (ilustración n.º 12).

Es sencillo comprobar cómo toda la CVP, incluidas las piernas, participa. También la cabeza se siente arrastrada y seguramente acabará mirando la retaguardia. Los ojos giran, cubriendo el espacio mínimo en el que te sientes seguro en 360º. Al girar, ves lo que te rodea. Las orejas, los oídos, captan e identifican el alrededor. Rotando la cintura, la CVP entera rotará de una manera natural y automática. Es la función de muelle de nuestra columna. Este movimiento te está poniendo en contacto con tu sistema excretor, con todas las funciones eliminatorias que realiza en ti el sudor y también con tus riñones y con la orina. Este movimiento implica a la psique combativa y defensiva. Cuando la cintura se retuerce, se activa la IV que crea la autoprotección y preserva la integridad de lo que es nuestro y de los nuestros.

Es muy sencillo de comprobar todo esto que estoy contando, ¿verdad?

Movimiento central:

Por mucho que hundas la cabeza en tu cuello, jamás podrás implicar al resto en ese movimiento de cerrar. Sin embargo, si llevas la pelvis hacia abajo y hacia adentro, si intentas cerrar las dos crestas iliacas de tu cadera, entonces todo se cerrará. Y si la abres, todo abrirá (ilustración n.º 13).

Es como en los abrazos. Cerrar y abrir. El abrazo está lleno de movimiento central. Cuando se abraza de verdad, con vibración real, este movimiento de cerrar y de abrir surge espontáneamente.

Cuando la cadera se cierra, toda la CVP se ve arrastrada hacia abajo y hacia dentro. Todo participa, incluida la cabeza que se meterá encogiendo la C6 que es lo que le proporciona al cuello esa apariencia de tortuga que desaparece en su caparazón.

Ahora que te estás familiarizando con el movimiento puedes observar estas cosas en los demás. El movimiento de cerrar encoge toda la CVP y el de abrir le hace recuperar altura.

Compruébalo por ti mismo. ¿Hacia dónde van tus ojos, tu cara? Estarán sin duda, mirando hacia dentro. ¡Es una manera de mirar tan diferente a vertical! Central es interiorizar, sumergirte en lo profundo, en la vibración, en las fuerzas invisibles. Es piel, genitales, sexualidad, conjunción. Cuando la pelvis se cierra, se activa la IV que crea la mente más profunda e intuitiva. El movimiento central no es un movimiento que salga fácilmente durante la práctica del katsugen. Sin embargo, si lo impulsamos de esta manera, poco a poco tu organismo se irá identificando con él y lo incorporará automáticamente de forma natural. Al poner en práctica los movimientos, puedes observar de una manera sencillísima, que esas dinámicas no son una cosa loca que sale así, de cualquier manera. Estás comprobando de manera empírica y sin ningún género de dudas, cómo están estructurados esos cinco movimientos y sus inteligencias vitales a lo largo de tu CVP.

Esta estructura se da también en los miembros, pero yo no voy a dedicarle tiempo en este libro, porque es algo que ya está reflejado perfectamente en el libro de Katsumi Mamine, *El movimiento vital*. Si he entrado en este apartado es simplemente para que tengas una idea de que esa estructura de los cinco movimientos existe. Es algo que la vida repite una y otra vez en cada una de sus creaciones.

Pues todo esto tan importante no se tiene en cuenta en ninguna cultura, ni occidental, ni oriental. La estructura de la vida, ni más, ni menos.

¡¿Cómo es posible que solo se haya percatado un ser humano...?!

Este Noguchi fue increíble. Debía sentirse como el niño de aquel cuento, *El traje nuevo del emperador*. Ahora eso se puede comprobar. Tal y como hemos visto, el movimiento está implicando a todo nuestro ser.

Simplemente observando hacia dónde se dirigen nuestros ojos, nuestra cara, podemos observar cómo el movimiento nos afecta incluso en nuestra percepción psíquica y mental. Coordinación. Todo esto, desde luego abre una nueva dimensión en todos los aspectos de la vida. Inteligencia vital. Si eres psiquiatra, neurocientífico, psicólogo. Supongo que te estarás quedando estupefacto ante el descubrimiento de cómo se vincula la inteligencia con el movimiento espontáneo.

Hasta aquí las comprobaciones intelectuales. Pero el katsugen es abandonarte a los vaivenes. Al principio puedes hacerlos todos de una manera ordenada y luego te quedas tranquilamente en el que te sientas más cómodo. Finalmente, seguro ya no estarás pensando. El movimiento espontáneo se irá combinando de una manera natural.

Siempre hay que recordar que *el katsugen undo no es un invento humano, ni una técnica. Es el movimiento de la vida*. Es inteligencia orgánica y espontánea. Es psique en coordinación con la CVP. Por lo tanto, resumiendo:

- **Cabeza** sube y todo sube. Vertical. Ideas, imaginación, intelecto.
- **Hombros** se adelantan y todo va hacia delante. Frontal. Pragmatismo, acción.
- **Vientre-corazón** de izquierda a derecha y todo se mueve lateralmente. Emotividad.
- **Cintura** gira y todo el resto va. Rotación. Defensa.
- **Cadera** hacia abajo y hacia adentro, y toda la CVP se ve arrastrada. Central. Profundidad.

Entonces, ahora prueba a iniciar la práctica con la referencia de vaivenes.

- **Vaivén vertical**: cabeza sube y todo sube. Vertical. Vertical relaja al bajar. Empieza un dulce vaivén arriba-abajo. Los talones se despegan un poco del suelo y caen. Vaivén. Prueba a practicar el movimiento vertical durante un rato.
- **Vaivén de los hombros**: hombros se adelantan y todo va hacia delante. Frontal. Frontal relaja atrás. Abandónate un rato al vaivén hacia delante y hacia atrás. Siempre de manera agradable, sin luchar. No pelees, eso déjalo para el trabajo o para la calle.
- **Vaivén del centro de tu CVP**: vientre corazón de izquierda a derecha y todo se mueve lateralmente. A un lado tensa, al otro relaja. La combinación de tensión y relajación es lo que hace que el katsugen sea algo muuuuy agradable.
- **Vaivén de cintura**: giramos la cintura de izquierda a derecha y de derecha a izquierda. Los brazos también rotan, tus tobillos. Deja ir en ti tu movimiento espontáneo de rotación.
- **Vaivén de pelvis**: al mover la pelvis hacia abajo y hacia dentro toda la CVP se ve arrastrada. Al abrir, relajas. Central.

Ese movimiento implica a todo, incluidos los tobillos, los ojos, la psique...

Y ahora, déjate ir. Disfruta. Mantente de pie, siéntate en el suelo o en una silla sin respaldo si tienes problemas de movilidad... Deja que tu CVP esté libre para que pueda disfrutar del movimiento espontáneo, tan importante para que todo en tu vida fluya.

Conecta con tu automatismo interior.

Esto es lo que descubrió Noguchi. Envuelto en una aparente tontería, es una genialidad que no te puedes ni imaginar. Ahora puedes dedicarte a observar cómo surge el movimiento espontáneo en cada uno, de una manera única e irrepetible. No encontrarás dos individuos que hagan lo mismo. Esa inercia puede ser pausada y de repente se vuelve rítmica.

El katsugen undo es como hacer el amor, no hay premeditación, no hay una intensidad concreta. Cada momento requiere su acento, su cadencia Su caricia, su brusquedad. ¿Y sabes por qué? Pues porque cada persona es única, y cada momento, irrepetible. La espontaneidad es un arte, una admiración de todo aquello que surge, un diálogo entre lo consciente y lo no consciente, lo voluntario y lo involuntario. Es IV. Es el pasatiempo de dejarnos asombrar por la vida. En el katsugen, si queremos tomar el mando y dirigirlo, todo se desarma. Será una burda imitación. En el katsugen todo es verdad.

Cuando empezamos a observar esa realidad, aprendemos de una manera fácil y sencilla cómo funciona este conjunto que somos y también cómo deja de funcionar. Respetamos esa naturaleza tan única y extraordinaria. Si existen bloqueos, la práctica de katsugen nos enseña a refluir. Realmente una cosa tan sencilla es algo ¡tan importante!

Las vértebras recuperan su eje, los tejidos desisten de mantenerse permanentemente tensos como un tirachinas, los órganos dejan de estar aprisionados, la respiración pectoventral aparece y todo fluye. Así de sencillo. Así de importante.

Practicando katsugen undo, ayudas a que la gran fuerza de la vida no se coagule. A partir de ahora, solo te queda practicar y comprobar por ti mismo. Ya lo sabes todo. Quizá te conozca personalmente en algún curso, pero la verdadera profesora es la vida, y tú. Todo lo que hay en ti es... vida.

Tanto ir y venir, hacemos una pausa en el *wellness* spa de lujo más económico del mundo: yuki, algo grato

> En el yuki, la mano tiene que representar toda la percepción del inmenso mundo que es la vida. Y esa vida no es una cualquiera, sino que es la del ser humano.
>
> —Katsumi Mamine

Es mi práctica favorita de Seitai. El yuki me ha dado momentos inolvidables. Es emocionante sentir el contacto de la mano con el movimiento de la vida que fluye dentro de un organismo y cómo esa acción espontánea, nos guía. Es un faro desprovisto de intelecto, hecho de fina y precisa intuición que nos conduce a los lugares donde el movimiento se ha coagulado, endurecido o ha perdido su tensión natural. Y esos lugares que se sienten de una manera tan nítida, no son cualquier cosa. Cuando colocas la mano en algo así, estás contactando directamente con la existencia más profunda de la otra persona. Es conmovedor comprobar cómo la inteligencia de la vida aprovecha un gesto tan simple como el yuki, para expresarse y para fluir.

A mí me encanta ver el antes y el después de las caras de los que son acompañados por el yuki, en especial en esos individuos que transmiten habitualmente tristeza o cabreo. No voy a decir que el yuki sea *mano de santo*, porque está desprovisto de religiosidad, pero la frasecita viene a cuento.

El yuki es un tipo de comunicación natural que todos tenemos y que el mundo desarrollado ha ido ahogando. Se puede realizar con los demás, pero también se puede establecer con uno mismo. No es necesario ser una persona especial con cualidades particulares. Cualquiera puede hacer yuki y desarrollar esa capacidad natural.

El yuki es como hacer clic al interruptor de un aparato: serás el actor que acciona el pulsador, pero en ningún caso serás la luz. La luz llega a los electrodomésticos a través de muchos puntos distribuidos por toda la geografía formando una red y esa energía puede venir de muy lejos. En el yuki ocurre igual. Conectamos por medio de las manos, pero el surtidor del ki no son las manos. El ki viene de al lado y del infinito. Nos entra a través de la espalda, del vientre, de la respiración y de la CVP. Las manos son el último eslabón. Es la frutería, que expone la fruta. Los frutos vienen de lejos y están relacionados con el agricultor, con el agua, con el sol, con la semilla. La frutería es un simple mostrador donde se despacha lo que fue creado remotamente.

El ki no es algo místico y misterioso al que tienen acceso unos pocos. El ki se puede tocar y apreciar, incluso con más nitidez de lo que podemos sentir el aire. Yo te enseñaré a hacerlo. El yuki es comunicar con las células. No creo que esto pueda resultar un enunciado espiritual. No hay nada más físico que las células, aunque las células no solo contengan materia. Contienen movimiento, inteligencia, contienen ki. Establecer comunicación con las células es concertar comunicación con el origen. Al fin y al cabo todo tu ser es producto de la unión de un espermatozoide y de un óvulo en el pasado, a través del cual se desarrolló todo lo demás. Pero también es presente. De aquellas primeras células que te formaron, no queda ni una sola, y en el futuro tampoco quedará existencia de ninguna de las que hoy viven en tu interior, porque se habrán renovado.

Eres movimiento. Naces y mueres a cada instante. Te destruyes y te reconstruyes una y otra vez. La vida es apasionante, mucho más que nuestras pequeñas mentes empobrecidas por esquemas preestablecidos.

Cuando a nuestra percepción encogida se le da la oportunidad de fluir, todo cambia. Lo estático se mueve. Lo árido se vuelve creación. Retomamos lo que somos en la raíz. La esencia humana es creativa. Por encima de las nubes, está el cielo real, el que nunca cambia y permanece siempre azul.

Los nublados van y vienen. Tus avatares vitales vienen y se van.

Vaivén. Pero tu realidad azul está ahí y solo tienes que soplar el celaje para que el celeste brille.

Tenshin: *shin*, 'psique', 'corazón' o 'mente'; *ten*, 'cielo', pero no el cielo con la connotación de cielo e infierno. Noguchi se refería al concepto de firmamento. Con su genialidad, que sabía percibir más allá, también vio que en ti, en mí, existe ese estado interior inalterable.

Noguchi inventó esta palabra teniendo en cuenta otro término tradicional que se utiliza en el zen, el shintoísmo y el budismo, que es *mushin*. Significa 'psique de la nada'. *Mente de la nada*. O sea, la mente en blanco. Noguchi no profundiza en esa mente en blanco, consciente de que es un estado difícil de alcanzar espontáneamente. Él siempre perseguía la sencillez, acorde a lo humano más que lo divino, por lo que concebía la mente como un panorama en el que hay turbulencias, lluvia, granizo, nubarrones; sin embargo, traspasadas esas inclemencias, solo existe un panorama despejado.

Despejado no es igual que *en blanco*, por lo que el concepto de *tenshin* difiere del de *mushin*.

Las nubes existen, nadie lo niega, pero también existe el firmamento despejado. Ambos aspectos configuran la mente. Y esto es lo que se vive durante la práctica de yuki. Al principio, lo normal es que haya turbulencias, y cuesta conectar. Pero según vamos respirando y nos abandonamos al *no hacer*, al *no esperar nada*, sentimos que algo se calma y empezamos a percibir ese firmamento despejado. No quiere decir que al terminar, pasado un rato, no vuelvan las turbulencias. Somos humanos y los humanos somos eso, un saco de turbulencias. A esto comúnmente lo llamamos *comernos el coco*.

Pero ya sabemos que la vida es construcción y destrucción permanente. Todo lo que construye el yuki, nos encargamos de desmoronarlo, pero siempre queda un poso, porque la práctica nos suele dejar una buena dosis de respiración pectoventral. Creemos que lo sabemos todo, pero hay mucho por descubrir y reorientar. Es urgente recuperar la espontaneidad perdida. Sin tenshin, no hay ni un buen katsugen undo ni un buen yuki.

A Noguchi le costó encontrar un término para definir esta comunicación espontánea que surge de las manos y la respiración. Hasta 1948, Noguchi hablaba de *Shokushu*. *Shoku* en japonés significa 'tacto' o 'contacto'. *Shu*, 'mano'. Por lo tanto, en sus inicios hablaba de *tocar*.

Pero cuando el maestro decidió transformar el Seitai de actividad terapéutica a cultura, sintió que era necesario diferenciar. El contacto de la mano es algo que se utiliza en otras prácticas, pero lo que él proponía era muy diferente. El yuki no es un invento humano, al igual que el katsugen. No es destreza, ni requiere una maestría especial. Mucho menos se trata de un don reservado a unos cuantos. Quizá lo estés relacionando con el reiki. Pues no lo es y te contaré por qué. El yuki es intuitivo y no tiene nada que ver con una técnica. Se trata de prestar atención y de volver a apreciar el instinto propio y natural que existe en la mano.

El Seitai también tiene una parte técnica y profesionalizada. Es la aplicación del yuki desde el conocimiento, aplicando todas las referencias que Noguchi descubrió. Lo conocemos como soho para lo que sí es necesario prepararse y conocer cómo se relacionan las vértebras entre sí, sus correspondencias con ciertos órganos y qué movimiento implica a cada sistema orgánico concreto. Aun así el soho se nutre de los mismos principios que el yuki. Un soho puramente técnico, sin el toque intuitivo y espontáneo, es algo descafeinado. No va. Es como un actor sin verdad. El escenario se hace gigante, comiendo al intérprete y aburriendo al espectador.

El yuki está totalmente desprovisto de conocimiento. Es más: si se da, entorpecerá la acción natural y libre de lo espontáneo. El yuki es recurrir a nuestro conocimiento vital, algo de lo que estamos dotados por el mero hecho de estar vivos. Ser conscientes de que existe, practicarlo, desarrollarlo, pulirlo y afinarlo no es descubrir, sino que es recuperar una capacidad propia y natural.

En Seitai todo es recuperación, reconectar con lo que traemos de serie. Nuestra educación rinde culto a la injerencia, aplastando lo genuino. El Seitai recobra lo que nos condujo, ni más ni menos, a nacer: nuestra capacidad de *no hacer*. Intervenimos en demasiadas cosas, incluida la esencia de la propia vida.

Ahora se realizan mutaciones genéticas, sin otra consideración que la de servir a los intereses económicos. Se modifican los genes de los alimentos, de esos que ingerimos con toda normalidad y que entran a dialogar directamente con nuestra química natural. ¿Tan inocuos son? Sus consecuencias son algo que nadie puede predecir y cuyos efectos están aún por escribir.

Alimentan al ganado con sacos de antibióticos. La fruta se cubre de pesticida y se sella con un buen maquillaje. Lo sabemos. No ignoramos esta realidad, pero preferimos programarnos en función de *acólitos*. Dejamos una herencia envenenada, a los que hoy son niños. El planeta tenderá a su supervivencia y seguirá adelante con o sin nosotros, pisando su suelo, volando sus cielos, invadiendo sus mares...

Todos tenemos alrededor una cantidad inasumible de personas que sufren cáncer. Se han alcanzando cotas intolerables y se ataca a la enfermedad como si fuera un terrorista peligroso que ha entrado por la azotea. ¿Nadie se plantea qué está pasando? Justo en un momento de grandes avances, donde la higiene, la prevención sanitaria y la información son bienes extendidos en las sociedades opulentas, ¿por qué los ambulatorios rebosan? ¿Por qué los hospitales están saturados y las camillas invaden los pasillos? ¿Somos más sanos? ¿De verdad nos sentimos saludables y vitales? Si es así, ¿por qué cada día se consumen más medicamentos?

La salud es un don que recibimos por el mero hecho de haber tenido el vigor de nacer. Salvo en los casos en que un bebé traiga algún problema congénito, estaremos ante un borbotón de vida, no ante un enfermo. La salud no requiere de tantos miramientos. Cuanto más se mira, más se debilita.

¿Entonces qué está pasando? ¿Qué estamos haciendo mal? Solo lo espontáneo nos defenderá. Solo recuperar la sintonía con la vida, sin tanta injerencia, nos salvará, por mucho que esto vaya en una dirección opuesta a la de los intereses económicos. Se puede construir otra economía, y para eso hay que reestructurar los cimientos en los que nos sustentamos. Estropear nuestra capacidad vital y sustituirla por cosas es una gran responsabilidad que nos pasará factura, porque será algo irreparable. ¿Por qué hemos llegado a la conclusión de que nosotros podemos enseñar a la vida más de lo que ella nos puede enseñar a nosotros?

Un niño necesita cosas muy básicas: su lactancia, su higiene, sus caricias y un espacio tranquilo sin ruido. Los padres modernos de ahora creen que el niño tiene que vivir su misma vida loca. Para que el bebé se vaya acostumbrando, se lo llevan de viaje, lo suben a un avión, se lo llevan al bar de la esquina a tomar chatos con los amigos, lo agitan. Se los exhibe en mochilitas en esos lugares atestados de ruido, porque queda muy *cool*. Los tiran para arriba y los recogen al vuelo como si fueran monos, y lo que no saben estos padres tan modernos es que su bebé necesita silencio, tranquilidad, respiración y mucho mucho yuki. Y Noguchi, que se enredaba tanto en la sencillez, después de mucho evolucionar su término, quedó con que eso tan fundamental para el ser humano, tanto en su infancia como en su vida adulta, se llamaría yuki. *Yu* significa 'agradable'. Por lo tanto, *yuki* quiere decir 'ki grato', simplemente eso... Lo básico es reincorporar a nuestra vida tan mental la importancia de sensibilizar el tacto natural. Y esto no tiene ninguna relación con lo religioso. El yuki es apreciar un acto instintivo y sensibilizarlo, cultivándolo. Todos tenemos esa capacidad. ¿Y qué capacidad es esa? Cuando nos duelen las muelas nos ponemos la mano en la mejilla. No es un acto premeditado e intelectualizado, sino que resulta algo instintivo y natural. La vida espontánea no hace nada porque sí. Sentimos el cuello rígido y sin pensar, nos lo tocamos. Nos tocamos la cabeza cuando nos duele. También realizamos este gesto cuando nos falta energía. Como suele provenir del vientre, instintivamente no ponemos la mano. Si hay angustia o dificultad respiratoria, nos llevamos la mano al pecho y ahora ya no estamos hablando de dolor. Es algo que hacemos continuamente, porque corresponde a una inteligencia precisa. Forma parte de nuestra esencia más primitiva, aunque no nos demos cuenta. La inteligencia vital está impregnada de sensibilidad, de profundidad, de instinto, de memoria celular. Percibir sus manifestaciones es una fuente de conocimiento inagotable.

Muchos niños, mientras hacen un examen, se sujetan la cabeza con las manos. Y ese gesto habla, si se sabe interpretar. Están condensando la concentración mental. Cuando nos encontramos con alguien desanimado e instintivamente le colocamos la mano en la espalda, no lo estamos animando, sino que lo estamos acompañando.

Todos estos movimientos instintivos y naturales no los hacemos para curar, pero inexplicablemente, conllevan calma y apaciguamiento. El yuki revaloriza estas manifestaciones vitales frecuentes, considerándolas una práctica cultural que merece la pena observar. Cultivar lo común, afinar lo cotidiano, dan como resultado la exquisita práctica del yuki.

No sabes cómo, pero algo se pone en funcionamiento. Sin hacer nada, se hace todo. El yuki funciona. Y no te puedes imaginar hasta qué punto es importante que la práctica del yuki vaya acompañada de la de katsugen undo. Conectar con otra persona sin tener la capacidad de conectar con uno mismo es muy difícil. Cuando dialogas con tu CVP y con tus células durante la práctica del katsugen, poco a poco te va naciendo un conocimiento que te seguirá guiando cuando te relaciones a través del yuki. Tratar con otra vida merece respeto. El yuki no exhibe superioridad. Es siempre respetuoso y amoroso. No hay mejor yuki que el que le hace una embarazada a su bebé, acariciándose la tripa.

Cuando comunicas con otra persona, la mano está relajada, las puntas de los dedos están relajadas y eso solo ocurrirá si está implicado todo tu ser, cuando te entregas con toda tu CVP. Dar es recibir. El yuki es una práctica que se nutre en ambas direcciones. Tanto si eres el *actor*, como si eres el *receptor*, habrá un momento en el que se establezca el enlace. Para entonces ambos seréis un círculo que pierde el principio y el fin. Las dos respiraciones serán lo mismo.

Ya no es tu respiración y la mía. Es nuestra respiración. Cuando eso ocurre, percibimos claramente que ha nacido la unidad.

No pierdas de vista el albornoz y las zapatillas. Cómo hacer yuki

> Yuki es, sencillamente, apreciar el instinto que todos tenemos y cultivarlo. De esa manera conseguimos sensibilizarnos y desarrollar nuestra capacidad de comunicar. Pero para comunicar con otra persona, nosotros debemos estar conectados a la vida. Si no es así, difícilmente lograremos conectar nuestra respiración con la de los demás.
>
> —Katsumi Mamine

¡Atención, truco! Cuanto más limpio y desprovisto de intención, mejor. No esperar nada. No querer hacer nada. El yuki tiene la misma finalidad que una conversación casual de la que de repente surge algo especial y nos deja como si hubiéramos disfrutado de buen sexo. ¿Cuál era el objetivo? Ninguno. Simplemente surgió y fluyó. Eso es yuki. No esperar nada. Estar receptivo, abierto al otro y a lo que pueda pasar. Si acontece bien. Si no, también.

Enarbolamos la bandera del *tiempo perdido*, que es tiempo recuperado. Hacemos uso pragmático de la paciencia, ese fuego en el que se cocina con puchero y cuchara de madera... Yuki a través de las manos, tocando o sin tocar. Yuki con los ojos, yuki con la respiración. Lo de menos es si hay cable o si es inalámbrico. Lo importante en el yuki es la concentración. Lo que pasa es que a todos nos gusta que nos toquen y el tacto o la cercanía resulta muy agradable para el que recibe el yuki. A través del contacto, el receptor se entregará de una manera más inmediata.

Cuando nos tocan el eje, un lugar al que es complicado acceder por nosotros mismos, algo se abandona y se entrega. La forma tradicional y básica es que la persona que recibe esté tumbada boca abajo y que el actor se coloque a su izquierda. Así lo indicó Noguchi. La parte derecha y la izquierda no son exactamente iguales. Por lo general, el lado izquierdo es más receptivo que el derecho. Entre otros motivos, esto sucede porque es donde se aloja el corazón. Además, en la naturaleza por lo general, todo fluye de izquierda a derecha, como sucede con la rotación y la traslación de los planetas. Las agujas del reloj solo imitan esos devenires. Por lo tanto, cuando empezamos, si nos colocamos en el lado izquierdo, el receptor está más predispuesto a la receptividad global y le suele resultar más agradable. Yo te he dejado la ilustración n.º 14 a modo de muestra.

Noguchi lo estableció así por aplicar una propuesta y nosotros la hemos seguido. Pero en el yuki, al igual que en el katsugen, no hay normas. En realidad, no hay ningún lado, ni un actor y un receptor. Ambos se benefician del placer de compartir esa comunicación. Lo importante es obedecer a nuestra intuición. Si ella nos indica que nos coloquemos en la cabeza, en los pies, en las manos, realmente izquierda o derecha da igual. Una vez más, las referencias nos resultan útiles, sobre todo al principio.

Puede que te encuentres con personas que les cuesta estar boca abajo. Lo más importante es que el receptor esté cómodo y tú inventarás la manera de comunicar con él, a partir de la postura que adopte. En ocasiones es muy agradable que las dos personas se tumben de lado. El cuerpo, ambos cuerpos, tienen que estar relajados. También puede ocurrir que a la pareja, la postura que le resulta más agradable sea la de estar sentada en *seiza*. Pues en *seiza*. Da igual. No hay normas. Hay intuición y abandono. Solo intuición y sencillez.

El yuki no es algo meramente físico y material. Es un diálogo entre ambas CVP, es una comunicación intercelular, es energía, es mente espontánea. Yuki es unidad y estar a gustito. Organismo y mente son uno. No se pueden disociar.

A través del yuki percibiremos nítidamente cómo poco a poco, algo se va haciendo solo, algo se va ajustando, algo va localizando. El yuki es verdad y vivencia. Te quedas alucinado con las cosas que suceden, porque sin haber premeditado nada, tus manos localizan un estancamiento, un bloqueo, algo que está turbio, sobreexcitado, embotado, endurecido... Y esto es lo emocionante. El propio instinto, como quiere vivir, va buscando la manera de refrescar, de flexibilizar y de regenerar. Paciencia. Esta es la clave. Ausencia de espacio y tiempo. No hay prisa. No existe el reloj. Solo respiración, dedicación, ausencia de ego.

Cada experiencia de yuki es irrepetible. Cada persona, cada momento de esa misma persona, serán diferentes. Ese es el secreto por el que el yuki no se puede adulterar.

Será infructuoso si se realiza con un objetivo. No buscamos despertar la kundalini, ni calmar. No somos terapeutas versados en increíbles conocimientos. Aquí la que sabe es la intuición y la práctica se encarga de uniformar, de devolver algo indescriptible, pero sencillo. El yuki no se puede corromper porque es imposible de realizar como un ejercicio premeditado. Si no se establece el *kanno*, si no se siente la correspondencia, nada ocurrirá. *Kan*, 'sentir'. *O*, 'responder'. *Kanno*, una bella palabra japonesa que sintetiza toda la esencia del yuki.

Cuando colocamos las manos sobre alguien sin esperar nada, algo se establece, no solo entre el actor y el receptor, sino que la comunicación también surgirá entre las dos manos. Ambas, cada una por su lado, se colocarán en la zona dorsal o cervical que conecta con su equivalente en las lumbares, la cadera o el coxis.

Quedaremos impresionados al ver cómo esas dos zonas empiezan a intercomunicar. Es muy especial sentir en una mano, cómo un latido concreto tiene su gemelo en otro lugar de la CVP. Una sobreexcitación estará emparejada con otra, una dureza, algo que ha perdido su tersura. Los músculos, tendones, la vibración de los nervios, los latidos. Todo eso que parecía agazapado aflora. Abandona su trinchera y sale con las manos en alto, sin reparo. Lo escondido emerge con completa naturalidad... Ausencia total de objetivo. Nos dejamos sorprender.

En Occidente, la medicina suele apostar todo a un número. Se trata directamente un órgano, un lugar concreto de la anatomía, sin tener en cuenta el conjunto, sin observar dónde la vida se ha bloqueado.

La atención del yuki es total e integral. Eso tan concreto que se manifiesta, muchas veces es lo que en realidad está afectando al resto. Y curiosamente, esto tan concreto, pocas veces se tiene en cuenta, por no decir ninguna.

El yuki realmente es algo increíble. Es un mundo de tacto y de vibración. De psique espontánea, de ki, de comunicación. Hacemos yuki, nos hacen yuki, sentimos el yuki, somos yuki. Todo lo relacionado con el Seitai es inmenso.

No existen fronteras, ni acotaciones. El poder del yuki es infinito, porque es la herramienta que nos otorga la vida para poder empatizar y sentir a otro organismo, para sentir el propio. El yuki tiene su capacidad y nosotros aprendemos de ella. La vida se expresará siempre, queramos o no.

Si la vida se ve atrapada, se coagula, entonces nos devuelve malestar. Es su forma de llamar nuestra atención. Ella quiere que la tengamos en cuenta. Pero si la atendemos con yuki, el malestar se apacigua y nos devuelve respiración. Lo creas o no, es así de simple...

... Intervenimos y nos alejamos.

Observamos humildemente y nos acercamos...

Chorros, aguas termales, hamán... ¿Por dónde empezar?

> En la práctica del yuki, para que se dé el diálogo,
> la respiración tiene que representar toda la inteligencia
> que está rigiendo nuestra vida.
>
> —Katsumi Mamine

Antes de poner las manos sobre otra persona, vamos a probar yuki con nosotros mismos. Es una práctica muy agradable que podemos hacer tumbados tranquilamente en la cama, en el sofá, en la arena de la playa... Lo importante es que nadie nos moleste.

Siéntete cómodo, ligero, sin responsabilidades. No esperes nada.

Cuanto menos esperes, mayor será la revelación. Si te surge la idea de obtener resultados, no le des importancia. Déjala ir. Coloca las manos en el vientre. Observa tu respiración. No intentes hacer nada, ni siquiera respirar voluntariamente. Simplemente sigue el vaivén de tu aliento. Todo tiene un proceso. Paciencia. Cuando sientas que algo se ha apaciguado, prueba a llevar una mano a la boca del estómago, a esa zona tan especial donde se encuentra el plexo solar, y la otra, dos dedos por debajo del ombligo. ¿Por qué por debajo? Pues porque ahí es dónde se halla el lugar sagrado del *tándem*. ¿Y sabes lo que hay ahí? Tu ombligo original, el que te mantuvo conectado con tu madre mientras eras gestado. Permanece así un rato. Abandónate.

Entrégate al vaivén de la respiración. Siente cómo tus manos respiran. Manos y vientre dialogan. Poco a poco, ambos lugares intercomunican. Observación. Nada más. Respiración. Nada más. Ki. Yuki. Comunicación contigo mismo. Comunicación celular. Diálogo orgánico. Placer y gusto Llenar. Vaciar.

¿Por qué? Porque sí. Abandónate durante un tiempo sin medida.

(..)

Bien. ¿Qué tal? Observa cómo estabas antes y cómo estás ahora. Sin hacer nada, algo se ha hecho. Eso es yuki. Hablo de sentir cómo las manos respiran, no de imaginar. Y lo expreso así, porque es una vivencia clara y meridiana que cualquiera puede percibir.

Ha llegado la hora de proponerte una práctica para que sientas el ki.

Vas a tocar el ki. Tocarlo físicamente. Lo vas a poder acariciar.

«¿Tocar la energía vital y universal? ¡Seguro que es dificilísimo!». Pues no. Es sencillísimo. Por lo tanto, después de la experiencia que te espera, que no te venga nadie con que tiene una capacidad extraordinaria en las manos. La misma que tiene él la tienes tú. Si tienes alguna duda, visita mis canales de internet, porque ahí dejaré colgada una pequeña demostración de cómo colocarte. Pero verás que no tiene complicación ninguna.

¿Vamos a ello? *Let´s go*!

Vapores descongestionantes. Gyoki básico para tocar el ki de forma muy sencilla

> A veces es difícil de verbalizar, pero es evidente que podemos sentir algo entre las manos. A esto algunos lo han llamado energía vital, despertar de la kundalini, energía universal... hay muchas palabras. Pero es clara la sensación de que sentimos algo. Lo raro sería no sentir nada, porque por el mero hecho de que estamos vivos, eso está ahí y fluye.
>
> —Katsumi Mamine

Las prácticas de gyoki sirven para ejercitar la vitalidad y están extraídas de ejercicios tradicionales tanto de China como de Japón. Normalmente se utilizan para meditar, pero entablar conversaciones con el ki se puede llevar a cabo de muchas maneras. En general, fuera del Seitai, se suelen utilizar con el fin de entrenar, desarrollar y de controlar el ki.

Hay muchas personas que se preparan para dominar el ki y existen variadas maneras. Es conocido el kiai en las artes marciales, un grito que nace de lo más profundo del abdomen. Los que se adiestran en esto, crean diferentes formas de conectar con el ki a través de la voz y lo aplican a diversas tareas. Hay quien con un grito logra romper una copa de cristal, ladrillos o activa la cuerda de un instrumento musical.

Existen los kiais rituales, como los que realizan sacerdotes de Japón en algunos funerales. Al final de la ceremonia, a través de una concentración pura de ki, exhalan un grito. Este marcaje le supone a los familiares del fallecido una liberación. El kiai actúa de bálsamo y dibuja un punto y aparte. A través de él, pueden «empaquetar» el dolor que les supone despedirse de un ser querido y salir a la vida de una manera renovada. Hay kiais para entrenar a personas muy jóvenes que poseen una gran fuerza vital, pero que no encuentran la manera de canalizar toda esa energía que tienen. Existen numerosos ejemplos de cómo entrenar la propia fuerza vital.

> En el Seitai no buscamos controlar el ki, ni adueñarnos de sus poderes, sino que nos limitamos a *escuchar*. Es un camino diferente, pero igual de apasionante, porque detrás de la observación hay un mundo entero.

Te dije que el practicante de yuki no requiere ninguna cualidad especial, pero sí necesita algo: un aliento largo y profundo. Si es corto y alto, difícilmente podrá conectar con los demás. Es interesante que antes de practicar, te ocupes de que tu respiración esté afinada. Tocar la vida que vibra en otra persona no es cualquier cosa y merece mucho respeto y tacto. Un músico jamás se ofrecería al público sin afinar su instrumento. Por lo tanto, una pequeña puesta a punto previa de ajustar la respiración, calmarla y soltarla, irá bien.

El yuki, al igual que el katsugen undo, no es algo meramente físico, un contacto con una espalda, un tobillo o un cráneo. Lo trascendente es que vamos a propiciar que dos respiraciones dialoguen. Dos mundos que vivían desvinculados hasta ese momento, gracias al yuki, se fundirán y se harán uno. Ese primer momento es muy importante y la persona que hace el yuki, tendría que ser capaz de atravesar con una sola respiración varias respiraciones de la otra persona. Imaginemos múltiples reglas, unas grandes y otras pequeñas. ¿Cuál tomarías para medir? Supongo que la más grande. Con la grande podrás tomar medida a varias pequeñas. En el yuki ocurre igual. Y ahora te hablo de un primer momento, ese en el que se han decidido los roles, porque después, los papeles de emisor y receptor desaparecerán. Yuki es comunicación, no monólogo y ambas respiraciones comunicarán espontáneamente olvidando quien empezó.

Por eso es muy interesante practicar gyoki. Hay muchas, pero aquí te voy a proponer una práctica muy sencilla que llamamos *gassho gyoki*. Esta manera de contactar con el ki es común al zen, al reiki, etc. En nuestro caso, nos vamos a limitar simplemente a conectar nuestras dos partes fundamentales que son el consciente y el no consciente celular.

Gassho significa en japonés 'juntar las manos'. Lo habrás visto a menudo, porque es una manera muy extendida de saludar en Oriente y adoptada tradicionalmente para rezar por numerosos pueblos (ilustración n.º 15). Es un gesto considerado de respeto al otro y a uno mismo, por encima del ego y de la importancia personal. Ancestralmente se ha utilizado para crear armonía y por regla general, colocar una palma frente a la otra, tiene un efecto tranquilizador que genera calma mental.

El Seitai adopta esta práctica alejándose del concepto de técnica en busca de un objetivo.

En Seitai, el gassho gyoki se realiza para entrar en contacto con el ki y condensarlo. Será una conexión intuitiva con el ki, alejada de propósito alguno, salvo el del gusto que produce sentir la respiración profunda que duerme en nuestro vientre y contactar con ella.

La práctica nos alarga la respiración y la condensación de la energía vital de nuestro interior y nos pone en contacto con la energía exterior. Sin darnos cuenta, nos cargamos de ki.

Además, si es la primera vez, te encantará. Por lo general, a los principiantes les resulta muy emocionante y les llama mucho la atención, porque el gassho gyoki permite acariciar el ki de una forma sencillísima. ¿Estás preparado? Pues vamos a ello.

Colócate sentado con la espalda recta sin apoyar en ningún lado, pero manteniéndola relajada. Si me das a elegir entre elegir qué es más importante, si relajada o recta, yo te digo, relajada. Puedes estar en *seiza*, sentado en el suelo con las piernas cruzadas y si tu cuerpo no puede hacer estas cosas, siéntate en una silla. ¿Fácil no? Ya estás colocado.

Ahora lleva una palma frente a la otra, sin que lleguen a tocarse. Deja un espacio entre las dos. No las pongas demasiado rígidas ni tensas. Los dedos relajados, como si el aire que queda entre las manos fuera un tesoro. Confecciona un nido con ellas. La actitud es de ternura, como cuando coges algo delicado, como un gorrión que se ha caído del nido.

Este gesto es común a muchas religiones. Supongo que en origen, orar estaría muy relacionado con la acción de contactar con el ki. Los brazos relajados y las axilas sueltas. Coloca las manos a nivel del pecho, hombros, con las puntas de los dedos a la altura de tu nariz. Esto es para empezar. Luego deja que las manos se sitúen donde se encuentren más a gusto. Si se bajan, bien, no te preocupes por ello. Mantén flojo el cuello. No te digo que lo descuelgues, pero sí que quede inclinado ligeramente hacia delante. Ahora respira. Inhala y exhala por las palmas. Observa el aire que queda entre ellas.

Pasado un rato, el aire empezará a tomar densidad. Para sentirlo más intensamente, mueve suavemente las manos arriba y abajo. Dibuja círculos. ¿A que en esa *nada* empieza a haber algo perceptible? Sigue el mismo ritual que anteriormente, cuando tenías las manos colocadas en tu vientre. Lo primero es apaciguar, sin esperar resultados.

Solo observación. Cuanto más te abandones, más sentirás. No es nada extraordinario. Lo raro es no percibirlo. Si estás vivo tienes que notarlo, sí o sí. El ki está ahí y fluye.

Dedícale un rato. No tengas prisa. Observa también la punta de los dedos. Puedes establecer un circuito interno, que conecta con tu respiración pectoventral. Siente tu columna. Quizá al principio solo percibas el ki entre las palmas, pero a medida que practiques esa sensación se extenderá. Empezarás a sentir la parte más alta de la cabeza. El ki condensado se ampliará a la respiración de tus vértebras. Los poros de la piel también respirarán. Es cuestión de tiempo. No mucho. Cuando practiques esto unas cuantas veces, esa condensación de entre las manos será global, perceptible en todo tu cuerpo. Te sentirás nítidamente a ti mismo, como una gran bola de energía que respira.

Hay quien querrá ver en esto algo mágico, pero tiene la magia que pueda tener la vida.

Entonces, claro, es mucha, porque la vida es puro sortilegio. ¿Y sabes qué está pasando en este momento? Que estás a gusto con tu vientre. El yuki en definitiva, es estar a gusto con el vientre. Cuando estamos a gusto con la respiración, nos sentimos en sintonía con el cosmos. ¿Mística? Llámalo mística, pero está ahí, pertenece a nuestro yo profundo, y lo que es anormal es no percibir estas cosas. Es inexplicable que nadie nos lo enseñe en el colegio, que los niños no aprendan a jugar con su energía vital. ¡Es tan fácil!

Ya lo has vivido. Nadie te lo cuenta. Tú lo vives. Ahora depende de ti experimentar. Sobre todo al principio, es mejor que te centres en esa pequeña bola de energía que percibes entre las palmas y que poco a poco se hará grande. Disfruta, observa cómo puedes apreciarla nítidamente, cómo la esfera gana o pierde intensidad. Prueba a ir separando las manos. A veces se logra tocar sin ningún esfuerzo una gran condensación de ki del tamaño de un balón de esos grandotes que se utilizan en Pilates, e incluso más.

No leas sin más. Comprueba por ti mismo. Este libro encierra unos conocimientos maravillosos que solo se revelan cuando tú participas y los vives. Nada de lo que yo digo tiene importancia. Lo que realmente te encaminará a la vida plena es tu práctica y tu experiencia.

Te dejo un ratito con tus cosas... (..)

¿A que es maravilloso? Pues vamos a seguir adentrándonos en el inconmensurable mundo del yuki y probaremos con otra persona. Tocaremos su ki y le vamos a comunicar el nuestro. Estableceremos comunicación de yuki.

Lo más importante es que el receptor esté cómodo. Para esta práctica sería interesante que se tumbe boca abajo. Si no puede ser, que se ponga boca arriba o de lado. Tú tendrás que adaptarte a él, no al revés. Vamos a suponer que el receptor está boca abajo y tú sentado a su izquierda. No vayas con tus manos inmediatamente. El instinto y la respiración te conducirán a que lo hagas cuando el receptor exhala. Le resultará más agradable que si lo haces en el momento en que está inhalando. Es menos agresivo. No apoyes las manos. Mantén una pequeña distancia con el receptor, al igual que cuando colocabas tus palmas, una frente a la otra.

El ki está en todas partes. Como estamos inmersos en él, como estamos hechos de ki, estamos acostumbrados y no lo solemos percibir. Respira. Relaja. No hagas nada. Todo se hará. Confía. Al principio, no toques materia. Algo se irá produciendo. No juzgues. Nadie juzga. No caigas en el vicio de dudar, ¿lo estaré haciendo bien? ¿Mal? Quien nada espera, vive con la alegría de disfrutar con lo poco o mucho que le llegue. El receptor y tú, sois dos respiraciones diferentes. Es un proceso y hará falta un rato.

Tranquilo, respira. Disfruta. No tienes nada que ganar, ni que perder...

Cuando empiece a aparecer el *aroma*, la comunicación se irá intensificando. Sin darte cuenta apenas, las dos vidas se fundirán. Unidad. Ya no se sabe cuál es tu respiración y cuál la del otro, porque ambas han ensamblado. ¿Dónde empieza tu aliento y dónde el del otro? Qué más da. Déjate llevar. Abandónate. Permite que tu intuición te guíe. La vida hace. Tú no. Sigue el proceso. Renuncia a los titubeos. Deja que las manos apoyen suavemente o no. Quizá se alejen. Es igual. La comunicación una vez que se ha establecido, permanecerá, aunque te separes cincuenta centímetros. No se trata de acariciar, ni de masajear. Simplemente de percibir. De sentir. Quédate en un lugar y deja que las palmas, por sí solas se coloquen donde quieran.

A medida que comunicas, se va instalando el silencio total. La calma completa. Es como si te sumergieras en un océano profundo en el que tus percepciones se centran en el ki y no en la materia. Húndete en la vida del otro y quédate ahí. No importa el tiempo.

Quizá pasará una hora. Un minuto... Perderás la noción, porque el tiempo se expresa de otra manera cuando se relaciona con el yuki. Respiración. Ki. Yuki. Comunión. Placer. Gusto. Profundidad. Eternidad. Vacío... Cuando sientas que se ha terminado, inhalando, separa las manos suavemente. Nunca lo hagas bruscamente. Si te apetece, ahora túmbate al lado del receptor, llévate tus manos al vientre y respira.

¿Estás a gusto? Yo mucho.

Salimos del spa y vamos a comer... como en casa. Yuki, el reiki casero al alcance de cualquiera que esté vivo

> Cuando ponemos la mano, hacemos lo mismo que cuando practicamos katsugen: dialogar con el yo espontáneo. Dialogar con nuestra CVP. Dialogar con nuestra mente consciente espontanea. Dialogar con la unidad de cuerpo, organismo y mente. Dialogamos y nos damos cuenta de que hay un estancamiento, un bloqueo, algo que está turbio, sobreexcitado, embotado, endurecido... entonces, el propio instinto, como quiere vivir, va buscando la manera de refrescar, de flexibilizar y de regenerar.
>
> —Katsumi Mamine

Hay muchas maneras de comunicar a través del yuki. Por ejemplo, Noguchi en su *dojo* enseñaba a leer la columna. En la actualidad estas prácticas siguen estando muy extendidas entre los practicantes del Seitai. Se trata de sensibilizar los dedos y llenarlos de ki, mientras se recorren las vértebras de otra persona. A través de las apófisis espinosas, se observa su estado. Si las manos están relajadas y la respiración apaciguada, fluyendo desde el bajo vientre, puedes percibir claramente si están desplazadas o separadas. Subidas, bajadas, ladeadas, rotadas, hundidas

No hablo ni de intervenir, ni de hacer absolutamente nada. Hablo simplemente de sentir.

Profundizar en el yuki depende de ti. Puedes aprender, investigar, contactar con gente que te aporte más referencias, intercambiar con otros practicantes. Prueba con el gato, con tu abuela. Si la abuela dice «Un poco más», vas bien. Si te dice «¡Anda, quita, quita!», déjala en paz. No insistas. *Ki grato*, ¿recuerdas? Y antes de continuar con lo siguiente que te tengo preparado, sé que te estás preguntando: «¿Cuándo me contarás qué diferencia hay entre yuki y reiki?». Pues vamos a ello.

Hasta el momento, el Seitai no se ha promocionado. Tratamos el Seitai como una joya y la divulgación que se le ha dado hasta el momento ha sido muy reducida. Nunca se ha buscado masificar este conocimiento por miedo a que se pueda desvirtuar. Los que nos dedicamos al Seitai somos conscientes de que la tendencia natural de nuestra sociedad es la privatizar, utilizar, explotar, empequeñecer, reducir y compartimentar absolutamente todo y eso ha creado resquemor. Yo me lo pensé mucho antes de sentarme a escribir. Pero creo que es necesario. Estoy convencida de que ha llegado el momento. El Seitai está lleno de vivencias y conocimientos sustentados en el rigor y en la impecabilidad.

La mayoría de las personas que conozco que están implicadas en la cultura Seitai, se han involucrado con mimo para que su transmisión tenga como referencia el origen. Sin embargo... Noguchi es el principio, pero no debería ser el fin. Considero que los conocimientos que encierra el Seitai tienen la fuerza de un emigrante que se ha cruzado África a pie y que cuando le toca condensar toda su energía para saltar la valla, se desinfla. Pasar al otro lado requiere arrojo. El Seitai no se puede quedar ahí arriba, con sus grandes miras, con sus grandes propuestas, sin atreverse a cruzar la frontera. No puede ser una Pompeya que permanezca sepultada e incorrupta, protegida por una burbuja de lava solidificada. Hay que asumir riesgos. La cobardía es involutiva. El Seitai no puede ni debe dormir un largo letargo, porque no correrá ningún peligro y ahora estoy segura de eso. Es experiencia. No se puede transmitir. Se puede intelectualizar, comprender cuál es su verdadera dimensión, sobre todo gracias al trabajo de Mamine, pero sin una práctica concienzuda y sincera del katsugen y el yuki, nada se revelará.

Hace años leí algo que siempre he llevado conmigo como una de las más grandes enseñanzas que he recibido. Es un pasaje de uno de los libros escritos por el antropólogo Carlos Castaneda, sobre todo me llamó la atención lo que transmitía, pues llevaba años preparando una tesis doctoral sobre el peyote y otras plantas alucinógenas similares, por lo que visitaba periódicamente la región de Sonora, en México. Allí tenía contacto con su mentor, don Juan Matus, un anciano indio yaqui que lo tomó como aprendiz. Su estudio se convirtió en una experiencia iniciática que lo llevó a convertirse en un chamán. Pero antes de alcanzar esa maestría, Castaneda, como occidental y estudioso, tenía el *vicio* de aprender a través del intelecto. Siempre mostraba impaciencia y apremiaba a su mentor. Le insistía una y otra vez en que le revelara el secreto. Pretendía que el brujo le comunicara todo el conocimiento a través de las palabras. Suponía que el indígena le ocultaba información y que no quería comunicarle sus *métodos*.

Don Juan siempre se burlaba de él. Pero un día accedió. Y le dijo: «Vale, está bien. Te voy a contar algo que encierra toda la sabiduría».

Comprende el fin último, el saber supremo. Es algo que a mí me ha costado una vida aprender. Yo ya no recuerdo qué era exactamente, porque de esto hace muchos años, pero aquella verdad que confinaba tanto conocimiento se expresaba a través de palabras muy sencillas. Era tan básico, que aquella gran revelación quedaba a la altura de la nada. El conocimiento traducido a palabras es la nada. Carlos Castaneda miró a su maestro con una mezcla de decepción y de desilusión. Entonces Don Juan le dijo: «Ya te he contado una gran verdad. ¿Te ha servido?». Pues no, porque la sabiduría no se puede transmitir con palabras. Los datos son intercambiables. El conocimiento no.

El Seitai pertenece a una alternativa cultural real. Este libro lo podrán leer diez personas o diez millones, pero su comprensión será individual, porque no será producto de una inteligencia racional uniforme. Dependerá de la *distancia* y la disociación que existan entre el yo vestido y el yo espontáneo de cada cual. Ese trecho incontable pertenece a los parámetros de la IV. Y eso es imprevisible. Por eso estoy muy tranquila. Esta información es inviolable. Quizá sea ese el misterio que ha llevado al reiki a hacerse tan conocido y al Seitai tan desconocido. Como es algo tan divulgado, existe, hasta el punto de que hoy en día, todo lo referido al contacto de la mano se concibe como reiki.

Si buscamos en Wikipedia, el reiki lo definen como: «poder espiritual, atmósfera misteriosa. Palabra pseudocientífica considerada pseudomedicina, que afirma lograr la sanación o equilibrio del paciente a través de la imposición de manos, canalizando una supuesta energía vital y universal. No es considerado por sus seguidores como una religión, pero al carecer de base científica, puede ser considerado como una creencia».

Wikipedia asegura que sus seguidores no lo consideran religión, pero el origen del reiki sí es religioso y esa es la primera diferencia con el yuki. El reiki es una mezcla de terapia y espíritu divino que procede de la religión propia de Japón, que es el sintoísmo.

En esa creencia, el reiki es la manera de expresar el ki más místico, más profundo y más vinculado a la naturaleza. Por ejemplo, alguien está en una montaña rodeado de brumas. Se siente integrado en el cosmos, porque lo que le envuelve es agradable y le inspira. Entonces en Japón dicen: «Esto está lleno de reiki».

En el cristianismo, el equivalente del reiki sería el Espíritu Santo. Ahora estoy hablando del origen, no sobre en qué ha derivado el reiki, ¿eh? Es como si alguien de Occidente hubiera llevado a Oriente una técnica de curación llamada *Espíritu Santo*. Esas palabras, al no significar nada para ellos, las aceptarían, y seguro que les funcionaría, porque yo no estoy diciendo que detrás del reiki no haya nada. Simplemente apunto que su origen proviene de un término sintoísta que significa exactamente: *rei*, 'universal' y *ki*, 'energía': energía universal.

Como esta es una pregunta que hace todo el mundo, he creído importante adentrarme un poco en todo esto.

El reiki es una técnica curativa en la que un terapeuta experto coloca sus manos sobre los pacientes. En el yuki no hay especialistas, solo practicantes que intercambian algo que se hace solo y que da como resultado una intercomunicación entre las dos vidas. En ambos casos se dan coincidencias: se entra en una relajación profunda, las personas sienten cosas parecidas, etc., pero en el reiki hay un objetivo y en el yuki no. El reiki trata el ki como un *instrumento* de terapia profesional y el yuki considera el ki como un patrimonio de la humanidad al alcance de cualquiera. Toda persona puede intercambiar yuki, porque la energía es cosa de vivos. El reiki es un *invento humano* que usa lo que la vida nos proporciona con un fin. El yuki no.

El yuki es un descubrimiento, una *democratización* de las herramientas naturales que se nos brindan y de las que somos merecedores, por el mero hecho de estar vivos.

- El reiki busca curar.
- El yuki contacta con la necesidad que tiene cualquier vida de vivir, despertando la fuerza vital.

Es soplar brasas. Por muy apagadas que parezcan, si en su interior hay fuego, prenderán. El yuki es un fuelle, un gesto sencillo, el mismo que encierra una bocanada que despierta la lumbre. ¿Simple? Sí, pero inmenso. Avivar el fuego. Avivar la vida...

Con un solo soplido, el humo se convierte en llama. Con el yuki, la vida reducida recupera la amplitud.

Yo respeto mucho el reiki y admiro su capacidad de difusión. No se trata de rivalizar, ni mucho menos, pero el yuki y el reiki son cosas muy diferentes, aunque recurran a cosas parecidas. Baloncesto y fútbol utilizan la pelota, pero nadie los confunde.

Actualmente se están realizando experimentos de laboratorio con ratones que tienen tumores. A unos se les ponen las manos y a los otros no. El grado de recuperación de los que son atendidos energéticamente es muy superior al de los que no. Lo llaman reiki porque no conocen el yuki. Nada más. Creo, y esto es personal, que el reiki siempre calará más, porque en nuestra sociedad se promueve lo que tiene un valor tasable y hoy en día las personas confían más en ponerse en manos de los demás, si se les paga. El intercambio en nuestra cultura se reduce a *servicio por dinero*, no existe la noción de alma por alma. En cualquier caso, sea reiki o yuki, poner las manos nunca tiene contraindicaciones, al contrario que muchos fármacos que se administran indiscriminadamente.

¿Y no existen profesionales que se dediquen al yuki? Sí, pero son muy pocos y muy cualificados. El yuki profesional se llama soho, y es algo complicadísimo. Es la parte del Seitai que requiere una verdadera maestría. *Soho* en nuestro idioma se podría traducir como 'observación Seitai'. Yo empecé a prepararme hace años en el arte del soho. En principio, no fue para dedicarme a ello, porque a mí me gusta más la divulgación, pero sí para conocer. Y me encanta, como todo lo que está vinculado al Seitai, porque sin duda abre un saber inmenso.

El soho sí tiene conocimiento, pero no tiene en cuenta los chakras, como el reiki, aunque sí los canales energéticos de la medicina tradicional china, porque es algo empírico y demostrable a partir de los estudios realizados por Mamine. Coinciden con las diversas regiones que descubre Noguchi y muy en concreto con las regiones transversales de los miembros. Pero no te quiero liar con esto, simplemente decirte que el soho sigue siendo intuitivo, aunque la persona que lo realiza suele ser muy experta. Nunca se considerará un terapeuta, sino alguien que tiene la habilidad de mezclar conocimientos, experiencia e intuición.

Para aplicar soho es necesario dedicar muchos años, a veces la vida entera y no todas las personas tienen esa pericia y esa entrega. Un maestro o maestra de soho conseguirá contactar con tu vida como nunca nadie lo ha hecho antes. *Dialogará* con ella y avivará ese rescoldo tuyo de una manera increíble. Esa persona conoce bien el funcionamiento del organismo y muy especialmente, el movimiento particular, único e irrepetible de cada uno. Digamos que es experta en IV.

La postura de un individuo es a los ojos de un maestro de soho como una resonancia magnética, como una foto fija que aporta una información increíble sobre su vida. El exterior es un calcetín cuya forma proviene del pie que hay dentro. *La forma es lo que da forma a lo que no tiene forma*... El Seitai soho consiste en atender la CVP y su estructura. No es algo meramente físico, sino que la intervención conectará con todo tu ser, con tus células, tu energía, tu psique... Seiatsu, presión Seitai: mezcla de tacto y de conexión de yuki.

El soho es la capacidad de situarse en la TPE, tensión parcial excesiva, de otra persona. Como la TPE es un problema real, si alguien lo señala, el nivel de concentración de la mente que hasta ese momento estaba en otras cosas, aterriza y se implica en el problema que está disturbando la vida entera. Por eso es muy recomendable que la persona que recibe soho, tenga incorporada la práctica del katsugen en su vida cotidiana. Los efectos se multiplican exponencialmente.

Cuando alguien toca certeramente nuestra TPE profunda, nos supone una sacudida a todos los niveles. No solo será algo físico. Aunque el maestro de soho se acercará a esa TPE con la mano relajada, sin apretar, nosotros sentiremos algo muy agudo, normalmente traducido en dolor, pero al mismo tiempo ese dolor será muy muy liberador. Es curiosísimo, porque donde duele la vida, no solo hay materia. Hay energía, hay vibración, hay psique en estado puro. Todo el organismo reconoce automáticamente la existencia de ese lugar que hasta entonces permanecía *sepultado por la lava* de años y años. Pompeya emerge... Hay un antes y un después. El soho nos ha hecho conscientes. Incrementando la intensidad, *metiendo el palo en el hormiguero*, hemos reconectado con nuestro ser. Sí, el soho realmente *linka*. Hay *algo*, por no decir mucho, que se recupera.

Y conectar son dos cosas: una es conectar con la vida de otra persona, y otra es conectar con la parte que no vive, o sea, con la zona que está bloqueada. La destreza de un maestro de soho proviene del conocimiento concienzudo que tiene del movimiento y de su importancia vital. Sabe relacionar, con gran precisión, esos movimientos con sus equivalencias orgánicas, fisiológicas, energéticas, celulares y psíquicas. Es como esos fotógrafos de conflictos bélicos, que cuando hay una refriega, extiende y pliega el objetivo a velocidad de vértigo, disparando fotografías, de lo general a lo concreto. De lo concreto a lo general. Así es la mirada de un maestro de soho.

Los que se dedican al soho normalmente no suelen atender a gente que no practica yuki y katsugen undo, porque no se trata de curar, sino de localizar TPE y de que la persona implicada tome *conciencia vital* estando concernida y responsabilizada de su ser. No se busca un bienestar inmediato con efecto *boomerang*. El receptor debe ser el que despierte su propia fuerza vital. Eso de «no dar peces, sino enseñar a pescar».

Para mí este es el quid del asunto. La persona que recibe soho o yuki no busca que otro le desenrede sus madejas. Recibe orientación e impulso para que pueda ejercer su propia recuperación haciendo uso de la enorme fuerza vital que todos poseemos. No es fácil nacer y estar vivo. Vivir es un milagro. Somos los afortunados que adquirimos el número ganador entre los billones de papeletas que rifó el Universo. Cuando se vive con esta conciencia de poder interior, cambian muchas cosas. Romper la concha claustrofóbica y salir a la vida con todo el ímpetu, provoca cambios increíbles en nosotros y en lo que nos rodea. Vivir a pleno pulmón, incorporando la fuerza del vientre, existir con confianza, diciendo: «Aquí estoy yo», supone una revolución inimaginable.

Para eso practicamos katsugen undo y yuki, para que de manera espontánea, sin buscarlo, brote de nuestro interior todo ese océano infinito de posibilidades que nos ofrece la vida cada día, aunque nosotros nos empeñemos una y otra vez, en elegir las mismas raquíticas y trilladas opciones. El maestro de soho te conducirá y te orientará hacia el lugar donde se encuentran las herramientas que tú mismo puedes tomar, para que las apliques en dar brillo a tu vida. Te reconectará con tu IV de una forma global y dinámica, para que pensar, actuar, emocionarte, luchar y vibrar en lo profundo, surjan espontáneamente del deseo vital, provocando que todas esas psiques relacionadas, actúen coordinadamente, sin que ninguna tome la hegemonía. El experto en observación Seitai te invitará de una manera que no se puede comparar a nada conocido, a reparar en esos lugares, a los que es dificilísimo llegar, porque se ocultan muy muy profundo.

Esa persona cualificada, cuando llega al punto endurecido, que es como se llama eso que desconoces y que te está haciendo la puñeta, se suele topar con una cosa pequeñita del tamaño de una semilla de sésamo. ¡Qué curioso! Órganos afectados, sistemas hormonales alterados, tejidos encogidos, músculos tensos como la goma de un tirachinas ¿Y todo por una cosa tan pequeña? ¿Recuerdas aquel cuento de la princesa que tenía una piel finísima y que no podía dormir por un pequeño garbanzo que se encontraba oculto entre una lasaña de colchones de su cama? ¿Y tú qué dices, princesa? ¿Sabrías localizar tu garbanzo?

Creo que va siendo hora de que te hable de la TPE.

Capítulo 6

Enfermedad *vs* TPE

Deportes de aventura. Los que se vean inapetentes, que se queden en sus asientos con una mantita entre las piernas. Las tensiones de la vida, TA y TPE

> Afloja la tensión sobreexcitada de tu cuerpo. El vaivén natural de los músculos es lo más fundamental para que tu vida brote. Es un error pensar que para liberar la energía del organismo es necesario ponerse en tensión con los músculos endurecidos. Basta solo con observar al que cruza el río sobre el tronco de un árbol, o al que domina el arte de la caligrafía tradicional. Mientras estamos contraídos, no podemos exteriorizar nuestra fuerza profunda. La contracción continuada provocada por el temor o el miedo no constituye un estado natural en el ser humano. Cuando esa sobreexcitación permanente cesa, surge una respiración profunda nacida del bajo vientre.
>
> —Haruchika Noguchi

Vivimos sumergidos en el estrés y en la prisa. Cualquier novedad envejece rápidamente. El ser humano se ha ido precipitando. El tiempo se ha acortado. La línea evolutiva que llevó al simio a ser homínido se prolongó durante varios millones de años. El Paleolítico fue más extenso que el Mesolítico y los periodos se fueron reduciendo, hasta llegar a nuestros días. En ese estado de caos y de locura, acordamos que el mal del ser humano moderno es la tensión. La tensión es perjudicial.

¿Y eso por qué? ¿Te imaginas unos músculos laxos, incapaces de estirarse? Sin tensión, no habría erecciones vigorosas para que un pene se introdujera en una vagina y así provocar que los espermatozoides inicien su viaje vertiginoso en busca del óvulo perdido. Sin tensión, podría llegar cualquiera en mitad de la noche, asaltarnos y nosotros quedarnos tumbados y desidiosos. Si no existiera la maravillosa tensión, el mundo no existiría. Esta tensión fundamental para la vida en Seitai la llamamos TA, *tensión autónoma* o *autógena,* como prefieras. Esta palabra fue creada para señalar las dos fases básicas del movimiento, que son tensión y relajación.

El vaivén continuo de un lado a otro, esta TA, es la fuerza de la vida. La fuerza de la vida, cuando está afinada, sensible, despierta, es capaz de pasar de cero a cien en un *pispás*. Es muy hermoso observar esto en un felino. ¿Tienes un gato cerca?

Imagínate que duerme plácidamente. No hay nada tan gozoso como observar a un minino relajado. Sin embargo, si en la estancia irrumpe un grupo de niños gritando y jugando, ese organismo del gato, que hasta entonces era un remanso de paz, en cuestión de un nanosegundo, está erizado y arqueado, con los labios encogidos, soltando un sonido chirriante y prolongado. Los niños salen por la puerta del jardín, el gato se estira, se da dos lametazos, se tumba y se duerme profundamente de nuevo. Del cien a cero en un santiamén. ¿Qué ha pasado? Pues sencillamente que la TA del gato ha funcionado a las mil maravillas y le volverá a funcionar una y otra vez. ¿Y sabes por qué? Pues porque tu lindo gatito tiene perfectamente engrasado el resorte de tensar y destensar para dar respuesta a los estímulos. Lo hace sin esfuerzo. Esa tensión le sirve a tu gato para actuar, para defenderse, para aparearse. Pero si por alguna circunstancia el gatito, una vez se tensa, es incapaz de soltar. Los niños ya no están, pero la cabeza del gato sigue dándole vueltas al asunto: «*Jodíos* niños. Si Herodes tal y cual». Él insiste en decirle a su propia mente: «Déjalo ya, son niños cabrones, pero niños». El gato, con ese *runrunronroneo* en la cabeza, vuelve a su cojín y se tumba, o sea, se relaja... aparentemente.

Si tuviéramos un microscopio de enfocar *tensiones localizadas de gatos*, veríamos que alguna parte de ese organismo algo se ha quedado bloqueado y tenso. Pasan los días, pasan los años... La mente del gato ha olvidado el incidente de los niños, pero su organismo no. En algún lugar, esa experiencia se ha quedado lacrada. A partir de entonces, el gato no siente directamente la zona rígida; sin embargo, empieza a percibir que cuando se va a levantar, ya no lo hace con la misma fluidez que antes. Además, ahora tiene jaquecas frecuentes o un carácter del demonio. Depende del gato... No es tan viejo como para estar experimentando ese envejecimiento, porque una cosa es ser viejo y otra estar envejecido. Algo no va como se supone debe ir... Poco a poco irá perdiendo la capacidad natural de tensar y destensar. Vaivén. Su sensibilidad se ha ido apagando y ahora, hasta que tiene el trolebús encima, no lo ve.

Ese gato eres tú y la mayoría de los seres humanos. Y el trolebús es lo que comúnmente se llama enfermedad. La TA se nos ha desajustado.

Nuestra maravillosa capacidad de permanecer erguidos, nos ha proporcionado una mente creativa maravillosa, pero eso va emparejado con un maleficio destructivo: la imaginación es un cuchillo de doble filo. Tenemos la capacidad de generar ideas, de mejorar nuestro entorno y adaptarlo a nuestras necesidades. Creamos, inventamos, filosofamos y nos hacemos preguntas existenciales. Sin embargo, esa creatividad cuando se tuerce, nos ata a una sobreexcitación mental especializada en la elucubración en rulo. Creamos y nos creemos nuestros miedos. Nos alteran cosas que realmente no tienen ninguna importancia. El miedo nos atrapa y nos inmoviliza. Somos unos viajeros del tiempo incansables, del pasado al futuro y del futuro al pasado. ¿Y el presente? La realidad objetiva se nos mezcla con nuestra realidad imaginada, pero vivida. Y eso pertenece ¿al consciente o al inconsciente? Desde luego el consciente no vive ajeno.

Ese consciente, que supuestamente controlamos, pierde el control. Y sigues creyendo que es tu cerebro, el eficiente que todo lo maneja. Crees que ser consciente de una sobreexcitación mental es el principio de la solución. Localizado el desasosiego, lograras calmarlo y todo se relajará. Tú responsabilizas directamente a tu cerebro de tus comeduras de coco... pero no es así.

El responsable de tu mente sobreexcitada, o no, es tu organismo en su conjunto. Nada habita en nosotros de forma aislada. Estamos activados por la vida. La vida actúa conjuntadamente y en coordinación permanente a través de nosotros, orquestada por la IV. La inteligencia vital fluye libre gracias al movimiento vital hasta que ese movimiento se ralentiza por falta de vaivén. Sin movimiento, la vida se coagula y aparecen grumos que ya no son arrastrados por la corriente vital.

La respiración se encoge. Es en ese preciso momento cuando la IV empieza a perder comunicación y a alterarse. El cuerpo no somatiza lo que la mente genera, porque la mente no tiene tanto poder sobre el cuerpo. Tampoco el cuerpo sobre la mente. Una cosa es cuerpo-mente y otra organismo como ente global. ¿Qué fue antes, el huevo o la gallina? Según Darwin, el huevo, pero en realidad nadie lo sabe a ciencia cierta. Organismo como organización. Estamos organizados, somos un conjunto indisoluble formado por órganos, psique, energía, funciones fisiológicas, celulares.

Organismo viene del griego ὄργανον *órganon*, que significa 'instrumento, herramienta, útil'. El organismo vivo es la herramienta útil para hacer que la vida viva. Anatomía es la ciencia que estudia la estructura de los seres vivientes, y sin embargo no hay nada más alejado de la vida que la anatomía. Si me baso en la etimología de la palabra, *ana* quiere decir 'arriba' y *tomos*, 'corte'. *Anatomé* significa 'disecar, cortar a través de, disección'. Para estudiar la vida tradicionalmente se han estudiado muertos. Curioso, ¿verdad?

Volviendo al gato, a la TPE y a todo ese *mogollón* mental que nace del organismo, ¿recuerdas esa frase tan simpática de «mente superior domina mente inferior»? Yo la transformaría en: «organismo coordinado domina batiburrillo disociado». Muchas veces compadezco a las pobres personas que se dedican a atender la salud de los demás. Les traspasamos toda la responsabilidad, les exigimos respuestas. Pero hábilmente y con toda la razón, ellos nos devuelven la responsabilidad.

¿Por qué crees que te hacen firmar cada intervención que te realizan? Urge dar una respuesta: «Usted somatiza». «Es un virus». «Es una enfermedad rara». «Uno de cada tantos lo sufren». «Es de por vida, acostúmbrese a vivir como un enfermo crónico». «Las alergias van y vienen, sin más». «Nuestro estilo de vida conlleva estas cosas». «Cada época tiene sus enfermedades» Resulta tranquilizador tener un diagnóstico, aunque no se sepa qué hacer con él. Necesitamos una explicación para lo que nos pasa, y así podemos comunicar a nuestro entorno lo que no sabíamos transmitir. Todo el mundo nos entiende porque hay un diagnóstico. Pero la mayoría de las veces no dejan de ser palos de ciego. Los parches no tapan el meollo real que está muy, muy escondido. La princesa del cuento desconocía la existencia del garbanzo en su cama y, ¿cuándo se erradicó su sufrimiento? Pues en el momento en que el pequeño ejemplar de legumbre, salió a la luz.

Saber es importante, pero saber con un puntero certero y dar en la diana, no martilleando los pilotos rojos. ¿O es que nos da igual lo que hay debajo de la alfombra? Nos gusta tener un coche exclusivo, una casa, pero en lo concerniente a malestares, no queremos ser únicos y tener algo único. Queremos formar parte de un todo. Nos pasa a nosotros y a otros. *Mal de muchos*... Tapar el síntoma no significa curar, pero eso ya no importa. *Ojos que no ven*... La pelota queda botando sola en tierra de nadie. En ocasiones, la tierra de nadie la toma el psiquiatra y la persona pasa de enferma física a enferma psíquica. Para otras, el asunto queda botando en el limbo de las enfermedades raras... Siempre parcelando, sin contemplar la integridad del ser. Sin embargo, muchas enfermedades, incluso algunas consideradas graves, se resolverían localizando TPE. Si supieran, comprobarían que eso proviene de un problema bien real, incluso aquellas que se meten en el saco sin fondo de la *somatización*.

Nadie se inventa su agresividad, su violencia, sus miedos aparentemente infundados, su ansiedad, su infelicidad, sin que exista un hecho objetivo. Nadie sufre ardor de estómago, úlcera, taquicardias, jaquecas, sin que exista un origen real. Nadie sufre alteraciones en la tiroides, ni diabetes, ni tensión alta, por gusto. Una vida que nació sana pierde la salud y su capacidad de respuesta, porque su acción natural de tensar y destensar se ha restringido. Mira, un nombre: síndrome de Insuficiencia de Movimiento Vital en Organismo. Ya tenemos diagnóstico.

> Cuando en una vida se instalan los fantasmas de la ansiedad, la apatía, la tristeza, la agresividad, etc., pasa algo real. No es invento, como tampoco se lo inventaba la princesa atrapada por un garbanzo que jugaba al escondite. La psique nace del organismo. Organismo global, sin parcelas. Cuando sentimos que nuestra existencia puede con nosotros, esto se debe a que hemos perdido el vaivén, la capacidad vital de tensar y destensar. Nuestro latido se altera y la respiración se acorta. Falta vaivén. Falta movimiento vital, coordinación. Falta IV.

Si alguien no puede orinar, no podemos pedirle amabilidad. Si sufre de estreñimiento, no le exijamos paciencia. La carencia de movimiento, la falta de peristalsis de sus intestinos por haber perdido su capacidad de bombeo para expulsar las heces hacia el exterior es una cuestión vital, no solo para el cuerpo, sino para la psique. No ir al baño desordena la vida entera. ¿Simplemente por una falta de vaivén en las paredes intestinales? Sí. Sin duda. Si se supiera que el afectado tendrá probablemente el lado izquierdo de la lumbar 2 endurecido y que el katsugen y el yuki, podrían flexibilizar esa zona y el individuo ir a evacuar con total normalidad, algo cambiaría, ¿no es así? Pues la mayoría de las veces es así de simple. Grandes problemas cotidianos que cuando se practica, desaparecen. Sin más. ¿Y qué pasó con el diagnóstico?

¿Cuántas veces has llegado a un spa sin aguantarte a ti mismo y después de los vapores y de los masajes, lo que llevabas encima ha desaparecido? El pensamiento es cosa del cerebro, sí, pero el estado de la mente nace del organismo como conjunto y eso implica también a tus células, a tu actividad fisiológica, a tus órganos, a tu psique... Te puede tocar la lotería, tener una cita con la persona de la que estás enamorado hace mucho tiempo y por fin te hace caso. Si tienes un insignificante nervio en el colmillo haciendo de las suyas, ¿dónde estará tu mente?

¿Pensando en qué te vas a poner para la gran noche? ¿Diseñando la estrategia sobre qué momento elegirás para besar a esa persona tan especial? Imposible pensar. Todo tu ser estará concentrado en ese pequeñito lugar, insignificante para el universo, pero núcleo nuclear del cosmos para ti. Y si lo piensas, ¿qué te duele realmente, los pies? ¿El estómago? Disocia. Ignora al puñetero nerviecito. Puedes intentarlo, pero no podrás. ¿Un triste nerviecito del tamaño de un hilillo, una insignificancia en el organismo, está tirando al traste una experiencia única? *¡Maldito garbanzo tortura-princesas!*

Al revés ocurre igual. Recibes una noticia grave e inesperada y todo el conjunto se compacta. Ese nuevo panorama te invade todo el ser. El desasosiego, el desamparo no es solo una idea, un estado de ánimo. Todo el organismo en su conjunto ha respondido a ese estímulo externo. Ante la misma noticia cada ser humano reaccionará de una manera y aportará una TPE extra que se acumulará a la vital, ya existente. El problema será uno, pero la forma de recibirlo y de enfrentarlo, será infinita. Tantas como seres humanos habitan en la Tierra. La manera de responder, en Seitai la llamamos osei. Cómo respondemos espontáneamente ante las diversas situaciones es algo muy interesante que debía estar bastante más investigado y divulgado, porque aclararía muchas dudas para las que hoy en día, no *existe* explicación. Este es uno de los temas más importantes en el cual, el Seitai puede aportar nuevas vías de investigación.

La vida siempre se sirve del organismo para actuar y responder a los estímulos. Si se trata de algo extraordinario, lo normal es que las células empiecen a emitir mensajes de alarma. Cuanto más fluido sea ese organismo, mejor responderá. Las células conjuntivas suelen ser las más resolutivas en los asuntos que requieren urgencia y se ponen al mando. Son las que pertenecen al movimiento central y que son muy hábiles en la trinchera, contrayendo todo el organismo para que aguante los embistes. Pero depende de la situación concreta, se activará una osei u otra.

Esa concentración, esa capacidad de condensar, esa tensión, es fundamental para enfrentar una noticia terrible. Pero después ¿será el organismo capaz de recuperar el vaivén? Si no está especialmente engrasado, ese asunto grave puede absorber al individuo de por vida. Un solo momento puede gobernar el resto de sus días. Seitai: organismo ordenado. ¿Y quién será la mejor aliada? Una respiración pectoventral fluida que surge espontáneamente nos defenderá de cualquier imprevisto. Hay quien entra en un laberinto emocional y doloroso, y jamás logra salir.

La TPE estrangula, paraliza, incapacita para la acción o empuja a actuar demasiado rápido, sin coordinación. Desajusta el equilibrio natural del organismo y eso se traduce en actividad mental mortecina, gris, preocupada, pusilánime... Se traduce en cansancio global, dolor o lo que es peor, ausencia de dolor. Se convierte en acortamiento, en disminución del movimiento corporal. La TPE te puede poner totalmente rígido o lo que es peor, laxo y fofo. Esa sobreexcitación inexplicable que no tiene un origen real aparente, ese agarrotamiento generalizado, esa flacidez, tienen una raíz real y oculta que se llama TPE. La TPE, tensión parcial excesiva, es un foco inmóvil, un lugar donde el movimiento no fluye. Funciona como el agua estancada. Un agua viva, vigorosa, mueve la vida. Lo podrido huele. Huele mal. El agua empantanada pudre la vida, aunque habrá *bichos* que también quieren vivir, como tú, y se encontrarán muy a gusto en esas aguas putrefactas e inmóviles de tu TPE.

Esos virus, bacterias, con los que has convivido habitualmente y a los que siempre pudiste sin ningún problema, porque eres más grande, de repente encuentran confort en los espacios calmos que genera tu TPE y deciden instalarse. Esos pequeñajos crean hogar. Encuentran la *república independiente de su casa*. Te han podido. La familia tóxica crece y crece, mientras vives ajeno a la redecoración que hacen esos bichitos de su nueva mansión. Al faltar vaivén, no existe el bombeo, no hay terremotos que les desbaraten sus edificaciones. Es un lugar de ensueño en el que instalarse. A ellos les encanta. Esa suciedad es su *Caribe Resort*. La TPE está en el origen de todos tus males y no se puede interpretar como un problema meramente físico. La medicina concreta siempre en un órgano, en un disco intervertebral, en la alteración de una glándula, en un estado específico de la mente. Pero la TPE afecta al conjunto. Un órgano dañado tiene vinculaciones específicas con unas vértebras concretas, unas funciones fisiológicas específicas y con un tipo de sobreexcitación mental igualmente concernida.

No hay órganos que funcionen irregularmente mientras la psique vive arrullada por una respiración de calidad vigorosa y bombeante. Cuando algo no va bien, todo el conjunto se ve afectado, tanto en lo orgánico, como en lo fisiológico, lo celular, lo energético y lo mental. La vida activa todo ese engranaje inteligente y estructural para soportar el desequilibrio. Con este *desequilibrio*, lo que intenta es equilibrar. Y da igual si te das cuenta de ello o no. Ocurre. Se hace solo, sin que tu inteligencia planificadora y organizadora pueda hacer absolutamente nada. Al no estar coordinada, esa inteligencia maravillosa queda fuera de la fiesta de los *mogollones* vitales y se convierte en un pelele aturdido que da bandazos. La TPE es pertinaz. No relaja jamás, ni siquiera cuando duermes. Se te instala calladamente y taladra tu sosiego cuan *gota malaya*. Y sin que repares en su existencia, empiezas a convivir con ella y la integras como una pieza más del puzle. Aprendes a convivir con el enemigo.

Hay dos tipos de TPE:

- La TPE de desgaste.
- La TPE de inhibición.

La TPE de inhibición es la más perjudicial de todas. Pero antes de entrar en las TPE te voy a hablar un poco de la tensión A de taiheki, por ser la que traes al mundo de origen.

Tensión A de taiheki

Este tipo de tensión parcial excesiva es la que traes *de fábrica*, es genética pura y dura. Proviene de las semillas que han ido sembrando todos tus antepasados y que han derivado en ese individuo único e irrepetible que tú eres. La has heredado.

Puedes nacer con una gran tendencia al pensamiento, a las ideas. Entonces tu cuerpo tendrá también unas características afines, que propiciarán que tu cabeza ande siempre por las nubes proyectando e ideando.

Quizá seas de esos que nacen con unos hombros poderosos y que desde el principio apuntes maneras y se te vea que vas a ser un culo inquieto que siempre estará ejecutando acciones y tareas, enfocado en el pragmatismo.

También puede que seas un glotoncete que te ríes angelicalmente con la misma facilidad que lloras y te coges una rabieta de aúpa reclamando la atención de todo *quisqui*. ¿Existe algo mejor que comunicar con los demás? Lo digestivo y la emotividad gobernarán tu vida.

Es posible que te retuerzas sobre tu eje con facilidad y en seguida te pongas alerta. El vigor de tu cintura y la acción de todo lo urinario, te propiciará marcar el territorio, pelear y defender lo tuyo.

O quién sabe, quizá eres de los que se queda colgado con dos de pipas observando cómo las hormiguitas faenan de un lado a otro, haciendo gala de una increíble capacidad para condensarte energéticamente. El sexo, la psique profunda, la vibración, la conexión con lo intangible, serán tu faro.

El asunto no es tan simple como lo estoy pintando aquí, porque el taiheki, lo que vendría a ser la rama genética del Seitai, combina diferentes taihekis en una misma persona y la cosa se complica. La gente experta en este tema, ha tenido que dedicar la vida entera a ello. Pero de manera general, quiero mencionar que este tipo de *tensión autónoma* tendrá una tendencia original, simplemente porque hemos sido lanzados a este mundo con unas características particulares. Esas tensiones específicas e individuales serán las que nos harán ver la vida de una manera concreta. Serán la estrella polar que nos guiará, pero también nuestro talón de Aquiles, esa piedra angulosa en la que siempre tropezaremos, por mucho que nos digamos a nosotros mismos, nunca más... Digamos que la TA de taiheki es esa que nos hace ser como somos y que nos empuja a repetir una y otra vez nuestros mismos éxitos y errores.

Noguchi, al principio, intentó explicar esto del taiheki a través de los animales. Según las características biológicas y genéticas concretas, cada animal responde psíquicamente de una manera que es común a todos los de su especie. En el gato no nace una psique de perro, ni en el perro la del gato. Existe una psique celular propia en cada género animal. Por eso era frecuente que hablara de las personas que atendía englobándolas en características animales: *la señora tal, tipo tejón, el señor cual de tipología jirafa,* etc. Así llegó a denominar noventa y ocho tipos de individuos, siempre respetando la unicidad del ser humano. Era una forma orientativa con la que intentaba expresar todo lo que su ojo experto veía. Sin embargo, abrir tanto las generalidades, para expresar características concretas, complicaba mucho. Pero aquello no fue de balde, pues el *origen zoológico* de observación del movimiento vital en los humanos derivó en una de las más grandes genialidades de Noguchi. Mirando tantas y tantas columnas y el movimiento especializado de cada vértebra, le llevó a observar la *gota de esencia vital* y sintetizar la vida en cinco movimientos + y –.

Y es así como terminó por concretar el complicado mundo del condicionamiento genético al que llamó taiheki, en seis grupos que dan como resultado doce tipos genéricos.

Grupo arriba-abajo tipos **I** y II. Su TPE tiende a concretarse en la cabeza y en todo lo que se relaciona con la acción cerebral. Al igual implicará vértebras, órganos, actividad celular y fisiológica, característicos del movimiento vertical.

Grupo izquierda-derecha tipos **III** y IV. Su TPE tiende a concretarse en lo digestivo y en todo lo que se relaciona con las acciones relacionadas con este sistema. También implicará vértebras, órganos, actividad celular y fisiológica, característicos del movimiento lateral.

Grupo delante-detrás tipos **V** y VI. Su TPE tiende a concretarse en los pulmones, en lo muscular relacionado con el sistema locomotor y en todo lo que se relaciona con la acción que nos impulsa hacia delante. Igualmente implicará vértebras, órganos, actividad celular y fisiológica, característicos del movimiento frontal.

Grupo de torsión tipos **VII** y VIII. Su TPE tiende a concretarse en el sistema urinario y excretor. También implicará vértebras, órganos, actividad celular y fisiológica, características del movimiento rotatorio.

Grupo de cerrar y abrir tipos **IX** y X. Su TPE tiende a concretarse en la zona de la pelvis y en todo lo que se relaciona con la acción regeneradora y sexual del individuo. También estará implicando vértebras, órganos, la actividad celular y fisiológica, característicos del movimiento central.

Hay dos grupos más, muy especiales y que se daban muy poco, aunque yo observo que el ser humano está tendiendo a ellos peligrosamente.

- Grupo hipersensible en el que no predomina ningún taiheki concreto, sino que actúan todos todo el tiempo en hiperactividad. Este es el tipo **XI**. La TPE de estos individuos se dispara porque su exceso de sensibilidad les hace tener una tensión parcial excesiva global.
- Grupo hiposensible. Nada actúa concretamente. Hay embotamiento general y nunca se sabe lo que está expresando. Es el tipo XII. Al ser la TPE de estas personas de una sensibilidad muy baja, no perciben el peligro de lo que les ocurre por dentro hasta que lo tienen encima.

Os he puesto los grupos impares en negrita y los pares no, para hacer una distinción básica, de que hay taihekis más activos y otros más pasivos.

- Impar +. Activo. Predomina la dispersión energética.
- Par –. Pasivo. Predomina la concentración energética.

El grupo de abrir y cerrar es un poco diferente, porque aunque impar es activo y par sigue siendo pasivo, lo es extrovertidamente. Al taiheki Katsumi Mamine lo llamó osei de taiheki.

TPE de desgaste o gajes del oficio

Esta tensión parcial excesiva, como su nombre indica, es lo que por el uso *gastamos*.

Lógicamente, si un deportista es campeón de lanzamiento con jabalina, sufrirá una TPE muy distinta de la que padecerá un oficinista que está sentado todo el tiempo delante de un ordenador. Ambos tendrán TPE, pero su forma de crearse y de acumularse, será muy diferente. De ahí vienen el *codo del tenista* o las numerosas lesiones de menisco que sufre un futbolista, la debilidad cervical de un diseñador gráfico o la molestia en las lumbares de un repartidor de cajas de refrescos. Digamos que es una *TPE-gajes del oficio*.

TPE de inhibición: la frustración de los deseos vitales

La anterior es un tipo de TPE fácilmente apreciable. Si eres peluquero y te pasas el día dándole al cepillo, seguramente te quejes de algunos dolores en la mano. Ese dolor, proviene del intento que hacen los tejidos afectados por recuperar su fluidez y movimiento. Ya te hablaré del dolor un poco más adelante.

Pero hay un tipo de TPE que permanece ignorada. Cuando ignoramos algo es porque nos hemos acostumbrado y hemos aprendido a convivir con ello. Ya no vemos lo que, a la vista de cualquiera que venga de fuera, es evidente. El afectado suele ser el último en ver lo que salta a la vista, como en un afectado por infidelidad, suele ser el último en enterarse. ¡Pobriño! Y si no somos ciegos, somos *Diógenes vitales*. El que vive rodeado de basura, deja de verla, se integra en ese ambiente y cree que los residuos son lo normal... Pero de normal nada. Esa TPE quizá ni siquiera duela. No significa que no exista. Está latente, agazapada. En las pelis de terror, los malos más peligrosos, son esos a los que no se les ve venir. Da igual lo escondida que esté. Tu TPE antes o después se manifestará. Tardará años, incluso décadas, pero lo hará, y ¿sabes cómo?

En forma de PROBLEMA GRAVE

El problema será grave, porque se ha convertido en algo muy complejo. Te presento a la TPE de inhibición.

La tensión parcial excesiva de inhibición no se produce por un exceso de acción, sino por la falta de ella.

Un ejemplo de TPE de inhibición un poco *light*, por no alarmar, es la que manifiestan los niños encerrados durante todo un fin de semana, porque fuera llueve a mares. Como están inquietos, revuelven, como revuelven, los castigas, como los castigas, diseñan fechorías. Los ánimos de todos se calientan. ¿Y la inteligencia qué dice? ¿Y los libros de pedagogía? Ese día aprovechas para hacer limpieza y los tiras por la ventana. De repente cae en tus manos un texto sobre *Crianza* de Noguchi y lees que esos niños necesitan correr y liberar. Que no te preocupes, por los truenos y los relámpagos. El deseo de descarga energética es tan grande, que ningún resfriado los poseerá. Abres la puerta y los críos salen despavoridos. Niño va, niño viene. Corren, gritan, disfrutan... Ahora reúne al *rebaño* y vuelve a casa. ¿Cómo están? Mano de santo.

¿Qué ha pasado?

Pues sencillamente que su tensión A +, hasta entonces coagulada y con riesgo de convertirse en TPE (TPE superficial, pero TPE al fin y al cabo), se ha descargado y cuando el crío vuelve a casa, llega como una seda. Tú también has descargado la tuya y te dejas caer en el sofá. Ahora ya no quieres matarlos. Ahora disfrutas mirándolos cómo juegan al veo veo tumbaditos en el suelo.

Otra cosa que a los niños les crea un intenso estado de TPE es la indiferencia o la falta de afecto. Y esta TPE es más durilla que la anterior, ¿eh? El pequeño necesita vitalmente la atención de sus padres. Si no la tiene, la tensión A –, que tiene esa necesidad de atención, se bloquea y se transforma en tensión parcial excesiva.

Te he puesto dos ejemplos sencillos de tensión A que puede nacer en + o en –. Esa tensión es tu propia vitalidad. Es lo que, en determinadas regiones y células de la CVP, origina el deseo. El deseo surge por una necesidad de dispersión o concentración energética. Cuando este se reprime, se inhibe o se contiene, se estanca y ese estancamiento aparece como una permanente sobreexcitación local. Hablo de nuevo de deseo natural, no del deseo de «A ver si gano el sorteo del viaje a Marina D'Or, Ciudad de Vacaciones».

La TPE, cuando se inhibe profundamente, se transforma en problemas, que se suelen manifestar de las siguientes maneras.

- Surge una descompensación entre la región implicada y las demás. Al ralentizarse, o bien sobreexcitarse una parte concreta, se produce la descoordinación. Esto es lo que acaba implicando al resto de sistemas, vértebras, regiones y células que, sin tener nada que ver, se ven obligados de repente a realizar sus funciones de una manera inusual o bien se ven desprovistas de sus propias funciones, porque al otro le gusta *chupar cámara* todo lo que puede.
  Recuerda que somos un conjunto y que cuando una parte está afectada por algo, el resto se ve arrastrado. Si en una gran fábrica donde un

producto tiene que salir alguien remolonea o bien es un pelota que todo lo quiere hacer, el resto de compañeros sufrirá, asumiendo un trabajo extra o bien quedando en evidencia ante sus jefes por parecer incapaces de seguir el ritmo del acaparador.

- Se instala una fatiga o debilitamiento local. Siempre hay una zona recurrente de la que te sueles quejar y la siente como especialmente vulnerable. ¿Por qué te duele un dedo concreto cuando te pones tacones? ¿Por qué tienes jaquecas habituales? Vas al médico a *que te miren*, pero *no te ven nada*. Te dirán que somatizas los problemas, pero no te lo creas. En el fondo está tu TPE ejerciendo de actriz invisible. Es una especie de conciencia molesta.
- Se aprecia un endurecimiento local, que al llegar al límite, se convierte en laxo y embotado. Es el *elástico de un calcetín*, que por el desgaste, se vuelve fofo e inútil.
- Se da una acumulación de sustancias nocivas en las células y en los espacios intercelulares de la región afectada. El vigoroso movimiento celular que provoca un vaivén natural nacido de la tensión y la relajación, deja de realizarse correctamente. Todas estas sustancias, al no recibir el bombeo adecuado, no se pueden expulsar y se vuelven altamente tóxicas y peligrosas para la salud.

Cuando estos problemas se agravan, se intensifican y se complican, pasamos a otro estadio de TPE. Es cuando el organismo, intentando siempre recuperar el equilibrio, busca compensar el desajuste aunque sea con violencia.

Tu organismo nunca se rinde y siempre encuentra su cauce para reorganizar el equilibrio natural, utilizando sus últimos cartuchos.

En Seitai conocemos a estos *agentes especiales* como recursos de compensación al límite. Y dices: «¿Cómo puedo evitar alcanzar estos estados interiores?».

Tú ya lo sabes. Conoces el katsugen undo. Lo has experimentado. Pero no vale solo con conocerlo. Es necesario practicarlo. Si no le dedicas un ratito al katsugen, a ese placer de estar contigo mismo, permites que tu TPE se vaya intensificando. Tu TPE se hace fuerte. Tú te debilitas. Para todo hay un límite. Tensas, tensas, tensas y ¡¡¡plaff!!! La gomita se rompe. ¿Te acuerdas del chiste de Goma Rota? Yo sigo con el tema de la TPE, que no es cosa de chiste. Cuando se sobrepasa la asistencia que nos proporcionan esos recursos de compensación, ellos también quedan atrapados en el estancamiento. Es como si un grupo de bomberos fuera cercado por el fuego y no pudiera huir. *Uyuyuyyyyy... Houston...*

¡Por fin llegaste! Ya estás en el punto en que el yo espontáneo se disocia y se destruye la natural e individual forma de actuar de todo el conjunto. La coordinación entre lo físico y lo orgánico, lo psíquico y lo mental, el consciente y el no consciente celular, empiezan a actuar de forma aislada por propia supervivencia. Ya no hay trabajo en equipo. Cada uno se ocupa de lo suyo sin escuchar ni atender lo que hacen los otros. La IV *peta* y entra en caída libre. Tengo que comunicarte una cosa: date por chafado. Tu mente consciente hasta ahora había vivido la *dolce vita* ajena a todo ese *mogollón* interno. Pero cuando el conjunto no puede hacer más equilibrios, demanda tu atención consciente y ya sabes cómo lo hace. Cuando el organismo necesita parar ese ritmo frenético y alborotado al que le has sometido, lo hará a costa de lo que sea: de tus vértigos, de tus visiones borrosas, de tus jaquecas, de tu ansiedad, de tu fatiga crónica, de tu piedra en el riñón...

Añade tú los ejemplos. Son infinitos. ¿Y por qué? ¿Por qué antes de llegar a esto no tomaste medidas?

Ahora eres uno de esos privilegiados que conoce la práctica del katsugen undo. Si practicas, no te darás cuenta. Los humanos somos así. Cuando las cosas nos van bien, no las apreciamos. Solo las vemos cuando empiezan a ir mal. El katsugen te permitirá vivir una vida mucho más fluida, porque será ella la que haga el trabajo. En ti y sin esfuerzo alguno, se irá suavizando tu TPE profunda. Incluso habrá casos en los que alguna de esas enfermedades que te diagnosticaron *de por vida* y que nosotros conocemos como TPE, desaparecerá por completo. Nada que perder. Mucho que ganar. ¿Cómo explicarlo? Algo se despierta: una alerta, una sensibilidad, un no sé qué, que te libera de la indiferencia y la apatía. De alguna manera, empiezas a involucrarte, apreciando y reconociendo todos los procesos vitales y naturales que habitan en ti, respetándolos y acompañándolos. Al asumirlos, te haces cargo de ellos. Pues bien, esto que se lleva a cabo de una manera tan simple, a través de las prácticas, te puedo asegurar que cambia la vida entera. Mira que hasta ahora no he sido de prometer, porque el Seitai nunca trata de convencer. Nada se te dará si no tomas tú la iniciativa. Pero es así. Dicho está y no lo verás salir de mi boca de nuevo.

El katsugen es la forma más sencilla y agradable de recuperar la respiración pectoventral tan vital y fundamental para tu existencia. Ella sacará a la pista a todos tus tejidos y células para que bailen un vals con el príncipe azul del vaivén natural y colorín, colorado Este cuento se llama coordinación vital. Inteligencia vital.

> *Resumiendo: existen dos tipos de tensiones, como el colesterol. ¿No se habla de un colesterol* malo *y de otro* bueno*? La TA es genial. Así que anímate a vivir creando, actuando, comunicándote, luchando por preservar lo tuyo, vibrando con lo profundo. ¡Vive tu TA con alegría y ataja tu TPE, bajando sus índices a golpe de práctica! En Seitai, los yogures-erradica-colesterol-malo se llaman katsugen undo.*

¡Cuántas enfermedades son en realidad TPE!

¿Sabías que atacarla por medios artificiales no significa su desaparición, sino su transformación? Cuando sabes interpretar, todo se vuelve natural. Vives con naturalidad los vaivenes de la vida, sus turbulencias. El saber mata la ignorancia. Y sin ignorancia no hay miedo.

Por eso te quiero introducir, aunque sea brevemente, en el apasionante mundo del lenguaje de la TPE.

¿Te animas a aprender a hablar, escuchar e interpretar un idioma nuevo?

Saca el pasaporte, porque cruzamos la frontera. El lenguaje de la TPE

> Una vez que el ki se ha endurecido, se ha solidificado, la persona implicada pierde la capacidad de controlar ese desajuste energético. Entonces varias partes del cuerpo pierden su potencial y con él sus facultades vitales. Este es el motivo por el que empecé a dar a conocer el katsugen undo.
>
> —Haruchika Noguchi

La vida tiene su propio idioma. Como no lo conocemos, lo escuchamos, pero no le hacemos caso. Para nosotros no es más que una sucesión de «sonidos» sin significado. Pues ya va siendo hora de conocer otras lenguas, aparte de las tradicionales. Sí, sé que te matan los años de inglés y sigues sin poder expresarte fluidamente, que te lo piden para todo y que no quieres más complicaciones. Pero este no es un idioma cualquiera.

¿Qué me dices de retomar el conocimiento de la lengua vital?

Será bonito recuperar la *lengua materna*, aunque no la hayas vuelto a hablar desde niño. Los libros de texto no son necesarios, porque la información está impresa en tu organismo.

Lo desconocido nos abre el estómago a la inseguridad. Esto se sabe. Y parece que hay muchos intereses creados para sujetarnos a lo crónico, el camino opuesto a la libertad. Quizá este sea el motivo principal por el que cada vez más, consideramos enfermedades, trastornos que en realidad, no lo son. El contagio del miedo. La inoculación del temor. *¡¡¡Baroonnn!!! ¡¡¡Crasshhhh!!!* Intento, creo que sin éxito, describir con una onomatopeya el sonido de un trueno en mitad de la noche. Nos meten el miedo, y luego nos ofrecen los remedios.

Esos remedios, en forma de pildoritas de colores con sabor dulzón, en la mayoría de los casos encierran fármacos que intentando dar solución a una cosa, jorobando otra. ¿Por qué te crees que la letra de los prospectos es tan pequeña? Leerlos asusta. ¿Y consideras que esa información está camuflada en forma de letrita raquítica, pensando en nuestro bien?

Aunque están obligados a contarte lo que contienen y a advertirte respecto a toooooodas sus contraindicaciones, para ellos será mejor que no te entretengas en leerlos.

Cuando yo era pequeña, recuerdo que se repasaban minuciosamente, pero hoy en día, ya casi nadie los mira. *Si el médico los suministra, por algo será*. ¡Pobres prospectos! Están en desuso, como las bolsas de agua caliente en la cama y los ceniceros en el interior de los lugares públicos.

Parece mentira. Con lo desconfiados que somos en general y, sin embargo, entregamos superfácilmente los designios de nuestra salud a algo tan inocuo como son los medicamentos. Hay quien consume auténticos cócteles. Resultarían más atractivos servidos en una copa de boca ancha, con pajitas y paipáis de papel. Nos lo hemos creído a pies juntillas.

Todo se ha confabulado. Los medios de comunicación son muy responsables del manejo que se hace de este tipo de informaciones y las parrillas publicitarias se llenan de anuncios de sustancias químicas que nos prometen el cielo. Antes no, pero ahora es suficiente *consultar con el farmacéutico*. La publicidad es muy poderosa. Crea un mundo ideal. Está hecha de boato para seducirnos, para hechizarnos, y para ello se maquilla la mentira.

Nos venden lo que necesitan vender, no lo que nosotros necesitamos comprar. Aun así, seguimos confiando en que rejuveneceremos si nos damos un potingue en la cara, en que la vitrocerámica quedará brillante sin mover un dedo y que todos nos querrán por tener un coche último modelo.

Nuestros códigos de creencias están edificados en nuestra más tierna infancia. Somos niños que crecimos creyendo en los Reyes Magos. Se nos vende éxito, fama, juventud, felicidad, belleza, naturalidad, vitalidad, y curiosamente... cada vez nos alejamos más y más de todo ello. Cuantas más cosas tenemos, más necesidades nos creamos y menos libres somos. Somos un cúmulo de cachivaches inútiles. Y esto no solo afecta a nuestros hogares atiborrados de objetos, también involucra a nuestra salud. Cada cosita requiere un remedio. Si no duermes, *no-sé-qué-lina*; si te duele la pierna, *no-sé-qué-lor*... Si sudas demasiado, si te salen granos, si no tienes la *marcha* suficiente... Tú pide por esa boquita, que la lámpara maravillosa de la farmaindustria tiene algo *chupi* que ofrecerte. Ya no tienes que hacerte cargo de ti. Ahora hay quien vela por tu bienestar.

Lamentablemente, la vida no tiene nada que ver con los intereses del mercado. Estás solo ante el peligro. Naciste para morir.

Entonces, ¿por qué vivir muriendo a cada instante?

Cuando empieces a reconocer muchos de esos trastornos como aliados, no vivirás eternamente preocupado. Hasta los agradecerás. Existirás todos los días de tu vida y morirás solo el último. Un día para morir. Miles para vivir. Nuestra sociedad apela constantemente al concepto de libertad, pero todo parece encaminado a aislarnos en mazmorras inexistentes. El miedo... Existimos en la experiencia de lo aséptico. ¡Uhhhhh! Todo esto, no sé. Creo que me da más aburrimiento que miedo.

No hay mayor libertad que vivir confiando en la vida. Libertad...

¿Puede existir, mientras se vive adosado a una bolsa de medicamentos? Cuanta más dependencia se tenga, más difícil nos resultará emanciparnos. ¿Qué, cómo suena esta nueva lengua de la que te hablo? Es muy seductora. Poco a poco ampliará fronteras y conquistará la tan ansiada libertad. El francés para amar, el inglés para la guerra, el italiano para seducir, el castellano para hablar con Dios y el Seitai, para hablar con la vida, siempre libertina y seductora ¿Y el alemán? Carlos I decía que para comunicarse con su caballo. ¿Qué querría decir?

La TPE emplea su propio idioma para llamar tu atención. Pero como no lo conoces, le das un zapatazo cada vez que se expresa, como si se tratara de una mosca zumbona que viene a estropearte tu siesta veraniega. Por primera vez, empiezas a intuir que no es así y que quizá merezca la pena tener en cuenta esas molestias.

La TPE requiere atención para resolverse. Como se trata de algo que no es adecuado para nuestra existencia, se manifiesta en forma de cosas que consideramos *desazones*. No es que sea una lengua bárbara y bruta, carente de musicalidad, lo que pasa es que ha aprendido a que con susurros, nadie la comprende. Es por eso, por lo que cada vez más, está subiendo el tono, a ver si por fin alguien la entiende.

Esas *palabras malsonantes* o *molestias-tocanarices*, como prefieras, son manifestaciones naturales que terminarás amando. No digo que sean agradables. Digo que son necesarias y requieren otro talante. No temas. Seguimos como antes. No queremos que nos pase nada. Eso es magnífico, se llama instinto de supervivencia. No somos masoquistas sin control. La autoprotección es la acción más básica que ejerce cualquier ser vivo. Pero... Nuestra naturaleza se sostiene sobre millones de inteligencias que se están ejecutando permanentemente. Y esas inteligencias, nos guste o no, en ocasiones necesitan hacer algo que no es agradable, aunque sí vital. El dolor, la tos, los eructos, vómitos, caspa, vértigos, fiebre, catarros. ¡Existen tantas manifestaciones que están intentando decirnos cosas! Todas ellas son palabras de mucho contenido en el idioma particular de la TPE. Son el abecedario. Son mensajes que la TPE lanza al mar en una botella, esperando a que alguien los lea. Esos comunicados cifrados son funciones vitales que afloran, tan importantes como las internas que no vemos, pero que igualmente existen.

Por mucho que el cielo cambie su azul soleado, por la lluvia y los relámpagos, siempre es cielo. No está enfermo por mutar su estado. Será pasajero. Cambiará, sin duda. En ambas situaciones, el cielo es cielo. Tú eres tú, con tus alteraciones y sin ellas.

¿Por qué te consideras unas veces sano y otras enfermo? ¿Solo por unas poquitas manifestaciones vitales?

Aprender a atravesar los momentos cambiantes, los vaivenes de la vida, nos aporta un carácter, que hace que nuestra experiencia no vuelva a ser la misma. Nuestra sociedad, en especial en los últimos ciento cincuenta años, ha sustituido el conocimiento natural e intuitivo, por la química. Esos resortes, que no eran ningún misterio para nuestros antepasados, se han ido ahogando y cada vez que nuestro organismo habla, por purito desconocimiento, sacamos la maza y ¡plaf!, una molestia menos. «¡*Amos* quita, mosquita!».

A base de no observar y de machacar cualquier manifestación, el organismo se va debilitando. Ese es el lenguaje de la cultura del miedo. No nos lo pensamos ni un solo instante.

Ante cualquier asunto, nos ponemos en manos externas.

Esa actitud nos ha ido llenando de minúsculas muletas que han tomado un protagonismo que no les corresponde.

Ignorar la vida, apaga la vida. Nuestros genes se debilitan. El esperma se hace vago y sus espermatozoides parecen un ejército decapitado. «¿Para qué salir a horas intempestivas a fecundar óvulos, si me puedo tocar el escroto (y nunca mejor dicho)?».

Nuestro organismo, cocinado a lo largo de miles de generaciones por antepasados que separaron los ingredientes vitales vigorosos de los blandengues, ha entrado en una vía sin salida.

La naturaleza previó que existiera el movimiento, el dinamismo, el vaivén que todo lo arrastra.

Pero si a cada percance, escondemos la cabeza debajo del ala, el enemigo se hará cada vez más fuerte hasta que la vida, por una lógica de selección natural, prescindirá de nosotros como especie. Si le dan a elegir entre un pequeño virus pequeñito, fuerte y aguerrido, o un grandullón fofo y pusilánime, terminará por quedarse con el primero. Y no lo digo yo. Lo alerta la OMS desde hace años.

Los virus se han hecho cada vez más resistentes a los antibióticos. Han sabido adaptarse. Supervivencia.

Inteligencia vital. Se nos extingue un instinto vital desarrollado en cualquier organismo, por básico que sea y lo pagaremos bien caro. Esa es la desventurada herencia que dejaremos a nuestros niños. Les proporcionamos una montaña de inútiles muletas, les asistimos, intervenimos en cada proceso de su crecimiento. ¡Sabemos tanto! Y sin embargo, las herramientas fundamentales, los recursos que la naturaleza ha previsto para que cada cual pueda conocerse a sí mismo, se las estamos arrebatando.

Nuestros pequeños crecen convencidos de que tienen que pasar revisiones periódicas, como un coche. Eso conformará su código de creencias, elaborado exclusivamente por su yo vestido. Pero cuando necesiten el arrojo que requiere la vida y que solo se encuentra en un yo espontáneo fluido, no lo tendrán, porque solo habrán aprendido a pedir asistencia.

¿Qué harán cuando no la tengan? No tienes culpa. A tu hijo le das lo que crees que es mejor, y como tú tampoco tienes recursos, el miedo a que le pueda pasar algo se apodera de ti y recurres a lo que sea. Normal y natural. Ese *lo que sea*, cuando funciona, se le atribuye a la intervención.

¿Y cuando no funciona?

Realmente es difícil saber qué parte de la recuperación provino de la actuación y qué parte no.

La vida requiere alegría y coraje. Habitar en el riesgo devuelve vigor. Somos responsables de lo que estamos haciendo con la evolución humana, en especial en las sociedades que llamamos *desarrolladas*. No es extraño que se dibuje a los individuos futuros como extraterrestres de grandes cabezas y cuerpos casi inexistentes integrados en ambientes asépticos de metal y metacrilato.

Cuanto más esterilicemos nuestra sociedad, peor nos adaptaremos. Crecen las alergias, el cáncer ataca a personas cada vez más jóvenes, muchos niños ya vienen con esas células de crecimiento desordenado y nadie se plantea: «¿Por qué?».

Estamos atrapados en la trinchera y sin embargo, cada vez nos aquejan más males. Construiremos remedios, erradicaremos *enfermedades* y la vida inventará otras nuevas, porque lo que no se está tratando con seriedad es la TPE interna que la produce. Si te agachas esperando a que la ola te pase por encima, lo más seguro es que termine por tragarte. En las películas, la diferencia entre el héroe y el cobarde, solo consiste en cómo cada uno gestiona sus miedos. La autoprotección extrema no nos defiende. La vitalidad arrastra a los miedos infundados, despeja el camino.

¿Para qué una esperanza de vida longeva, si no existe la esperanza de vivir en plenitud?

Nacer, vivir y morir con naturalidad. A fuerza de intervención, nos estamos cargando el maravilloso engranaje capital. ¿Llegarán los remedios a sustituir la inteligencia vital, que hace que todo esto que tenemos funcione por sí mismo?

¿Y qué haremos cuando la amnesia vital se haya introducido en el código genético?

Ante un tsunami, un camión que te arrolla, una reyerta callejera... en esos casos, la asistencia es impagable. La intervención te salvará la vida. Pero ir todo el tiempo al médico a que nos vea, a ver qué nos dice. No se trata de llevar a cabo heroicidades, pero no estaría mal darle una nueva oportunidad a la existencia. Fusionar. Recuperar nuestros conocimientos ancestrales e instintivos y combinarlos con el momento científico imparable y maravilloso que resuelve lo que antes nos hacía morir sin remedio.

¿Por qué no reconciliar ambas maravillas en vez de mantenerlas enfrentadas?

Yo te propongo ser un *pibón* vital y para ello es necesario empezar a confiar en la fuerza vital, en las oseis y sus respuestas a cada necesidad, y tener una CVP coordinada que actúa espontáneamente. Observar, conocer, interpretar, practicar katsugen. Aquí está el secreto, que nada tiene de encriptado, porque nos habla a voces.

Nuestro lenguaje está lleno de referencias sobre lo importante que es la salud: brindando, en Año Nuevo Somos conscientes de lo importante que es la salud para desarrollar cualquiera de nuestras actividades cotidianas: trabajar, acompañar a nuestros seres queridos, disfrutar del ocio, atender inquietudes artísticas... Deseamos ofrecernos saludables y nos asustamos ante cualquier desajuste. Tanto tememos a la enfermedad, que cuando nos comunican que algo no va bien, entramos en pánico. De repente, sentimos una gran impotencia, como si la resolución estuviera fuera de nuestro alcance. Nos sobreviene una inmensidad que nos devora.

Nos afligimos. No sabemos cómo manejarnos con ello. Pero antes de llegar a esos estados definitivos o que creemos irreversibles, seguramente el organismo envió numerosas señales. Recuerda aquellos molestos resfriados que vapuleaste a golpe de efervescencias. Recuerda esos calambres que te despertaron a gritos porque te metieron un bocado en el gemelo en mitad de la noche. Recuerda aquel vértigo que tanto te asustó. ¿Y esos estornudos que relacionaste con alguna alergia contraída espontáneamente y de la que nadie supo darte explicación sobre su origen?

Todo ello son ejemplos de cómo tu TPE te hablaba.

¿Por qué no se nos educa en el arte de distinguir entre enfermedad y alteración?

¿Por qué nadie nos ha enseñado a sacar provecho de la enfermedad?

¡Digo unas cositas más raras...!

Un niño sano, lo es siempre, cuando corre por la playa y cuando atraviesa un resfriado. Es un síntoma de sensibilidad y de que sus recursos se activan y funcionan perfectamente, para que su organismo futuro pueda responder a los diversos avatares, a los que se tendrá que enfrentar en el futuro. Ese resfriado y la mayoría de las enfermedades infantiles son sus cimientos. Por ejemplo las paperas, muy relacionadas con su desarrollo sexual y genital, el sarampión, etc. Hay un principio legal que viene al caso: *no conocer las leyes no nos exime de la responsabilidad de cumplirlas*.

Acompañar la crianza de un niño conlleva responsabilidades, y desconocer no nos hará inocentes. Interferir constantemente le traerá inconvenientes añadidos a los ya intrínsecos. Sufrirá sucesos que no le correspondían, porque todo en la vida tiene consecuencias. No siempre serán graves, pero otras veces sí. Desconocemos la dimensión de nuestros actos pasados y presentes, en los devenires futuros.

La vida está llena de molestias

Nacer en sí es ya un suceso molesto. Tememos a la muerte, pero tener que experimentar un desahucio después de haber vivido nueve meses flotando ingrávidamente en el ambiente acuoso del vientre de nuestra madre Atravesar aquel estrecho túnel, asomarnos a unos focos que nos iluminan, escuchar gritos, sentirnos retorcidos por unas manos extrañas. En fin. La cosa se nos puso *complicadilla* nada más nacer. Después de todo ese embrollo, atravesar unos cuantos procesos como lo que son y no como enfermedades, como se están enfocando, resulta tranquilizador.

Los procesos van y vienen. Vaivén

¿Y el dolor? ¿Qué pasa con ese «inútil» dolor que nos hace padecer tanto? El rechazo al dolor es otro de los errores trágicos de nuestra cultura, porque el tan odiado y vapuleado dolor es nuestro aliado, porque es el principio de la recuperación. Es el lenguaje de tus tejidos contrayéndose y destensándose, recobrando el movimiento y la fluidez.

Los dolores son cosas de vivos. Habrá un día en el que nada te dolerá. Dolores *finiquitaun, taun*. Tú, *finiquitaun, taun*. Si observas los dolores, sin intervenir con analgésicos, verás que van cambiando de lugar, y que unas veces duelen y otras no. Como los pimientos de Padrón. Dolores de la vida, lógicamente. No me refiero al dolor que puede generar que nos saquen una muela, en el que un buen chute nos evitará agonizar durante horas.

La medicina hace una gran labor respecto a las muertes evitables. La ciencia ha conseguido cosas increíbles en los últimos años, y el descubrimiento de la penicilina trajo un nuevo horizonte, sobre todo en lo relacionado con la atención de heridos en una guerra, en un accidente de tráfico, etc. La intervención en este tipo de sucesos supone algo increíble.

Pero en general el organismo está tan preparado para vivir, como para morir.

Igual que vivió cuando decidió vivir, morirá cuando decida morir. Nadie podrá parar ese proceso. El organismo encontrará la manera de hacerlo, por muchos parches que le pongamos.

Si estás en un proceso de tratamiento, ten confianza. No te manifiestes como un enfermo, sino como alguien que está atravesando un momento difícil. Que la enfermedad no se convierta en tu núcleo. Vive, encamínate hacia la vida y empieza a practicar katsugen.

Date a la vida. Date al katsugen. Eso añadirá, sumará un plus, y tu trayecto hacia la recuperación se incrementará. Y para los que no estáis en ningún proceso médico, ¡reaccionad! No permitáis que eso llegue.

La vida está hecha para moverse. Un músculo si no se usa, se atrofiará. Meternos en una urna no nos fortalecerá, sino que nos apagará. Esa es la lógica vital.

Hay muchos enemigos que quieren invadir nuestro organismo, por supuesto. Vivimos en un momento en el que hemos erradicado muchos males tradicionales, pero se han añadido otros creados por el ser humano. Estamos rodeados de innumerables agentes químicos ante los cuales, nuestro organismo se tiene que defender: pesticidas, conservantes. Lo tóxico está presente en la ropa que vestimos, en las casas que habitamos, en los alimentos que ingerimos...

Volcamos residuos en los mares en que nadamos, en los campos en que paseamos, en los cielos de los que nos cae la lluvia. Entonces, no te atrincheres detrás de una pared hecha de papel de arroz, no te parapetes bajo un escudo sin superficie, acotado tan solo por un marco de cartón, esperando a que todos los males te caigan como una letrina abierta instalada en tu ático.

Date herramientas. Entrena tu movimiento vital. Sigue la inteligencia vital de los virus y bacterias, que cuanto más les atacan, más resistentes se hacen. Son seres vivos como tú. ¿Por qué ellos lo logran y tú no?

Hazte resistente.
Conviértete en un *terco vital*.

Señoras y señores, entramos en una zona de turbulencias. ¿En un tren? Algunos ejemplos de TPE: origen y puntualizaciones varias

Sobre el debilitamiento

Queremos desembarazarnos de las enfermedades. Pero si tan solo nos centramos en curarlas, inevitablemente aparecerán otras nuevas. Esta actitud nos debilita. Antes se temía la tuberculosis, ahora, el cáncer... La neurosis se extiende cada vez más...

Cada enfermedad que desaparece es sustituida por otra.

Pasarán miles de años, y el sufrimiento de la humanidad por padecer enfermedades, lejos de disminuir, aumentará, y eso es algo que nos hará vitalmente inferiores al resto de los animales. Si persistimos en vivir como lo estamos haciendo actualmente, nos encaminaremos a una involución.

—Haruchika Noguchi

Este capítulo me llevaría a escribir otro libro entero, pero tengo que sintetizar. En mis canales de YouTube, en mi blog, etc., iré ampliando y actualizando la información.

El Seitai es infinito y yo solo puedo abarcar una parte. Estas páginas son solo el principio. Suena a *Casablanca* y a Rick Blaine: «*Louis, I think this is the beginning of a beautiful friendship*».

Presiento que el Seitai, tú y yo, estamos en el principio de una gran amistad. Y te vas a poner muy contento cuando descubras que esos brazos temibles son tan solo aspas. «¡Mi señor, que no son gigantes, que son molinos!».

Cuando se pierde la natural asociación entre tensión y relajación, la TPE no puede disolverse y se coagula. Al coagularse, nos envía señales de humo, en plan Toro Sentado. Son recursos naturales para que lo pasajero no se asiente como definitivo. Cualquier expresión tiene su sentido.

De forma muy general, apuntaré los cinco grandes tipos de tensión parcial excesiva que existen, aunque después concretaré algunas manifestaciones específicas.

↕ La **TPE vertical** es la que ocasiona dudas constantes, cavilación, sin que para ello exista un motivo real. Cuando la mente analítica se sobreexcita, se ve forzada a analizar muchas cosas, las necesarias y las que no lo son. Neurosis, histeria... Muchas enfermedades psicológicas tienen relación con este tipo de tensión parcial excesiva, aunque cada TPE tiene su propia psique sobreexcitada.

La **TPE frontal** crea una dificultad respiratoria acompañada de una sensación de inquietud. Los hombros no se pueden bajar y la persona siempre parece que va a salir disparada a hacer algo, aunque no sea necesario. Su psique será excesivamente pragmática. Este tipo de tensión parcial excesiva ofrece un aspecto de aceleración injustificada. La paciencia brilla por su ausencia.

La **TPE lateral** provoca que el pecho se sienta muy presente. No se percibe una dificultad respiratoria, como en el caso anterior, sino más bien latidos, taquicardia, arritmias... También se pueden dar alteraciones de la alimentación como la anorexia o la bulimia. La diabetes, las úlceras de estómago, problemas circulatorios, en el hígado, en el páncreas, etc., suelen estar relacionados con una tensión parcial excesiva de este tipo.

El estado psíquico suele ser cambiante. Se ríe, se llora, se disgusta uno, se pasa al poco rato... La emotividad está presente todo el tiempo con gustos y disgustos muy pronunciados. Hay un aroma a infantilidad permanente.

La **TPE rotatoria** ocasiona cambios de presión similar a cuando se viaja en avión y hay un descenso brusco. Se percibe claramente la presión atmosférica, sin que exista un hecho objetivo. También es normal que la persona acumule una gran presión psíquica.

En general no es de disgusto, como ocurría con lateral, sino de cólera y de *cabreo* por todo. Cualquier cosa lo altera y lo predispone a la bronca. Son comunes las alteraciones en la función sudorípara y/o en la orina. También se dan problemas renales y de vejiga. El oído, la sordera, tienen mucha relación con este tipo de tensión parcial excesiva. En ocasiones, la persona al hablar escupe.

La **TPE de cerrar** genera desconfianza. Se siente amenaza, hasta el punto de sentir una posible desintegración de uno mismo. Esto hace que la persona se encoja. Poco a poco, sin causa alguna, va sintiendo complejo de inferioridad y cada vez se siente más pequeña, más pequeña. También se puede manifestar esta sobreexcitación de central a través de la claustrofobia, percibiendo que el espacio se le viene encima.

La **TPE de abrir** conlleva falta de concentración y una gran dispersión. La persona no se centra en nada, pero si no tiene algo que atender, se siente desamparada. En general, la tensión parcial excesiva de central es propensa a enfermedades degenerativas, al cáncer, sobre todo si se mezcla con TPE lateral, a los problemas endocrinos, a las alteraciones de la piel, de los órganos sexuales, al deseo apagado o exacerbado por el sexo, tanto físico como mental, etc.

Todo esto es una síntesis que nos sirve como referencia. Por supuesto la cosa es harta compleja. Cada individuo requiere un tipo de observación porque se dan múltiples variables, independientemente de la tendencia concreta de nuestros genes.

Al principio, es interesante observar eso que destaca particularmente, porque es muy orientativo y suele ser infalible: una zona de la espalda abultada, unas vértebras que se juntan, un tejido que se siente flácido, unos dedos que se retuercen. Todo eso nos habla y podemos comprender el origen de muchos de esos trastornos y enfermedades, tanto físicas como psíquicas, que antes no entendíamos. Está bien comprender a esa vida, que siempre estuvo a nuestro servicio y que de repente parece enganchada a un único fin, el del sufrimiento.

Nos sentimos superados y nuestra conducta da un giro de 180°. Ante el miedo, nos sentimos desarmados, incluidos los inteligentes, los que han dedicado la vida a las prácticas del katsugen y el yuki, los que han trabajado en el campo de la salud... Cuando nos penetra el miedo, se acaban todas las ideas elaboradas con anterioridad.

El peor enemigo de la objetividad vital es el miedo. La obsesión paraliza. La parálisis es encogimiento. El árbol de la vida se transforma en un bonsái.

Voy a hacer un pequeño repaso a modo de ejemplo, de algunas manifestaciones que se consideran enfermedades y que desde el punto de vista del Seitai se observan como el lenguaje con el que se expresa la tensión parcial excesiva, TPE. Hay muchas más, pero por falta de espacio os las iré colgando en mi web, en el blog, o en el canal de YouTube dedicado a inteligencia vital. Ahora solo quiero reflexionar y reconocer cómo la densidad de la vida se transforma en eso que hemos convenido en llamar *enfermedad*.

Molestias en la espalda en general

¿A quién no le duele en algún momento y en algún lugar?

Los hay que conviven con un dolor permanente. Es el muro de carga de todo nuestro ser y el dolor aparece por la necesidad que tienen algunos tejidos tensos de recuperar el vaivén. Además de doler nos impide respirar con normalidad. Ya somos conscientes de que respiramos por todo, incluida nuestra columna y que no es solo cosa de nariz y pulmones.

En la espalda podemos sentir muchas cosas, unas veces será en la zona media, otras el dolor se manifiesta como ciática, tortícolis... Todo ello suele provenir de un desplazamiento de una o varias vértebras y nos hace padecer mucho, porque no solo proporciona dolor físico, sino también suele estar relacionado con el dolor del «alma».

Las vértebras están unidas a muchos nervios y eso es sistema nervioso central.

Por lo tanto, vértebras y cerebro, vértebras y expresiones mentales, suelen están realmente relacionadas.

Y nuestra psique no es solo SNC, también es sistema neurovegetativo, compuesto por sistema parasimpático, relacionado con SNC, y sistema simpático, totalmente ajeno al SNC pero igual de importante.

Ahora ya son muchos los avances que reconocen un segundo cerebro en el estómago, un cerebro más emotivo e intuitivo y ahí, el SNC ni pincha ni corta. De nuestras vértebras salen infinidad de nervios y su desajuste transforma nuestra mente coordinada y hábil, en mente inquieta y desordenada. Estaría bien no perder de vista esta referencia.

Problemas orgánicos en general

Los problemas orgánicos también están relacionados con tejidos endurecidos y puede haber vértebras implicadas, pero la influencia ósea ya no es tan espectacular como en el caso de las molestias de espalda. Aun así, siempre conviene tener en cuenta ambas cosas.

Para los órganos internos, es mejor tomar como referencia las tres regiones y los cinco grandes sistemas orgánicos.

Las regiones que ya conoces y que son el resumen de lo que Noguchi descubrió, son muy orientativas. ¿Recuerdas? Extremos, zona media y zonas intermedias localizadas en los penúltimos lugares. Cinco grandes sistemas orgánicos. Esto es una pura realidad, no un invento del Seitai.

De forma muy genérica, podemos dividirlo en: cavidad craneal, cerebro; cavidad pectoral, pulmones; cavidad digestiva, vientre; cavidad urinaria, riñones y vejiga; cavidad pélvica, sistema reproductor.

Las regiones se han organizado para que todo esto que tenemos nos funcione. Por lo tanto, si hay un problema de riñón, podemos buscar alguna respuesta en la D10. Si es de vejiga, está bien observar la L3.

Ahora, si es un problema digestivo cualquiera, está bien empezar por las D6, D7, D8, D9, y L2.

Si es pulmones y bronquios, nos solemos centrar en las D3 y D4.

Si el asunto está relacionado con algún problema genital, como son los desarreglos o dolores menstruales, etc., L4 o D11. Endocrino, C6. Esto es *grosso modo*, porque seguramente existirán cosas concretas en otros lugares. Estos simplemente son referentes para empezar.

Molestias generales en miembros superiores

Es frecuente sentir entumecimiento, hormigueo, dolor, etc. En estos casos, conviene observar entre la C4 y la D2 (C4, C5, C6, C7, D1 y D2).

Molestias generales en miembros inferiores

Puede que la molestia la sintamos en las rodillas, los tobillos, los talones, los dedos de los pies. En este caso es mejor buscar en las lumbares. Es muy probable que haya alguna pillada.

Accesos de tos y/o estornudos

La tos actúa como una defensa natural para expulsar algo inoportuno que entra en la tráquea. Lo mismo hace el estornudo, cuando se protege de los *invasores* que penetran en las vías respiratorias. Más vale que estornudes si entra pimienta en tus fosas nasales. La tos y el estornudo son dos actos que realiza el organismo impulsado por las regiones f-e tirando de movimiento frontal. Nadie tose ladeándose como Don Pimpón. La tos, comúnmente es pectoral y muscular, mientras que el estornudo está más relacionado con la sensibilidad olfativa y respiratoria.

Pero a veces, sin existir un motivo exterior aparente, surgen toses *descontroladas*. Eso es porque los tejidos pectorales están endurecidos, no se respira bien y la tos los sacude para regenerarlos. La TPE (cualquier TPE), cuando se estanca, lo que busca es realizar una contracción aún más fuerte que la propia tensión parcial excesiva que se está estancando y así, provocar una posterior relajación.

Al principio la tos puede resultar desagradable, pero poco a poco, esa acción irá relajando la TPE superficial que se acumula en el día a día, irá localizando intercostales y a partir de entonces, la tos acotará con gran precisión esa tensión parcial excesiva que se está instalando. Es entonces cuando la tos seca se hace *húmeda*. Eso significa que la tos ha arrancado expectoraciones y ya no resulta tan desagradable toser.

¿Qué ha pasado? Pues que esta contracción excesiva provoca un impacto que permite relajar la zona. Inteligencia vital.

Lo mismo sucede cuando la parte nasal cercana al entrecejo está tensa. Significa que el nervio olfativo está entumecido. Entonces aparece el estornudo de manera descontrolada y salen lágrimas.

Muchas veces, se están achacando estos estados, a procesos alérgicos. Es cierto que algunos pueden estar relacionados con dificultades respiratorias, pero sea como sea, a través del katsugen y de su movimiento frontal natural, se puede recuperar la normalidad con toda facilidad.

Se practique o no katsugen, sería recomendable permitir que esas manifestaciones sigan su proceso con naturalidad hasta el final.

El estornudo también es un mecanismo increíble que facilita recuperar la fluidez en la nuca en su conexión con el cuello. ¿Sabes que las personas que sufren Alzheimer presentan de forma generalizada un bloqueo importantísimo en esta zona? No sé si la medicina se ha percatado de ello, pero el Seitai sí. Así que cuando te lleguen estos estornudos, seguro que les estarás muy agradecido. Son tus salvadores.

¿Y sabías que la mayoría de los procesos de embotamiento de las vías respiratorias se halla curiosamente en la zona lumbar y caudal de la CVP? Pues sí. El ser humano que pertenece a sociedades demasiado «civilizadas» sobrecarga tanto lo de arriba, que olvida que *el sur también existe*. La tos nos está indicando que miremos hacia abajo y que las lumbares se están anquilosando y necesitan un poco de *mambo*.

A veces es un niño el que tose sin causa aparente, y ello supone a sus padres una gran angustia. Pero si tuvieran otras referencias, seguro que podrían observar que la criatura se ha visto obligada a mantenerse quieta más de lo debido.

Quieto en el colegio, quieto en casa, quieto en las actividades extraescolares. El niño se siente prisionero y tose, se ahoga. Dejarlo correr un rato y que se explaye al aire libre, que canse las piernas a placer, suele ser mano de santo. No está de más probar estas cosas antes de matar moscas a cañonazos e intervenir con inhaladores, couldinas, etc.

Las personas que tienen constitucionalmente las regiones f-e fuertes no sufrirán tanto esto. Sin embargo, las que tienen mucho bilateral, que tienen sus regiones f-e más débiles, son propensas a sufrir rinitis y alergias.

Hay veces que este tipo de alteraciones no se generan en el sistema respiratorio. Son toses que están originadas en la pelvis. Cuando la pelvis se cierra, arrastra al pecho a cerrarse también. Tratar con respiradores o con Ventolín estas manifestaciones no solo no atajará el problema directamente, sino que entorpecerá la maravillosa capacidad natural que tiene el organismo para respirar pectoventralmente. Este tipo de tos hace sufrir mucho, porque su origen está en los tejidos conjuntivos. Aquí no servirá de nada correr. Es mejor adentrarse en alguna actividad que requiera concentración e intimidad, como puede ser jugar al ajedrez, pintar, meditar, tirar con arco... Cualquier cosa que nos exija ponernos en contacto con lo profundo. Profundidad y claro, mucho katsugen. ¡Cómo no!

> *En resumen, tanto el estornudo como la tos surgen no solo como una defensa natural para impedir que penetren elementos que no tienen que entrar en el organismo, sino para relajar la TPE.*

Falta de aire

A veces se tiene una exhalación larga y, sin embargo, la fase inspiradora es muy rápida y brusca, lo que altera el ritmo cardiaco. Eso es porque se ha alcanzado cierto umbral de tolerancia.

La naturaleza ha previsto que quedarnos sin respiración sea un recurso defensivo ante una situación sobrecogedora o que nos provoca un gran miedo. También se da en situaciones derivadas de un sobreesfuerzo. Una vez cesan esas acciones, la respiración natural se recupera.

Pero hay ocasiones en las que la falta de aire se presenta sin realizar ninguna actividad extrema y sin causas concretas. Es más, se puede dar cuando más tranquilos estamos.

¿Por qué? Salvo que estemos inmersos en una situación de enfermedad grave, en cuyo caso es necesaria atención médica, lo que ocurrirá es que el pecho estará demasiado cerrado debido a la tensión parcial excesiva y es precisamente durante el descanso y la relajación general, cuando se despierta la necesidad de reabrirlo y de recuperar la respiración pectoventral. Mientras estábamos en activo no nos dábamos cuenta, ni de esa necesidad, ni de esa TPE que se estaba acumulando. Solo al relajarnos, el organismo se permite actuar y aprovechar el momento, para iniciar su recuperación.

El asma está muy vinculada a este tipo de TPE y suele estar relacionado con la infancia y con unos progenitores demasiados intervencionistas y controladores. Si la falta de aire no proviene de esta intervención de los tejidos conjuntivos, será suficiente con salir a caminar un rato e incluso correr. Hay un truco en el que jamás hubieras caído. Puedes probarlo. Cuando falta el aire, el mensaje que estará enviando nuestra mente vestida es el de intentar inhalar, olvidando la fase de espiración. Pero intenta retener la respiración y espirar, combinando ambas: retener, espirar...

Estarás pensando que estoy loca. ¿Exhalar cuando lo que te pasa es que no puedes inhalar? Prueba y luego me dices. Confía en tu instinto. Si sometes tu organismo a esas expulsiones del aire, llegará un momento en que el propio pecho y el vientre acabarán cogiendo aire. Con que esto suceda tan solo una vez, ese momento tan difícil terminará y se recobrará la normalidad.

Pero esto no deja de ser un truco. Lo que en realidad normalizará tu respiración son las prácticas cotidianas del yuki y del katsugen que cultivan la amplitud natural de la respiración pectoventral. Ese sí que es el *truco del almendruco*.

Eructo

Si al comer tragamos aire, eructamos. En los países árabes, los eructos son muy bienvenidos en la mesa porque se consideran un gesto de agradecimiento hacia el anfitrión. Sin embargo, hay veces que pueden surgir sin explicación alguna. Entonces es que te encuentras ante el idioma de tu TPE intentando comunicarte que tu respiración está siendo muy limitada y estás acumulando gas.

Los que tienden a acumular la TPE en el neumogástrico, o nervio vago, no suelen tener un aliento perfumado, y encuentran una gran liberación eructando durante la práctica del katsugen undo. Hay personas que jamás se habían dado cuenta de esto hasta que empiezan a practicar. Existen casos en los que se han dado un centenar de eructos. No te imaginas cómo se queda el individuo una vez ha terminado ese proceso tan poco glamuroso, pero que contiene tanta inteligencia vital. No habrá masaje ni crucero por islas griegas que deje una sensación de bienestar mayor que esta experiencia, cuando surge espontánea y naturalmente. No se recomienda llevar a cabo ante la persona a la que estés seduciendo últimamente.

Vómito

Su función natural es la de expulsar un alimento en mal estado que se ha ingerido. Es un privilegio disponer de un mecanismo bien engrasado que nos permite expulsar aquello que nos hará daño.

Ahora, si el vómito es por TPE, será porque el diafragma no está funcionando correctamente y el estómago no bombea. Este vómito, que no está relacionado con el hecho de que haya comida dentro, es un gran renovador y flexibilizador de esa zona. Este es un fenómeno que les ocurre mucho a los adolescentes, en especial a las chicas. Sin tener que vomitar, vomitan. No te asustes. Están relajando el diafragma. No hablo de bulimia, ¿eh?, sino de vómito espontáneo y natural.

Hipo

Ante un susto, el diafragma se tensa, y el recurso natural para relajarlo es el hipo. Pero cuando no hay un susto, es que hay TPE. El nervio frénico o diafragmático intenta relajarse.

Casi es seguro que habrá algún estancamiento relacionado con la C4, que es bilateral, y al realizar el hipo en sentido f-e se relajará la boca del estómago y se recuperará el eje. Entonces el hipo se irá.

Calambre

Suele suceder durante la noche. No hay despertar más violento y que más exabruptos se lleve.

El calambre es una de las palabras más fuertes en el idioma TPE. Lo que hace el organismo es ejercer una contracción aún más excesiva que la propia TPE, con el fin de renovar la zona. Esa intensidad busca llevar la atención total a un lugar concreto.

La mente que se había ido demasiado lejos se centra y entra en coordinación con todo el conjunto. El tirón puede durar segundos, minutos y rara vez, horas. Esta lógica también la siguen el flato y los pinchazos. La intensidad ejerce una tensión tan grande en la zona, que al ceder, todo se relaja, incluido tú que no has dejado de rebozarte como una croqueta gritando de dolor.

Entumecimiento y hormigueo

Es una manera de liberar la presión y de recuperar la corriente sanguínea, normalmente en los miembros, y de nuevo suele suceder cuando nos relajamos o dormimos. Aunque parezca lo contrario, sentir las manos dormidas significa que la circulación se está recuperando.

Simplemente con movernos un poco ya está. Hay gente que vive asustada con algo que, si se comprende, se vuelve sencillo.

Dolor

Quiero pararme un poco en este asunto, porque merece la pena. Si el dolor proviene de un accidente de coche, por ejemplo, la intervención no tendrá precio y seguramente de ello dependerá nuestra supervivencia. Pero si el dolor es natural, es dolor *amigo*. Y no, no soy una sádica con botas de cuero y látigo. Sé que el dolor no te gusta nada. Lo consideras algo inútil, sin otra finalidad que la de torturarte.

El otro día, el hijo de doce años de un amigo me pedía razones por las cuales él tenía que soportar un dolor de cabeza, existiendo analgésicos en el mercado. Nadie le ha hablado de que

...El dolor nos protege.

Nos previene de quedarnos pegados a la plancha, de machacarnos el dedo una sola vez cuando manejamos un martillo... A través del dolor, aprendemos a mantenernos alejados de los peligros. A un leproso no le duele nada. Ni siquiera cuando se le va mutilando el cuerpo entero. A un muerto tampoco.

El dolor es cosa de vivos, un recurso natural con una función vital protectora. Y siempre tiene una raíz concreta, conozcas o no su origen. En los casos anteriores es evidente de dónde proviene. Pero el dolor que no sabes interpretar también tiene un origen: la TPE, y tenemos dos caminos: ignorarlo, combatiéndolo con aceite hirviendo desde nuestra torre del pánico, o dedicarnos a observarlo.

¿Recuerdas *El sexto sentido*, esa peli en la que Bruce Willis hace de psicólogo infantil y trata a un niño que ve muertos que le hablan? Hay una escena reveladora, en la que el pequeño deja de huir de los fantasmas y se encara con ellos. Esa decisión marca un antes y un después. Los que hasta entonces le parecían apariciones monstruosas, se convierten en seres entrañables que vagan buscando a alguien que les ayude a cortar el vínculo y realizar el tránsito al otro lado.

Encarar los inconvenientes nos da información, nos libera y nos da perspectiva. Ya conocemos la necesidad que tiene la TPE de tensar y destensar la zona donde se acumula. Pues bien, utilizamos el dolor como puntero para localizar TPE.

Quizá la zona dolorida no sea exacta, pero por ahí habrá algo. ¿Y sabes por qué ese acto de tensar y de destensar a veces produce dolor? Pues porque tu TPE no siempre tiene el recurso de resolverse por sí misma, y necesita vitalmente que tu cabeza esté implicada. La TPE te exige que participes y hagas algo.

El más sencillo *algo* que conozco es practicar katsugen undo.

El dolor siempre nos indica algo relevante sobre nuestro ser. Prueba a involucrar tu mente en esa actividad intensa que se está produciendo en forma de dolor y vívelo. Vive esas velocidades, sus intensidades. Observa cómo poco a poco el umbral de intensidad y la percepción del dolor cambian. Quizá ya no te metas una buena dosis de analgésico de buenas a primeras.

Al saber interpretar el dolor, la percepción cambia. Si aguantas un poco ese dolor de la pierna, por ejemplo, pasará, cambiará a otro lugar, desaparecerá, volverá al cabo del tiempo. Probar no cuesta nada, ¿verdad? ¿Será que todo es relativo?

Inflamación

A mí esto de los antiinflamatorios me tiene ojiplática. ¿Por qué se produce una inflamación?

Nos damos un golpe en la cabeza. Nos sale un chichón. ¡Bien! ¿Qué hay de malo en ello? El golpe nos ha ocasionado una contracción rapidísima y el organismo reacciona realizando lo contrario, con igual intensidad.

Esa contracción tan acelerada es el antídoto. Relajar requiere una urgencia y rapidez equivalente a la que ha creado el impacto. Lógico, ¿no? Ahora bien: no aparece el chichón. El estancamiento sí que es catastrófico, es una grave carencia de inteligencia vital, muy mala señal.

La ciencia sabe perfectamente que en esos momentos el organismo segrega, a través de las suprarrenales, una famosa sustancia antiinflamatoria llamada cortisona. De forma natural, el chichón cederá y la zona inflamada recuperará su apariencia anterior.

¿No te empieza a dar un poco de pena el pobre e incomprendido dolor vapuleado por todo tipo de agentes químicos? Un chichón duele porque al ser un acto de dilatación ultra rápido, la protuberancia invade el lugar de otras células. De nuevo, lo que está buscando tu aborrecido dolor es recuperar el estado natural de tu zona afectada. Equilibrio.

Seitai: cuerpo regulado y en orden.

El organismo es sabio, no quiere que sufras elefantiasis inflamatoria y gracias a su potente sistema endocrino, frenará esa hinchazón, utilizando su inmensa fuerza hormonal, responsable de tonificar todas las actividades internas.

La acción de *superhéroe al rescate* suele ser suficientemente eficaz, como para no necesitar de nuestros potingues. Otra creencia muy extendida es la de poner hielo. Esto es comprensible en el caso de un deportista compitiendo en un mundial, como solución momentánea, para seguir rindiendo. Pero en la vida corriente, mejor no.

Es más (y ahora te echarás las manos a la cabeza), a tu golpe en la rodilla, si me das a elegir, le irá mejor el calor. El deportista de élite, cuando llegue al hotel, no tomará un baño de hielo. Necesita relajar, no contraer. Si una zona golpeada, no se calienta y se presenta fría, ahí sí que es necesario que se nos disparen las alertas.

El dolor regenera porque posee un alto índice de inteligencia vital. Dependerá de ti vivirlo con un enfoque más afín a tus necesidades.

Picor, granos, forúnculos, eccemas, etc.

Por algún motivo, una ramificación del sistema nervioso central no está completando su colaboración con las células que inerva, la mayoría localizadas en la superficie de la piel. Entonces, a través del acto de rascar, la zona recibe la tensión o activación que requiere.

Es frecuente que una herida que afectó a varias capas de la piel, incluidas las internas, cuando está terminando de curarse, sustituya el dolor por picor. Algo así sucede en el proceso de algunas alteraciones cutáneas como son el grano y el forúnculo. El organismo tiene sus puertas de salida naturales al exterior, como son las fosas nasales, los oídos, el ano, etc. Por esos lugares expulsamos la porquería interna.

Otros desechos lo hacen a través de los poros, y cuando es mucho y no pueden eliminarse de esa manera, rasgan la piel. Este momento de romper y de expulsar el pus suele ser muy doloroso. Cuando la piel entre en el proceso de recuperar su estructura original, el dolor se transformará en picor.

Es frecuente ir al médico cuando nos aparece un forúnculo, y lo normal es que decida intervenir realizando una escisión. Eso coloca a la vida en una situación complicada.

La inteligencia vital había dedicado un enorme esfuerzo para abrir esa puerta, no solo para expulsar porquería en ese momento, sino en el futuro. Sin embargo, el corte del bisturí ha sellado ese lugar vital con una cicatriz. Ahora es un callejón sin salida. Las futuras basuras tendrán que vagar por el organismo buscando cómo ser evacuadas. El pus de un forúnculo suele contener desechos tumorales, que pueden ser tanto benignos como malignos. Quizá el desecho encuentre la forma de disolverse, pero si no lo logra, discurrirá por el tejido conjuntivo, propagando esa sustancia de una forma totalmente innecesaria. La suciedad se acumulará como los restos arrastrados por un tsunami y se transformará, por ejemplo, en un trombo... No voy a continuar con la sucesión de hechos correlativos que pueden darse, porque no se trata de asustar, sino de conocer qué influencia pueden tener en el futuro acciones realizadas en el pasado.

Volviendo al picor, hay muchas cosas que nos provocan esa sensación: el eccema, la picadura de algunos insectos... No será la primera vez que tienes un habón y lo aprietas con fuerza hasta sentir dolor. Esa concentración mental, que conlleva dolor, suele producir una sensación muy positiva. Curiosísimo. Una vez más, vemos cómo la naturaleza encuentra resultados elevando la intensidad a una tensión máxima, para luego relajar. Nuestra psique funciona así. Valoramos lo que perdemos. Sentimos placer en el contraste.

La monotonía no nos gusta, ni siquiera la de comer jamón de bellota veinticuatro horas al día durante dos semanas seguidas. Necesitamos vaivén.

Presión arterial

La presión arterial sube por una necesidad orgánica vital. Principalmente ocurre en personas mayores, porque al envejecer, las carreteras por las que fluye la sangre, como son las venas, las arterias, etc., se van contrayendo y estrechando.

Para reactivar el flujo y atravesar los túneles endurecidos, la inteligencia vital incrementa el vigor del bombeo, de manera que la sangre logra distribuir el oxigeno y los alimentos, además de movilizar la grasa que se acumula en los conductos.

Ese recurso vital está salvando la vida de muchas personas mayores.

Cuando la energía extra que supone la subida de tensión se aborta bajándola de manera artificial, consigue regular los parámetros «óptimos». Pero la sangre ya no dispondrá del vigor suficiente para deshacer grumos y cúmulos en su camino. Eso se traduce en ictus.

¡Pasa tanto! «Fíjate, le pasaba tal cosa y sin embargo ha muerto de tal otra»... Nadie relaciona dos hechos aparentemente diferentes, pero el conocimiento vital de perspectiva global sí lo hace.

Hoy en día obsesionan a las personas con llevar sus funciones vitales a parámetros de libro, sin tener en cuenta que cada edad tiene unas necesidades orgánicas y que no se pueden mantener los mismos criterios para una persona de veinte años que para otra de setenta y cinco.

Se lucha contra la tensión arterial, en lugar de ir a favor del equilibrio orgánico. Los ancianos, al igual que los niños, se han convertido en un objetivo del mercadeo. Son una estrategia comercial más y se han convertido en porteadores de cajas de medicamentos.

Hay muchas áreas que requieren investigación, pero no son rentables. Será más lucrativa una sustancia que elimine la celulitis de los señores y señoras de Occidente, que una vacuna que cure la malaria. La imagen de una oca engullendo sin control es tan poco delicada como la de nuestros ancianos metiéndose todo tipo de sustancias químicas. Suministradas sin control y de manera indiscriminada, actúan gravemente en el interior de cualquier organismo. La sangre de las personas que toman estos medicamentos pierde el vigor que les proporcionaba la subida de tensión, por lo que empiezan a recetarles un licuante del flujo. A partir de entonces se vive con el miedo constante a un corte, ante la amenaza real de morir desangrado. Los nuevos peligros conllevan nuevas atenciones, que se traducen en más pastillas, y así sucesivamente.

Puedo comprender que en casos excepcionales estas medidas sean importantes, pero tengo mis dudas sobre su masificación. Más bien parece *medicina ficción*, porque poco a poco la actividad natural y vital se va apagando. La vida, al verse sustituida por la acción de una cantidad ingente de sustancias químicas, hace dejación de sus funciones.

Y esto es vivencia. Le pasó a mi padre recientemente. Se intoxicó de fármacos. Él, que nació sano, que había vivido sano y que jamás había tenido un solo problema de salud, empezó a ser tratado como un enfermo.

Ser anciano no es sinónimo de enfermo, pero se les trata así. Cuando se jubiló, entró en la dinámica de las revisiones periódicas, y a partir de ese momento mi padre, siempre alegre, se convirtió en un ancianito decrépito y drogado que arrastraba los pasos, proyectaba la mirada perdida en el suelo y era incapaz de meter la llave en la cerradura de casa. Subía los escalones a cuatro patas y habitaba en un mundo onírico e ingrávido, cargado de sombras, de tristezas y de fantasmas. Veía a mi madre, que ya no vive, hablaba con las plantas...

Dejó de cocinar. No comía. Cuando comía tomaba cualquier tontería y al poco rato vomitaba. Contrajo una especie de anorexia y su mundo real desapareció.

Petar le salvó la vida. Un día, su inteligente organismo no pudo más y lo abandonó a su suerte.

Llegué al hospital donde lo habían trasladado de urgencia y después de muchas horas de espera, me dejaron pasar a verlo. Allí estaba, hecho un carcamal. Junto a él, había una doctora que me miraba con ojos que me acusaban de mala hija *abandona-viejos-decrépitos*.

Mi padre también me miraba, pero su mirada era distinta. Estaba avergonzado. Su afición reciente por el ambulatorio y las pruebas clínicas había sido motivo de desencuentros entre nosotros. Un politoxicómano no quiere ni oír hablar de dejar las sustancias que lo elevan al cielo, aunque lo tengan sumido en el más angustioso de los infiernos. Y así era: aquella doctora «competente» y censuradora debería haber sido más autocrítica con el sistema en el que ella misma participaba. Pero no. La culpable era yo.

Ahora me arrepiento de no haber grabado lo ocurrido esos días, porque hoy tendría un gran documental en mis manos. Cada médico, de manera aislada y sin ninguna coordinación entre sí, le había suministrado fármacos de forma indiscriminada. Contrarrestando, contrarrestando síntomas, mi padre entró en una rueda del horror, que lo llevó a ingerir dieciocho medicamentos diarios.

Le dieron el alta. Una vez en su casa, procedí a un *registro*.

En una cómoda grande, encontré varios cajones atiborrados de medicamentos. Los saqué. Muchos estaban repetidos, otros caducados. Me interesé por saber qué eran. Los prospectos, que por lo visto nadie leía, relataban listas inacabables de efectos secundarios que ponían los pelos de punta. Describían como probables males que en mi padre se daban todos.

Mira que es difícil que un organismo enferme de todo; pues el de mi padre, era un cuadro. Ahora entiendo por qué lo llaman *cuadro clínico*. Aquel cóctel químico era un suma y sigue de dieciocho drogas, incluidas las antipsicóticas, conviviendo en el organismo del pobre Gonzalito.

Curiosamente se denuncia a los médicos por falta de, pero no sé de ninguna denuncia por *exceso de*... Mi padre fue absorbido por un sistema *benefactor* que le *miraba y le miraba cada día*... sin ver nada de su vida.

Una vez en casa, le hablé. Aunque apenas me entendía, le dije que se tenía que desintoxicar y, supongo que por necesidad, su inteligencia vital afloró y *actuó de oficio*.

Dejó todos los medicamentos. Empezó a hacer katsugen, a caminar, a retomar la lectura, a dejar la tele como actividad principal y volvió a la vida. En dos meses, volvió a ser autónomo.

Movimiento vital. De eso han pasado un par de años.

Con ochenta y dos, sigue viviendo solo. Cocina, ríe, ha empezado a estudiar italiano, a perfeccionar su inglés y francés, y es el vicepresidente de la comunidad de propietarios. La lógica oficial diría que cuanta más edad, más viejo se es. Pero no. Estoy admirada con la capacidad de recuperación de su organismo. Y si el cuerpo de un anciano responde así, qué no logrará el organismo de personas más jóvenes. Mi padre se entregó a su existencia con valentía, confió, se despojó del miedo y aquí está. A menudo me da las gracias, pero yo no tuve ningún mérito. Él tomó la decisión. Zensei, la vida plena.

Aprender a reconocer las diversas manifestaciones cotidianas y vivirlas como ayudas, y no como enfermedades, pueden provocar un giro de 180° en cualquier vida humana.

Y ese lenguaje de la TPE no es solo físico, si no que a veces se presenta en forma de expresiones más relacionadas con lo psíquico o mental.

Te voy a dejar algunos ejemplos de manera muy sintética. Si estás interesado en profundizar, te remito a mis canales de internet, donde todo esto lo encontrarás ampliado.

Mareo

El mareo es una tregua que nos pide nuestro organismo para descansar, un *reseteo*. Seguro que las primeras cervicales están tensas y se ha producido una desigualdad entre un lado y otro. Si le pasa a una persona cercana, estaría bien hacerle yuki en el lado más tenso, hasta que le sobrevenga una inhalación profunda. Cuando empiece a espirar, retiramos las manos lentamente. En ese momento, el mareo se irá. Muchas veces se relaciona esto con anemia, o sea, con la falta de glóbulos rojos. Pero hay individuos para los que este tipo de desequilibrios es normal, sobre todo para los que tienen una osei de taiheki lateral. También es natural en ellos tener cierta arritmia, porque les faltan los cuatro pulsos que acompañan a una respiración normal, sobre todo cuando esa persona se pone nerviosa.

Vértigo

El vértigo está relacionado con el oído. Si ejerce una función estabilizadora, lo hará con el movimiento central y con el cerebelo. Si regula alguna función auditiva, está relacionado con el movimiento rotatorio. Estos vértigos suelen estar vinculados con la penúltima zona del cráneo y sobrevienen cuando se produce un desfase entre la actividad interna y externa. Se puede ayudar a otras personas tapándoles los dos oídos con las manos, haciendo yuki. Esto suele restablecer la comunicación entre ambos orificios, y si se realiza una acción de ventosa, los vértigos desaparecen. Lo mejor es que esas personas practiquen katsugen y por sí mismas desenganchen la nuca, liberando la torsión excesiva que se está generando en las cervicales 3 y 5.

Aunque no sea un tema de TPE, diré que a veces entra agua en los oídos y suele funcionar hacer ventosa con una piedra caliente.

Ansiedad

La ansiedad tiene tan mala prensa como la tensión, pero es un recurso de la mente para precipitar el tiempo y que algo esperanzador nos llegue.

Deseamos que lleguen las vacaciones, que nos llame la persona amada En la adolescencia, la ansiedad es frecuente y es muy deseable que se dé. Es la inteligencia vital que encaminará al joven hacia lo que será el montaje de su vida futura. Un joven apático, sin deseos por cumplir y sin el movimiento de proyección hacia delante, no provocará que las cosas ocurran y le costará abandonar el nido.

Otra cosa es que ese maravilloso mecanismo se encuentre sobreexcitado sin que haya una causa externa objetiva. ¿Por qué? Casi con toda seguridad, existirá una tensión frontal, ubicada principalmente en las dorsales 3 y 4. Eso estará proyectando los hombros hacia arriba. Cuando estas personas empiezan a practicar katsugen y yuki, logran bajarlos de manera natural, lo que conlleva que el estado ansioso disminuya.

Una vez más la mente vestida, cuando entra en coordinación con la mente espontánea, logra que algo se afloje.

La ansiedad suele coincidir con un pecho contraído, implicando a las costillas, a los músculos intercostales, a todos los músculos frontales, como son el pectoral mayor, pectoral menor, romboides, etc., y al músculo del diafragma, afectando a la respiración. Como todo tiene relación con el sistema muscular, es recomendable activar el sistema locomotor caminando y cansando las piernas. Eso propiciará que nuestra cabeza sobreexcitada entre en coordinación con las costillas y el resto de músculos mencionados. El diálogo da como resultado un descenso de esos niveles insoportables de ansiedad, que hacen sentir que no se puede con uno mismo.

Habrá quien confíe más en los ansiolíticos que en la práctica del katsugen. Pues salvo casos extremos, cuyo uso es muy recomendable, se habrán decantado por la rigidez, en lugar de la fluidez.

Es muy difícil comunicar a través del yuki con las personas que los consumen. Como se encuentran tan ajenos a su coordinación orgánica, su maravillosa mente espontánea está totalmente dominada por su mente vestida. Lo normal es que presenten un cuello rígido muy particular. Ya hablamos de cómo estos fármacos, buscando evitar el sufrimiento psíquico, terminan por aislar la cabeza de las emociones, son inhibidores.

La emotividad, sin embargo, se transforma en elucubración, por ejemplo.

Si la ansiedad proviene de una TPE central, la característica principal es que se presenta insuficiencia respiratoria, o se dan pitidos en los bronquios. En ese caso, recuerda que no sirve de nada caminar, sino que esa intranquilidad requiere quietud para que el cambio de la respiración provenga del bajo vientre.

Angustia

Es una manifestación vital de defensa relacionada con la intimidad. Siempre y cuando exista una causa externa, la angustia será un recurso precioso para evitar el peligro. Nos hace alejarnos de personas, animales y cosas cuyo contacto nos produce un especial desagrado. Pero si la angustia se vive sin causa objetiva, ya no estamos ante una TPE frontal, como ocurría con la ansiedad, sino que están implicadas otras oseis, como son la lateral, la rotatoria y en especial la central. Estaría bien que a través del katsugen surgiera un movimiento que abriera la cadera. Esta inducción se puede lograr haciendo el amor. ¡Ay, pillines! Ya veo que esta solución ha sido recibida con agrado. Mira tú qué forma más chula de recuperar la coordinación y la fluidez vital. Si no tienes con quién, puedes probar a practicar la *mariposa*. Esta práctica conecta el músculo interno del muslo con la cabeza. Te colocas tumbado y, doblando las piernas, juntas las plantas de los pies. Se trata de mover la CVP de arriba abajo mientras se aletea con las piernas.

La colocación correcta la encontrarás en el canal de YouTube. No importa que te cueste un poco. Insiste y busca el automatismo. Si te duele la cara interna de los muslos, mejor, porque se están fortaleciendo músculos fundamentales que conectan con el estado de tu pelvis y así te resultará más fácil decirle adiós a la angustia.

Esta práctica sirve para regular todo lo que es de índole sexual, tanto orgánica como psicológicamente, como es el caso de la claustrofobia.

Complejo

El complejo, cuando tiene una causa objetiva, nos ayuda a concebir nuestras limitaciones. Sin embargo, hay veces que se tiene complejo sin que se den causas concretas, porque puede haberse originado en la pequeña infancia y esté relacionado con los hermanos.

El complejo es un asunto complicado, en el que pueden intervenir todas las oseis, por lo que cada una requerirá un tipo de atención diferente. Si está relacionada con lateral, el complejo será emocional. La persona, por ejemplo, se siente fea y recurre a todo lo que ve a su alcance con tal de sentirse bella: cuida la ropa, el cabello, etc. Cuando implica a la osei frontal, el complejo es de tipo práctico, la persona no se siente útil. Sin embargo, si el complejo se origina en la osei de rotación, la inferioridad se sentirá respecto a un hermano o un amigo, por ejemplo, porque tienen una casa más grande. No lo expresará con palabras, pero si se da una temporada en la que surgen atracos en grandes mansiones, íntimamente se alegrará de vivir en un pisito pequeño. A través de ese sentimiento íntimo, relaja y descarga TPE. Si el complejo implica a la osei vertical, la persona se siente concernida por su falta de inteligencia.

Pero el complejo más difícil de erradicar es el que proviene de una sobreexcitación de la osei central. Central tiene una mente absoluta. Cuando esta mente tan categórica entra en juego, se pueden llegar a situaciones o pensamientos próximos al suicidio. Hay personas que no pueden soportar que sus personas más cercanas sean exitosas, guapas, atléticas, inteligentes. Este tipo de osei es frecuente en hijos con progenitores relevantes, y sienten que parten de muy poco y que alcanzarlos será muy difícil.

Como hemos visto, el complejo puede afectar a cualquiera, porque intervienen todas las oseis, pero si la persona tiene como taiheki una osei central, lo más eficaz será que recupere el vaivén que implica a las diversas localizaciones que tiene la región central a lo largo de la CVP, en especial en la C6, pero sin olvidar la D11 y la L4. Es frecuente que estas personas muestren esa cervical hundida, presentando un aspecto de tortuga que mete el cuello. Algo así como si el cráneo cayera hacia atrás y el cuello se metiera.

Tratar el complejo desde el punto de vista psicológico, cuando está originado en esta tensión parcial excesiva central, será insuficiente. Lo más recomendable y lo que mejor funciona es practicar katsugen.

¿A que no lo esperabas?

Claustrofobia

La claustrofobia, cuando surge de manera natural, es muy útil. Sirve para encendernos las alarmas si nos encontramos en un sitio en el que corremos el riesgo de quedarnos encerrados sin poder escapar. Asimismo, es un recurso natural que nos hace percibir la presión atmosférica y acuática. Cuando esa presión aumenta, sentimos que la regulación entre nuestro interior y nuestro exterior no se está produciendo, por lo que debemos regresar a un lugar donde esos niveles sean satisfactorios para nuestra salud. ¡Bendita claustrofobia!

Sin embargo, hay veces que este peligro no se da de una manera real. Aunque el sitio sea grande, la persona siente que el espacio se estrecha y entonces no puede respirar.

Eso es porque central está sobreexcitado. Hay personas que sienten la necesidad de tener siempre las ventanas abiertas aunque haga frío. Casi siempre, detrás de esa expresión se esconde represión sexual.

¿Recuerdas la práctica de la *mariposa*?

Depresión

Depresión es una palabra que se utiliza frecuentemente para denominar estados de tristeza, sea depresión real o no. Si es algo pasajero, es normal y forma parte de las mareas que atravesamos en la vida. No siempre podemos estar *arriba, arriba*.

Sin embargo, si esa TPE se va agudizando, puede convertirse en un gran problema. Es frecuente que la tristeza se combine con periodos de euforia. A esto la medicina lo llama síndrome maniaco depresivo o bipolar.

En Seitai lo reconocemos como una sobreexcitación interna típica de lateral – y lateral +.

El implicado pasa con toda facilidad del bajón a la alegría desaforada, porque lateral va y viene de un lado a otro sin dificultad.

La depresión no solo se refleja en el aspecto mental, también se siente en lo físico, y suele localizarse como una presencia sin forma en el pecho. Es habitual que quien la sufre tienda a colocarse las manos ahí.

En la cara opuesta del pecho, en la espalda, seguro que las personas depresivas presentan un gran abombamiento en las dorsales 6, 7, 8 y 9. Si se les coloca la mano en esa zona, suelen sentir una grata sensación.

También puede ocurrir que de manera inesperada se pongan a llorar o reír. Ambas expresiones refrescan la TPE. Llorar y reír no dejan de ser actos muy conectados con las diversas fases de la respiración. Llorar y reír combinan muy bien ambas necesidades, tanto la inspiratoria como la espiratoria.

En general, si la depresión está relacionada con lateral, será más o menos fácil de resolver, pero se complica cuando la pelvis se cierra, porque estará implicada la osei central. Eso significa que la depresión es muy profunda. La persona puede abandonar su existencia cotidiana para penetrar en la soledad y el aislamiento, algo que puede durar meses e incluso años. Lo mejor es que el individuo que padece una depresión de origen central busque alguna actividad que le requiera una gran concentración. En Oriente existen muchas actividades que exigen densidad mental y vibratoria, como es el kyudo, la ceremonia del té, el arte floral del ikebana... Occidente también ofrece algunas de este tipo, como el ajedrez. El caso es que la persona que atraviesa este proceso depresivo tan interior, que no es como el de lateral de llorar, reír y hablar, encuentren en estos entretenimientos el camino para que ese sentimiento tan profundo emerja.

En casos extremos, los antidepresivos realizan una función estupenda, pero en general sería recomendable evitarlos o no abusar de ellos. Casi siempre, el entorno, con la mejor de las intenciones, no quiere ver sufrir a sus seres queridos y les recomienda su consumo. Pero antes de eso, es necesario saber que cuesta mucho dejar estos medicamentos, y siempre será preferible intentar reconectar todas las capas de la mente, tanto las positivas como las negativas, con el fin de que se puedan coordinar entre sí. La depresión, por lo tanto, es cosa de lateral y de central, principalmente. Los que tienen una osei de taiheki vertical es muy difícil que atraviesen un cuadro de este tipo.

Hasta ahora, para describir la TPE he expuesto algunos síntomas y también algunas reacciones mentales. En adelante haré referencia a enfermedades orgánicas.

En Seitai no existe la palabra enfermedad. El Seitai profundiza en la pérdida de la coordinación orgánica, lo que provoca tensiones parcialmente excesivas en las que se bloquea el movimiento, alterando la respiración. El Seitai no intenta suplantar la magnífica labor que hace la medicina, sino ofrecer referentes y enfoques nuevos.

Simplemente conocer que la TPE existe y que se puede disolver practicando katsugen undo y yuki nunca va a restar, sino que sumará. Pero tú eres el que resides en la república independiente de tu organismo y decides qué hacer en cada momento.

Nefritis

Es un fenómeno infeccioso que se produce por la irritación de los tejidos de los riñones, controlados por la D10. Por tanto, cuando esto ocurre, es porque hay un cansancio o un endurecimiento en esta vértebra.

Hepatitis

Lo mismo que lo anterior, pero en esta ocasión se relaciona con el lado derecho de la D9. Estaría bien observar esta zona y hacer yuki. Cuando se practica katsugen, es conveniente tener ese lugar como referencia.

Otitis

La otitis está relacionada con el endurecimiento de la C3. El katsugen proporcionará movilidad en esa cervical, y poco a poco se flexibilizará la zona.

Infarto de miocardio

Los problemas cardiovasculares son la primera causa de fallecimiento en el mundo. Bueno, en realidad todo el mundo muere cuando el corazón y la respiración se paran. ¿Recuerdas aquellas células maravillosas que nunca descansan y que tienen su origen en el cordón umbilical?

El infarto de miocardio está íntimamente relacionado con el endurecimiento de los tejidos cardiacos. Sea angina de pecho u otra manifestación, sería conveniente comprobar el estado de las dorsales 4, 5 y 6 en relación con la D7. Hay veces en que se está tratando el corazón como un órgano enfermo, cuando en realidad es el fuerte.

Muchos problemas cardiacos están originados en una mala respiración, lo que tensa el diafragma e invade el espacio que ocupa el corazón, obligándolo a realizar un trabajo extra hasta que *peta*. En realidad, ese corazón no estaba enfermo, sino que está defendiendo su territorio. Cuando la máquina no puede más, se estropea o pide atención. Por lo tanto, mientras no se resuelva el origen, la respiración, todo quedará en tratar el problema con parches.

Podría dedicar un capítulo completo al corazón, porque están involucradas todas las oseis, menos la vertical, relacionada directamente con el sistema nervioso central, pero con el fin de no extenderme en exceso, todo esto lo tendréis ampliado en mis canales de internet.

Solo diré que el corazón es importantísimo, pero más lo es la respiración.

> El corazón no regula la respiración, pero la respiración sí regula el ritmo cardiaco. Lo normal es que una respiración completa conlleve cuatro latidos. ¿Imaginas qué le pasa a tu pobre *corazón partío* cuando lo sometes a una respiración acelerada o entrecortada?

No digo que todo lo relacionado con el corazón esté exclusivamente vinculado con este aspecto, pero es algo que hay que tener en cuenta.

No te imaginas cuántos problemas cardiacos se evitarían practicando katsugen undo.

Insuficiencia renal

Es un endurecimiento definitivo de la D10 hacia la L2. Se puede dar a un lado o en ambos. Observar esto, hacer yuki en la zona, practicar katsugen, puede cambiar estos estados.

Parkinson y esclerosis

Ya comentamos de pasada que el Alzheimer podría estar originado por un endurecimiento definitivo en alguna zona de la nuca. Lo mismo ocurre con la esclerosis y el Parkinson. Es un entumecimiento claro de esta parte tan vital, donde el cráneo comunica con el resto de la CVP.

Una vez que estas enfermedades aparecen, es muy difícil echarlas atrás. Lo mejor es que no lleguen a surgir. Para ello habrá sido trascendental la práctica cotidiana del katsugen. En cualquier caso, aunque una vez desarrolladas estas enfermedades suelen ser irreversibles, hacer yuki en la nuca siempre ayudará a estas personas.

Cáncer

El incremento de la incidencia de esta enfermedad de una manera alarmante plantea todo tipo de iniciativas. La lucha contra el cáncer está presente en todos los medios a diario.

¿Por qué cada vez afecta a más personas y a edades más tempranas?

¿Se puede evitar?

Somos lo que somos porque nuestras células poseen una gran inteligencia. Ellas trabajaron en equipo, nos crearon, nos formaron y nos mantienen con vida. Entonces, ¿por qué de repente se vuelven locas y dejan de actuar en conjunto? ¿Por qué se produce esa disociación?

Al cáncer se le atribuyen diversas causas y factores: el genético, la forma de vida (si se fuma o no, la alimentación, el ejercicio), el ambiental... Pero realmente no existe una relación clara entre causa y efecto. ¿Por qué las mismas personas expuestas a un ambiente contaminante, por ejemplo, responden de manera diferente? La gran pregunta es: ¿por qué en un momento determinado, las células pierden su sabiduría natural y empiezan a actuar sin respetar el orden jerárquico?

Yo le doy vueltas a esto y no lo comprendo muy bien. Para una célula, trastornarse así es perder su esencia, es como renunciar a su *leitmotiv*.

Desde el punto de vista del Seitai, al ser una anomalía que está relacionada con las células y con su reproducción, lógicamente está muy vinculado a la osei central, responsable del sistema reproductor, regenerador y conjuntivo subyacente. La psique de esta osei es una mente absoluta y afectiva. Como el Seitai observa los movimientos de la vida, se da cuenta de que en el cáncer se ha producido un coágulo interno. Y aquí viene lo sorprendente.

Ese coágulo no nace de la apatía y del abandono vital, sino de un inmenso deseo de vivir.

Ante la pérdida de alguien en quien se confiaba hasta entonces, cuando se vive algún desengaño, cuando existe un complejo muy profundo que no se puede resolver, cuando el sexo se estanca... la vida que quiere vivir deja de fluir y se coagula. Al producirse una inhibición tan poderosa en la osei central, o lo que es lo mismo, en la mente afectiva profunda, empieza a surgir la duda existencial de «¿Para qué vivir?». Esto se instala en el interior sin que la persona afectada se dé cuenta.

La mente vestida se da mil explicaciones y se convence de que todo va bien, pero dentro algo ha empezado a *dudar*. No digo que no existan otros factores, como es el caso de los niños que ya nacen con este problema, pero algo de esto que he comentado se está produciendo.

Por supuesto, al igual que cada ser humano es único, cada enfermedad es particular.

Depende de lo que esté afectado, existirá un estancamiento y una tensión parcial excesiva localizada en una u otra osei.

Sea como sea, sí suele haber algunas generalidades comunes a todos, como es el cuello encogido y hundido, aumentando mucho la lordosis cervical. Esto está originado en la C6. También pueden estar implicadas las C1 y C7. La tensión medular de vertical y central se puede combinar, dejando el cuello atrapado. En general, cualquier célula puede sufrir un tumor maligno. Pero hay una excepción: las células musculares. Qué curioso, ¿verdad? ¡Justo las células que viven permanentemente el movimiento de la relajación y tensión!

Al haber movimiento, el tumor no encuentra las condiciones objetivas para existir y no puede crecer. Esto, creo, merece una reflexión. Movimiento vital. Movimiento. Esa es la clave.

¿Está considerando la ciencia esta opción?

Yo estoy totalmente convencida de que la práctica de katsugen puede ayudar mucho a las personas que pasan por estos percances tan dolorosos. El katsugen es movimiento, pero no es movimiento de gimnasio, sino movimiento vital.

Recuperar la fluidez en los tejidos, recuperar la respiración, serán los mejores aliados para acompañar un proceso de este tipo. No se tiene nada que perder y mucho que ganar. ¡Que el movimiento arrastre lo innecesario y que la vida vuelva a fluir!

Fibromialgia, fatiga crónica, sida...

Son enfermedades que aparecieron después de la muerte de Noguchi, por lo que el Seitai no tiene desarrollado este tipo de conocimientos. Pero seguro que cuando todas estas enfermedades se investiguen desde el punto de vista del movimiento vital y de la TPE, se podrán encontrar alternativas.

Y hasta aquí el menú de la casa. No están todas las TPE que son, ni son todas las que están. No se trata de dar recetas, solo ofrecer algunas referencias para saber que esto existe y que de una manera simple, practicando, se pueden erradicar y prevenir muchos males. La medicina no es ajena a que la tensión está relacionada con las enfermedades, pero no de la manera en que la conciben, sino como un estancamiento localizado que desorganiza el conjunto.

El Seitai puede ser de mucha utilidad al sistema de Salud Pública. Ofrece conocimientos que están aún por explorar, y además dispone de unas prácticas sencillas que pueden actuar como prevención, economizándolo y descongestionándolo.

¿Te imaginas una población con dolores de espalda casi inexistentes? ¿Una población que adoptara el constipado y que aprendiera cómo reutilizarlo en su propio beneficio? Todos saldríamos beneficiados. La rentabilidad y obtención de beneficios han influido en esta forma de atender, basada casi exclusivamente en sustancias químicas.

Ignorar la grandeza del movimiento vital es ignorar el estancamiento de la vida. ¿Cómo es posible que algo tan importante se ignore? ¡Hay tanta gente necesitada! Tú tienes mucha suerte, porque algo en ti ha empezado a alejar el miedo y a sustituirlo por amor. Amor a la vida. El secreto es no temer la vida, sino amarla y admirarla.

¿Por qué no incorporar el asombro a tu experiencia cotidiana?

> La vida produce maravillas a cada instante, y todas van a tu favor. No lo olvides nunca.

Noche de celebraciones, ¡chin, chin! Un chupito de osei, glup, glup

El lugar apropiado para el capítulo osei hubiera sido aquel en el que te hablé de estructura y de la división vertebral, pero me daba un poco de miedo que te asustaras. Para que te hagas una idea, incluso gente familiarizada con el Seitai desde hace veinte años, desconoce todo lo referente a la osei. No temas, yo trataré este tema de forma lúdica, simplemente para que te quedes con el aroma.

Si de verdad quieres profundizar, te remito a la única persona que ha profundizado en esto en el mundo, que es K. Mamine. Es muy muy interesante y, además, si te lo imaginas como unos dibujos animados, es muy muy divertido.

Tengo dos noticias: una buena y otra mala. ¿La buena primero? Conocer los intríngulis de la osei convierte la mirada en rayos X. Se puede hacer una ficha completa de cualquier individuo.

¿A que te ves ya con el traje de superhéroe? ¡Esto es estupendo!

Pues ve quitándotelo.

La mala noticia es que este asunto es tan complejo, que solo unos pocos, muy muy versados en el asunto, son capaces de «leer» a cada individuo único, de esa manera. El resto de los mortales, nos conformaremos con intentar aplicarlo básicamente a nosotros mismos y a comprender mínimamente a nuestro entorno. «Solo sé que nada sé».

Actuaremos como sabios y reconoceremos humildemente que solo sabemos, que no sabemos nada.

El origen de la palabra osei está en el fundador del Seitai, Haruchika Noguchi. Pero como era un concepto muy complicado, lo expuso con una frase larguísima: *Shigueki hanosei wa go hoko ni ugoku. Heiko yokyu no ni hoko.* De esta manera, Noguchi tituló uno de los pocos libros que escribió de su puño y letra. Casi todo lo que encuentras de él por escrito en realidad son transcripciones de sus conferencias y clases, no libros redactados por él.

La frase en cuestión, traducida, significa algo así como: 'cinco dimensiones en dos realidades + y – que se mueven para dar capacidad a la vida de responder a los estímulos y a los acontecimientos'. Noguchi quería expresar mucho. Por eso confeccionó esta larguísima y enrevesadísima sentencia. Creó el concepto, pero no el término que simplificara su comunicación. Mamine lo que hizo fue extraer una palabra de ese título tan prolijo y lo sintetizó como esquema osei o estructura osei.

¿Y qué es osei?

Pues la capacidad particular y exclusiva que tiene la vida de un individuo de responder. No el individuo, ¿eh? Sino la vida de ese individuo. Es diferente. *Sei* quiere decir 'capacidad' o 'cualidad'. *O* significa 'de responder'. Ese conjunto es la capacidad que tiene la vida para dar respuesta.

Por lo tanto, hablaremos de osei celular vertical, osei celular frontal, osei celular lateral, osei celular rotatoria y osei celular central. Y aquí viene la decisiva importancia del descubrimiento de Noguchi sobre la estructura del movimiento espontáneo o lo que hemos venido expresando con el nombre de regiones: extremos, zona media y zonas intermedias.

Los movimientos, si son espontáneos, si surgen de la CVP, implican a todo.

Para Noguchi, lo más importante era la unicidad del individuo. Fue muy consciente de que cada persona es irrepetible y que todo en ella es único: su rostro, sus huellas dactilares, su cabeza... No existen, ni han existido, ni existirán, dos individuos iguales. De esta realidad surge una expresión única que hace que cada persona combine de una manera exclusiva, su capacidad para vivir.

En la vida «civilizada» nos enseñan cómo comportarnos en cada momento y va en función de cada sociedad, de cada casa, de cada momento histórico. Se nos enseña a responder a los estímulos sociales de una forma común: en clase hay que estar callados, en la mesa hay que comer con la boca cerrada, etc.

Pero la vida espontánea que habita en cada uno de nosotros, reacciona de una manera muy particular a los estímulos. Esa manera espontánea, que se suele tapar y uniformar en nuestra estructurada vida social, sale dando algunos gritos a menudo y soltando verdaderos exabruptos.

Nuestro verdadero yo sale desnudo, sin capas, en las situaciones de urgencia. Es en esos momentos cuando nos quitamos el maquillaje y sale nuestra verdadera cara. Nos revelamos tal y como somos realmente. Sin llegar al extremo de vivir un naufragio en alta mar, la vida cotidiana dialoga continuamente entre el yo espontáneo y el yo vestido, como ya vimos anteriormente.

Pongamos una situación común para describir cómo se activan las diferentes oseis. Estamos ante unas autoridades que le hablan a un auditorio atento que escucha de pie. Si observamos, la mayoría estará muy recta, escuchando y pensando sobre lo que se está diciendo: osei vertical. Algunos mirarán hacia arriba. Están reflexionando. Al cabo de un rato, todas esas atentas y educadas personas, desean moverse. Les encantaría activar la osei frontal y salir corriendo de allí, pero, como no pueden, empiezan a ladearse, a mirar alrededor. El orador pasa a un segundo término y se entretienen observando la ropa de uno y de otro, si están guapos o hechos un adefesio

La osei lateral ha entrado en acción. Así se va pasando el rato, hasta que la persona empieza a mosquearse.

El orador se está pasando un pelín. Como encima de harta, la persona empieza a cansarse, adelanta un pie, gira la cintura, cruza los brazos y aguanta como puede.

La osei rotatoria está echando humo.

El orador se calla. Bebe agua. ¡Ay!, solo se trataba de una tregua pasajera. Ahora da la palabra a otro. Tiene que aguantar porque si no mañana le llega una carta de despido. Entonces el organismo se prepara para resistir la matraca.

La pelvis busca el centro de gravedad, resistir desde dentro.

La osei central, que todo lo condensa, está actuando.

Esto es un ejemplo típico de osei y de cómo esas osei se van alternando. Cuando una se cansa, entra otra en acción. ¡Fíjate tú!, *osei*, una palabreja que te suena a chino... bueno, más bien a japonés, es la que está definiendo tu vida diaria más íntima. Tu espontáneo se manifiesta a todas horas a través de la osei y tú, vivías ajeno a esa realidad.

Observar las manifestaciones de la osei, observar cómo los movimientos se combinan y se expresan a través de las células, de los órganos, de nuestras alteraciones cotidianas, de nuestras diversas manifestaciones psíquicas, es una fuente de autoconocimiento inagotable. No intentes de momento interpretar en conjunto a la osei.

Te volverías loco. Empieza por observar dónde ubicas tú la energía, dónde la centra tu marido, tu profe... el barrendero...

¿Qué predomina en esos conjuntos? Quizá sea la cabeza, los hombros. Quizá ande ladeándose de un lado a otro y, a pesar de tener sesenta años, tiene cara de bebé bonachón y caprichoso. Quizá ande torciendo cintura a lo Jonn Wayne O ¡quién sabe!, quizá su energía esté claramente en esos glúteos firmes y respingones caribeños y sabrosones. ¿Y ese otro? ¿No se mueve como una gallina clueca, con las puntas de los pies hacia fuera, con la cadera bien abierta, arropando a todo pollo viviente bajo su pollera?

La vida habla a través del movimiento y la osei es el *translator* de su idioma, formado a su vez por muchos dialectos.

Cada uno de ellos tiene su forma de expresión particular y al combinarse, dan como resultado una lengua única. La osei es el idioma genérico y el idioma particular que habla cada individuo, es la osei de taiheki. Es tu código genético. Es tu lengua exclusiva.

En Japón se ha extendido mucho el estudio del taiheki. Es verdaderamente interesante, pero de alguna manera, hay quien, al no estar familiarizado con la complejidad de los conocimientos del Seitai, ha considerado que el taiheki reduce a seres únicos, en alguno de los doce tipos. Otros, preguntan qué tipo son, como si consultaran su signo del zodiaco.

Pero no es así. El taiheki es muy complejo y, desde luego, nada frívolo.

Noguchi hablaba siempre del individuo como único. Por eso yo creo que el concepto de osei ofrece un panorama más completo sobre el conocimiento de la vida espontánea. ¡La osei global mezcla tantas cosas! Tiene en cuenta a la osei de taiheki, por supuesto, pero la combina a su vez con la osei de país, la osei de familia, de religión, la osei de *status* social...

Recuerda que Noguchi expuso el taiheki como *cuerpo u organismo y su hábito natural*. Pero la osei habla de la *capacidad para responder*, por lo que el término osei de taiheki resulta mucho más completo. Habla de cómo los movimientos se expresan y se combinan para dar respuestas vitales.

Como no te quiero liar mucho, lo que te voy a exponer a continuación es una forma simplificada de osei. Osei pura, como si no existieran otras mezclas. Te la voy a presentar como un calabacín, un pimiento, un tomate Yo te doy los ingredientes y la vida cocina el pisto. Te hablaré de cómo activa cada osei la TA. Recuerdas, ¿verdad?

La TA era el *colesterol bueno* de las tensiones. Es esa tensión que la vida necesita para vivir en cada momento y así cumplir sus deseos vitales. Es maravilloso comprobar cómo cada movimiento tiene una clara función dentro del organismo y una tarea concreta. Movimiento y acción biológica tienen una relación indivisible.

En cada osei interviene un sistema orgánico, fisiológico, celular, energético, psíquico... Todo ello configura la IV. La vida vive inteligentemente. Pues bien, te pondré ejemplos de cómo esa TA, tensión autónoma, se comporta con cada osei.

Esto que viene es realmente entretenido.

Ahora que todos los pasajeros nos vamos conociendo, llega lo divertido. ¿Cómo responde cada una de las cinco oseis a la TA?

La TA, la tensión autónoma, es el conjunto de toda activación que surge espontánea e internamente. Ella conlleva siempre determinada necesidad o deseo de la vida.

Esto de la TA no es algo exclusivamente humano. Se da en cualquier animal. Cuando esa TA se activa, el individuo se ve obligado a dar una respuesta, tanto interna como externamente. Te pongo un ejemplo: eres un gamo reposando en una pradera. De lejos ves venir hacia ti a un león con la bocaza abierta. Salvo que seas un gamo de porcelana, tu TA se activará inmediatamente y todo tu organismo necesitará dar una respuesta inmediata a esa situación que se plantea. Elige la que consideres correcta:

a. Te quedas a verlas venir.
b. Crees que el león está de broma y que se trata de juego.
c. Estás en peligro y quizá, quién sabe, deberías poner pies en polvorosa.

Ahí tienes un ejemplo. La TA se ha activado. Tienes que dar una respuesta. ¿Piensas?

¡A la porra a, b y c! La respuesta es que tu espontáneo se pone las pilas y sales a toda pastilla. Ahora, examen sorpresa. ¿Qué osei se ha activado? Muy bieeeennnn... la osei frontal. Corres y corres todo lo que puedes. Pero casi te coge el león. ¿Qué osei se activa ahora?

¿Con qué otra osei se te combinará la osei frontal? ¡Sí, señor! Tú, convertido en gamo, empiezas a correr en zigzag, y a cada dentellada retuerces todo el cuerpo como puedes para desasirte de la fiera. Osei rotatoria.

Cada momento requiere una osei. Esa activación no es solo una manifestación, sino que entran en juego las vértebras que pertenecen a la región que activa esa osei, los órganos particulares de esa osei, sus células concretas, la psique propia de esa osei y que es precisamente la que requiere ese momento, la energía que reclama ese instante...

¿Te imaginas a una madre cualquiera de la naturaleza, rodeada de sus cachorros, con su osei vertical activada, consultando un libro para saber cómo actuar? Esto solo ocurre en las humanas. No creo que existan ni perritos ni gatitos que se sientan muy bien atendidos por una mamá así. ¿Qué necesitan? ¡Pues claro! Unos buenos lametones en las mejillas, tirando de osei lateral. Pero si alguien amenaza a esas deliciosas crías, la mamá sacará osei central a borbotones. Y si la cosa se pone complicadilla, desenfundará sus garras activadas por la osei rotatoria. Aparta la cara, porque si puede, te sacará un ojo. Por supuesto, si no te alcanza y tú te pones farruquito, cargará a todos sus bebés con su mandíbula y pondrá pies en polvorosa gracias a la activación de su osei frontal.

Cada necesidad vital requiere una respuesta.

¿Pero qué pasa si el deseo o esa activación que la vida requiere para expresarse, se apoca?

Pues que la inmensa fuerza de la vida se encalla y crea un gran problema. Este gran problema se llama inhibición. Esa inhibición se transforma en coágulo vital. Ese coágulo vital en TPE. ¿Y qué es TPE? Exacto, eso que en la medicina llaman enfermedad. Suma y sigue. Todo tiene un origen y unas consecuencias. Ahora tenemos herramientas de observación. IV. A continuación te voy a exponer cómo reaccionan las diversas oseis en la vida. Lo haré de una manera simple, ofreciendo los ingredientes.

Pero como ya sabes, la alta cocina le corresponde a la vida. Ella será la que cree su propio plato.

Activación de la TA en la osei vertical

↑ La TA de la **osei vertical** (+) y la **osei vertical II** (–) surge de las neuronas. En concreto se involucra la región f-e medular. En ambas oseis, el movimiento va hacia arriba y descansa abajo. Toda la CVP sube y se yergue, activando también las yemas de los dedos.

¿Y qué es lo que sucede cuando se nos activa esta osei? Pues que nos entran ganas de pensar y de reflexionar.

¿Recuerdas cuántas preguntas te han ido surgiendo a lo largo de este viaje?

Cuando una persona trae de «fábrica» esta osei, o sea que la tiene de taiheki, suele presentar un aspecto físico espigado, delgado. Sentimos como si su energía fuera toda hacia arriba.

Seguro que en el conjunto su cabeza resaltará, como un elemento que destaca del resto. A mí se me viene la imagen de esos santos de los cuadros barrocos. Vertical se mantiene de pie, erguido, con mucha facilidad y naturalidad. Tiene la elegancia de un bailarín, como si siempre anduviera tocando el cielo sobre las puntas de sus pies. Audrey Hepburn también podría ilustrar esto.

Volviendo a la generalidad, a cualquiera de nosotros, la capacidad de subir nos da la posibilidad de contemplarlo todo con distancia y objetividad.

La activación de la tensión autónoma (TA), cuando se hace desde la osei vertical, hace acopio de información, bien sea a través de la prensa, internet, TV... Cuanta más información, mejor. Por lo tanto, cuando dentro de ti se activa la osei vertical, te entran ganas de evadirte del entorno y te proyectas hacia el mundo intelectual y objetivo.

Apetece mucho estarse quieto para poder pensar y meditar. Cuando te encuentras espontáneamente en este estado, recibes con mucho desagrado el ruido ambiente, porque cuando estás entregado a tu labor de pensar, idear, etc., ese ruido se recibe distorsionado e intenso. Otra cosa que ocurre cuando vertical se ha activado es que se necesita dormir muchas horas.

El despertar es un poco traumático, porque el cerebro está como ralentizado y tardará un rato en funcionar.

En vertical aparece la importancia de la jerarquía. *Yo soy profesor. Yo soy alumno. Yo soy presidente.* Arriba-abajo. Todo esto se puede observar en la vida cotidiana, no solo en las personas.

También se da en los animales. La noción de jerarquía de esta osei es fundamental para la supervivencia y la lucha. Cuando en una lucha se ha aclarado quién es el vencedor, simbólicamente sube la cabeza y el vencido se va con la cabeza agachada. Si son animales sociales, como el león, el mono, etc., el que juega el papel de jefe, suele llevar la cabeza erguida. Jerarquía social. Contemplar todo desde lejos y analizar las situaciones. Es como un cuartel general del ejército que no tiene escopetas, sino estrategia objetiva. Es el militar de graduación que se mete en un cobertizo y desde allí diseña acciones, desde donde coordina y ordena cómo debe ser la defensa y el ataque.

Vertical también es el movimiento que nos hace interesarnos por los conocimientos: historia, biología, sociología, geografía.

La capacidad de mirar hacia arriba y más allá es la que ha creado los mapas. Vertical no solo estudia, también deduce.

Entre los animales, el jefe es el que lucha, pero también el que observa desde arriba. Es la capacidad de dirigir al grupo. Los altos rascacielos de Manhattan. Sus directivos, los que organizan, siempre arriba.

Si nos dedicamos a la observación como deporte, veremos que esto es así.

Mientras la osei vertical es muy eficiente en lo intelectual, es poco hábil en las relaciones humanas, en las que es realmente torpe. Como está mirando lejos, no capta lo que tiene alrededor. La diferencia entre vertical + y vertical –, es que + activa el músculo trapecio y – activa el esternocleidomastoideo.

Cuando se tiene mucho vertical + de taiheki o se está en un periodo en el que tenemos frecuentemente activado vertical +, ocurren cosas del tipo: Suena a lo lejos un ruido estruendoso. La persona sube tranquilamente la cabeza y pregunta sin inmutarse: «¿Qué pasa?». Si ve que no tiene nada que ver con él y no le afecta, desconecta y vuelve a lo suyo. Esta acción ha sido acompañada por el trapecio. La cabeza ha subido y se ha inclinado levemente hacia delante.

Ahora, si ese mismo ruido sobresalta, es el esternocleidomastoideo el que se ha tensado, y con él todo el individuo se tensa hacia arriba. Por lo tanto dentro de las cosas comunes que se dan en vertical, hay ciertas diferencias entre + y –.

La osei vertical I + nos da la capacidad de activar el pensamiento intelectual contemplativo, objetivo, positivo, activo y creativo.

La osei vertical II – es, sin embargo, la activación del área del pensamiento que primero piensa en lo negativo. Su labor es mejorar, perfeccionar, plantear dudas sobre lo que existe y se está dando por sentado, pero que se puede modificar y evolucionar.

Activación de la TA en la osei frontal

La TA de la **osei frontal V** (+) y la **osei frontal VI** (–) surge de las células musculares, implicando directamente a la región f-e periférica. En ambas oseis, el movimiento va hacia adelante. Toda la CVP se inclina hacia delante, activando el sistema muscular y locomotor combustivo. Este movimiento descansa hacia atrás recuperando eje. ¿Y qué es lo que sucede cuando se nos activan estas dos oseis? Pues que nos entran ganas de movernos y de actuar.

¿Recuerdas lo bien que lo has pasado apuntándote a cada actividad y excursión que ha surgido a lo largo del viaje?

La activación de la tensión autónoma, cuando se hace desde la osei frontal, despierta las ganas de correr y de actuar muscularmente. Los niños recluidos en un pequeño piso se ponen revoltosos, porque no pueden moverse. Cuando se les activa este movimiento, inventan juegos de carreras, etc. Competir es lo de menos. Lo que quieren es correr.

Ahora no estamos hablando de problemas, ni de sobreexcitación, sino de TA, la activación natural que nos hace proceder en un sentido u otro. Frontal significa llegar cuanto antes a un destino. Línea recta.

El camino más corto entre dos puntos. Inventar nuevos caminos. A veces para llegar a un destino, hay que crear un puente, para no dar un gran rodeo. Frontal es puro pragmatismo. Desarrolla puentes, ruedas, coches, aviones...

La tecnología está muy relacionada con esta osei. En vertical se dan los ingenieros, pero los ingenieros técnicos son una cualidad frontal. Frontal siempre está apuntando al bien del futuro próximo.

La osei frontal nos proporciona la capacidad de no preocuparnos por el ahora, ni por lo que está muy lejos. Se vive con el deseo de ver qué ocurrirá una semana después, un año después, etc.

Como siempre se está proyectando hacia delante, va libre.

Frontal es independiente.

Lo importante es la meta. Lo que queda a los lados no es fundamental.

Si algo sale mal, no importa.

Seguirá adelante e irá improvisando sobre la marcha. Le gusta actuar en solitario.

En equipo trabaja contando con que cada uno tenga las ideas claras sobre cuál es su cometido, haciéndose responsable de ello.

No va junto a... Sino a lo suyo.

Cuando avanza, siente que su vida brilla. Si no avanza, se nota estancado, se apaga.

A la osei frontal le cuesta ponerse ante un ordenador a trabajar.

Se paraliza si intenta esbozar lo que va a escribir.

Obtiene resultados a través de la acción y no de la planificación. Funciona sobre la marcha y le va la acción. Lo relacionado con la charleta, el entretenimiento, no va con él. La comunicación, no es lo suyo.

Los hombros son lo que más predomina en el aspecto físico de frontal. Suele tener los extremos dinámicos, o sea, las articulaciones, bien formados. Esas mandíbulas cuadradas de los actores de Hollywood al estilo Rock Hudson. Todo esto es común a las dos oseis, tanto + como –.

Pero entre ellas existen algunas diferencias.

La osei frontal V + es activa y extrovertida. Sale de los hombros. Se tensa desde detrás y va hacia delante, siempre haciendo cosas.

La osei frontal VI – es pasiva. Tiene mucha presencia el pectoral menor, tiende a levantar los hombros y desde ellos encoge el pecho.

El frontal pasivo va hacia delante encogido y su deseo no le facilita ir realizando cosas de la misma manera que en +. Antes tiene que determinar un destino, proyectarlo y como duda, estudia todos los aspectos negativos para que no falle nada.

Siempre busca el éxito y el reconocimiento de los demás.

Activación de la TA en la osei lateral

La TA de la **osei lateral III** (+) y la **osei lateral IV** (–) está íntimamente relacionada con el aparato digestivo y el sistema circulatorio, o sea, que pertenece a la región bilateral. En ambas, el movimiento es lateral y va de izquierda a derecha. Toda la CVP se inclina hacia un lado o el otro, activando la región bilateral. ¿Y qué es lo que sucede? Pues que cuando se activa lateral, nos entran ganas de comunicarnos y de compartir.

¿Recuerdas lo bien que lo has pasado en cada fiesta, lo que has disfrutado de las conversaciones con el resto de viajeros, los amigos que has hecho ?

La activación de la tensión autónoma, cuando se hace desde la osei lateral, en especial si predomina en el taiheki, hace desear que todo el mundo esté contento.

Es una osei muy glotona. Apetece comer y cuando termina, ya se está pensando en qué cenará. Entre comida y comida picará y cuando no piensa en la comida, lo hace en la dieta.

La osei III + pensará en qué preparar para esa dieta. Sin embargo, la osei IV –, al ser negativa, se siente culpable. Aunque le gusta comer tanto como a III, siempre está pendiente sobre lo que debe ingerir, lo que es equilibrado y lo que no, los nutrientes, las calorías. Come con culpabilidad.

El deseo lateral no es solo comer. Es buscar que la vida sea alegre, que haga reír, que sea emocionante, bonita, que la gente sea guapa. Es como el óvulo redondito cuando escoge al espermatozoide más seductor. Lateral se preocupa de la apariencia.

El movimiento lateral es el que crea esta sensibilidad o esta reacción mental. A lateral le gusta decorar.

Una mesa, sin unos jarroncitos con flores, no es lo mismo. La sensibilidad frontal esto lo ve como un horror, porque la mesa tienen una función concreta: para comer, para estudiar Sin embargo para la sensibilidad lateral, eso es lo importante de la vida. Le encanta charlar, comunicar, reír, llorar, buscar mimos, las redes sociales, chatear.

La osei lateral III + es activa. Si en un par de días no ha reído, su vida se apaga. Solo con reír una vez, vuelve a brillar, la existencia recupera su sentido. Los ojos brillan, la cara le centellea, pero si esto no ocurre, se marchita.

Trabajando son muy alborotadores. Mientras charla, va funcionando. Pero si viene el jefe y le manda callar, de repente, el trabajo que estaba haciendo fluidamente, ya no le sale igual. Siempre va creando alegría: «Hola, ¡qué buen día hace hoy!, ¿cómo está usted?».

En la osei + hay mucha diferencia entre un lado y otro del cuerpo. La cabeza y la cara son pequeñas y redondas. Esa sensación es porque suelen tener unas mejillas muy preponderantes. Sin embargo, los hombros no tienen presencia y son caídos. Si ves a alguien a quien se le escurre el bolso por el brazo, seguro que tendrá una lateralidad muy pronunciada. Al carecer de los hombros vigorosos de frontal, que tanto envidian, decidieron inventar las hombreras.

Generalmente lateral presenta una importante curvatura en la espalda. Las nalgas son también redondas y el cuerpo es curvilíneo. Suelen ser redonditos y la parte media tiende a sobresalir del resto.

La osei lateral IV – es pasiva. Les gusta comer, siempre tienen hambre, pero la comida les suele sentar mal. En general, sufre numerosos problemas digestivos. Se hace vegetariano, vegano... Disocia los alimentos... Lo que sea, con tal de seguir comiendo sin que le torture el proceso digestivo. Es frecuente que tenga falta de plaquetas. Cuando la TA lateral – se coagula y se convierte en TPE, se puede desarrollar una leucemia.

También son típicos los problemas de hígado, anemia, etc. A lateral – le gusta hablar tanto como a +, pero espera a que le pregunten. Entonces contesta lastimeramente. Más que dar afecto, espera recibirlo. Al ser pasivo, no tiene la visibilidad de III. Lateral – parece que tiene hombros, pero no tiene ninguna fuerza muscular. Esa apariencia engañosa es porque la clavícula presenta forma de percha.

Si se tiene como osei de taiheki IV, lo habitual es que esté conteniendo las emociones permanentemente.

Activación de la TA en la osei rotatoria

La TA de la **osei rotatoria VII** (+) y la **osei rotatoria VIII** (–) está íntimamente relacionada con el sistema eliminatorio o conclusivo de la región intermedia dinámica. En ambas, el movimiento es rotatorio. Toda la CVP se gira y retuerce como un sacacorchos porque está activando el sistema urinario.

¿Y qué es lo que sucede? Pues que cuando se activa está osei, nos entran ganas de defender lo nuestro y a los nuestros.

¿Recuerdas cómo has defendido tu asiento durante todo el viaje? ¿Por qué todos te lo querían arrebatar? No es el mejor asiento de todo el tren, pero es tuyo.

Es la capacidad de definir lo propio. Barcelona en relación con Madrid. Mi peña frente a otras peñas. Mis hijos. Mi casa. Mis bienes. Mi dinero. «Yo y lo mío» está muy vinculado al acto de miccionar. Los animales marcan su territorio orinando los límites.

Mear por las esquinas obedece a una inteligencia celular y ancestral. Por eso decidiste castrar a tu lindo gatito. Por cierto, si por lo que sea tienes que enfrentarte a alguien, prueba a hacerlo con la vejiga bien llena. Cuando entran ganas de orinar, todos nos ponemos nerviosos e inquietos. Con esto activado queremos defender lo propio y aspiramos a una seguridad concreta: tener una casa grande, tener una empresa grande, ser jefe. Es el padre que ejerce hegemonía sobre sus hijos imponiéndoles que sean continuadores de la empresa familiar. Es un comportamiento muy típico de la osei rotatoria +. Dominar y mandar. Esta osei también tiene mucha relación con el sudor.

Hay personas que nunca sudan o bien lo hacen en exceso. Seguramente existirá alguna TPE en la osei rotatoria. Si durante la práctica del katsugen surgen giros desde la cintura, seguro que algo de todo esto se regulará por sí mismo. Otra característica de rotatorio es que no le interesa para nada mirar lejos y contemplar, como hacía vertical.

«¿Lejos? ¿Va conmigo? Si no son cosas mías, paso». Cerca... Eso sí que le interesa. Todo lo que es suyo y todo lo que gravita a su alrededor, en un espacio próximo en 360°. Rotatorio es la capacidad de ver lo que tenemos detrás. La tensión rotatoria siempre está dispuesta a cubrir la retaguardia. Preservar la seguridad del ahora, anticipándose a cualquier eventualidad.

Rotatorio tiene la capacidad de ocuparse de todo lo cercano, asegurarse de que no falte de nada, que haya comida, dinero...

Rotatorio necesita tener hoy lo que le es necesario para él, para sus hijos e incluso para el vecino si lo considera *suyo*. Le gusta ser poderoso, tener un plantel de *belline*. ¡Todo para él! Mujeres, mansiones, islas...

VIII es así también, pero en sentido negativo. Más que de *conseguir*, es de *no perder*.

Es más defensivo que ofensivo. Siempre está pendiente de cualquier fuerza externa que considere, le pueda invadir.

Las personas que más gritan en un partido entre Madrid-Barça suelen ser rotatorio –.

Otra cualidad es que necesita mucha atención, por lo que tiende a exagerar las cosas. Si ha pescado un pez de treinta centímetros, al contarlo lo transformará en uno de un metro. También es mucho de contrariar. Se refuerza retorciéndose.

Tanto a VII como a VIII les gusta reconocer las cosas tocando. Se estropea el desagüe del fregadero y nos llega un fontanero torcidito, de voz ronca. Se agacha, desenrosca la tubería, mira, mete los dedos y limpia la suciedad. Cuando termina, lo coloca, gira la rosca con fuerza y, dicho en castizo, lo deja *fetén*. Si en lugar de rotación, el *fonta* es frontal, cuidadín. Dedicará menos horas de trabajo, cobrará más y la eficacia será menor. Quizá en un primer momento te dé más confianza, porque te transmitirá que es cosa de *ná*. Pero al cabo de no mucho tiempo, veremos que la chapuza va goteando. Rotatorio no puede hacer eso. Lo terminará bien, lo revisará y lo enroscará tan fuerte, que después será dificilísimo para el que venga detrás desenroscarlo de nuevo. Rotatorio, tanto activo como pasivo, cuida la relación humana cercana.

La diferencia es que en el caso de VIII tiene que existir un contrincante, mientras para VII no importa si hay un contrincante o no. Va a lo suyo.

Activación de la TA en la osei central

La TA de la **osei central IX** (+) y la **osei central X** (–) está íntimamente relacionada con el sistema conjuntivo, reproductor y regenerador de la región intermedia estática. En ambas, el movimiento es central. Toda la CVP tiene la capacidad de compactarse y de abrirse. ¿Y qué es lo que sucede? Pues que nos entran ganas de interesarnos por el sexo y por las cosas profundas de la vida.

¿Recuerdas cuántas sensaciones internas te ha despertado cada paisaje, cada expresión de la naturaleza ? ¿Te gustó enamorarte durante el viaje? ¿Hacía cuánto que no disfrutabas del sexo, de las caricias ?

En esa osei, si el sexo se inhibe, la vida se encalla.

No vamos a decir que en esta osei todo es cuestión de sexo, pero digamos que es muy importante, sobre todo si la persona tiene osei de taiheki central +.

La osei central hace que uno se plantee preguntas metafísicas, pero no desde lo intelectual de vertical, sino desde lo profundo. *¿Por qué existen diferencias entre las mujeres y los hombres? ¿Por qué existimos?*

Estas preguntas son vitales y complejas y aunque su formulación sea simple, nos surgen desde niños.

Esta osei juega un papel fundamental durante la pubertad. Se nos despierta el deseo de hacer el amor. Es la cualidad principal de esta osei. Quiere sentir que se vive. Sentir la vida. Sentir profundamente la vida. Sentir profundamente la comunicación.

Para lateral la comunicación está muy relacionada con las amistades. Amigos, amigos, y más amigos. Central no. No es tan prolijo en amistades. Tampoco es de mucho comer. Lo suyo es el sexo. Si no hay sexo, si no hay un sentir profundo de la relación humana, aunque sea solo con una persona, se mustia. No le hace falta tener miles de amigos.

No le hace falta hablar. No le hace falta divertirse, ni bailar, ni reír en comidas con los compañeros de trabajo, como le pasa a lateral. Con una sola persona especial en la que confiar y a la que siente que tiene realmente cercana, le vale. Entonces su vida brilla.

Si tiene a muchos amigos alrededor, pero no cuenta con esa persona central y capital en su vida, se hunde. Su mente es absoluta. O todo o nada. Es importante todo lo que le haga sentir profundamente: la música, la pintura, la expresión, la poesía, la literatura... Que la vida se exprese y que le comunique algo profundo. Comunicar con lo eterno. Con lo infinito. Todo lo que se ha relacionado comúnmente, con el concepto de alma.

En central se da el deseo natural de vivir con el alma, tanto en + como en –.

- + es introvertido, interior y activo.
- – es extrovertido, expansivo y pasivo.

La vida se manifiesta y central desea que así sea. Es el deseo profundo de procreación, de dar continuidad a la especie y con ello, a la vida misma.

Como + es introvertido, la tensión y la actividad central es tan intensa como un agujero negro. Un agujero negro es la máxima gravitación y cuando esa máxima gravitación se concentra hacia dentro, la expresión hacia fuera, desaparece.

Central está sintiendo la vida, la eternidad en el aquí y en el ahora. + y – aman la vida, a los hijos, el sexo, a la familia... Que todo ello sea una unidad. Se preocupa de la unión de todos. La relación de la sangre.

La diferencia es que + va hacia dentro y se preocupa de los muy íntimos.

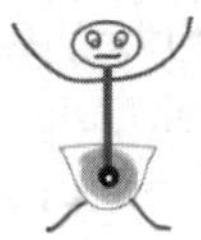

Abrir, o sea –, por su apertura de pelvis, tiene una gran capacidad de entrega y de cuidar a todo perro y gato que tiene cerca. Todos son asunto suyo. Qué generoso, ¿verdad? Pues no lo es tanto como parece. Cuidando, aparentemente dando, recibe. Instintivamente da para recibir porque se carga de energía.

El ejemplo más primitivo y fascinante es el de la mujer embarazada. Su pelvis se va abriendo poco a poco y en el parto se da la máxima apertura, que es la que le proporciona el instinto de dedicación incondicional hacia el recién nacido.

Cuida, atiende, da... Pero al mismo tiempo, a través del cuidado al bebé, ella recibe la energía para que su cadera recupere su estado anterior.

Abrir tiene la capacidad de atenderlo todo. Es la dispersión personificada.

¿Tienes en la mente a alguien muy ancho, con el culo aplastado, la pelvis abierta y las puntas de los pies hacia fuera? Una *mamma* auténtica. Dedicándose a todos, vive.

Los asuntos intelectuales le traen sin cuidado. Si no hay a quién cuidar, la vida, el deseo de la osei X, se apaga.

Para la osei IX es igual, pero sin dispersión. Es IX quien más necesita de esa persona especial con la que comunicar profundamente.

Y hasta aquí un pequeño esbozo sobre las oseis. ¿Qué te parece todo lo que descubrió Noguchi? Su conocimiento y su aportación son inmensas y requieren aún exploración. Por lo general, en cada individuo y dentro de su complejidad, siempre hay alguna osei en + que predomina y otra en –.

Todo esto nos ayuda a conocernos a nosotros mismos. Todos queremos ser comprendidos y entendidos. Cuando esto no ocurre, nos sentimos frustrados. Sin embargo es algo normal, porque todos somos diferentes y vibramos de forma diferente.

El conocimiento de la osei nos proporciona esa dimensión. Reconocemos y aceptamos esas diferencias y podemos observar hacia dónde van todos esos deseos vitales, a través de los cuales vive cada individuo.

Lo que nosotros sentimos, no tiene por qué ser compartido. Percibimos y sin esfuerzo, aprendemos a apreciar al otro. Si esto ocurre, empezará la comunicación. *Tocar el alma* de los demás solo con palabras, apelando a su mente objetiva, es imposible.

Ya sé que a estas alturas estás muy familiarizado con la inteligencia vital. Lo estuviste siempre...

Pero está bien conocer algo de cómo funciona desde el punto de vista orgánico.

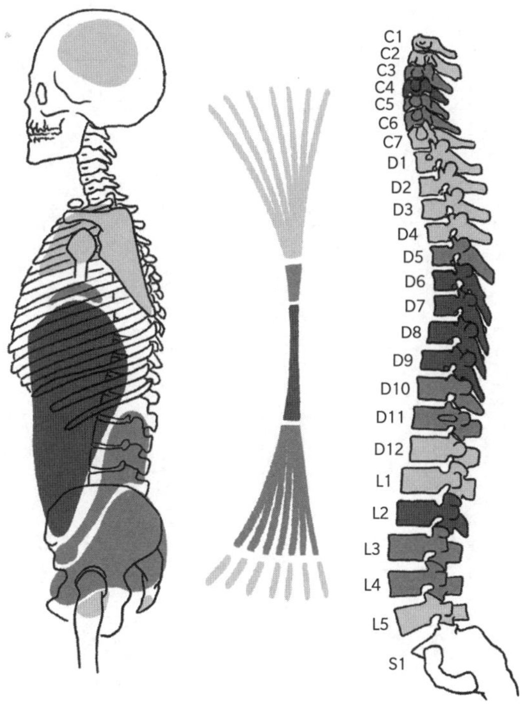

Capítulo 7

¡Ding, dong, ding! Destino alcanzado. No olvides llevar contigo tus objetos personales

En la creación dejas de ser tú mismo y cedes tu cuerpo, tus dedos que machacan las teclas del ordenador, tu energía vital, al servicio de no sabes qué.

Yo cuando escribo soy otra. Siento que me hago *inteligente* a través de la escritura. Los escritores somos médiums que utilizamos la fuerza creadora para expresarnos. Los que viven alrededor de alguien que está poseído por la escritura permanecen absortos observando un conjunto de células que está, pero no está. El poseído habita en un mundo interior. Sus ojos te miran, pero no te ven. Su boca te habla, pero sus palabras son automáticas. Sus oídos reciben tus comentarios, pero no los procesan...

Yo ahora me despido de eso que *me poseyó* durante este trabajo. De alguna manera, recupero mi vida cotidiana. Espero de corazón que este libro te suponga una gran revolución vital. Que sus páginas dejen de ser palabras y se conviertan en vivencias. No te lo quise decir al principio, pero este viaje que iniciaste en la primera página no tenía fin... pero sí destino. Tu destino empieza ahora.

Hasta aquí los servicios que te ofrecía esta «agencia de viajes». El paquete incluía herramientas, conocimientos y un regalo empaquetado que ya puedes desembalar. Son unas alas hechas a medida.

¿Dónde están las instrucciones de uso? ¡No te preocupes! Las llevas incorporadas. En tu interior se ha instalado el microchip vital que enciende la vida. Ya es tuyo el kit desarrollador de herramientas vitales para agigantar la inteligencia vital. La vida es perfecta y tú ya lo sabes. Vas a despegar. ¡Resulta tan agradable volver a sentir mariposas en el estómago! Sin embargo, recuerda que volar es mantener el cordón umbilical que te une a la base.

Ya conoces el secreto: coordinación.

El aire pierde su magia si no se puede tocar la tierra. El placer de planear sobre los campos de trigo, sobre las cumbres de los montes más inaccesibles, sobre el azul profundo que encierran los océanos, pierde su gracia si nos aboca al exilio doloroso de no poder aterrizar jamás.

Hemos de recuperar el origen, recuperarnos a nosotros mismos... Despegar sabiendo que siempre vamos a tener una pista en la que recalar...

Un árbol tiene el mandato supremo de vivir. El vigor no está en el tamaño, sino en el ki que es capaz de acumular en su interior. Ki... Ese ki es el que desmonta los alambres que amarran las ramitas... Respiración. Observación.

El auténtico poder no está en las cosas inanimadas. Todo lo que edifiquemos en aras de la seguridad es susceptible de desaparecer en cualquier momento. Nada permanece. Todo pasa y lo nuestro es pasar. Somos *pasotas*.

Las decisiones importantes no surgen de nuestra cabeza planificadora, sino de la fuerza decisiva de nuestra lumbar 4. Ahí nace la mayoría de revelaciones instintivas que transforman nuestras existencias. Las cosas pasan por algo. Pero las que no pasan también son por algo.

El Principito luchaba para preservar a su planeta de las raíces de los baobabs. El secreto no está en *luchar contra*, sino en *ir a favor de*. ¿Luchar contra la guerra o estar a favor de la paz? ¿Despotricar contra nuestra sociedad o cambiar nuestro entorno?

El Principito y su mirada de niño veían cosas muy diferentes de las que ven los adultos, pero. ¿Qué mirada es la real? Aprendemos. Más bien, nos enseñan a mirar nuestra *realidad* desde que somos muy pequeños, y lo que en verdad vemos es una parte diminuta de lo que realmente abarca la vida. Platón lo describió muy bien con su famosa caverna.

El Seitai encierra algo más que percepción. Encierra sabiduría y referencias. Nos entrega herramientas que nos posibilitan conquistar el espacio. Lo encogido ocupa muy poco. Mantenernos con la mirada en el suelo y la boca cerrada nos convierte en manejables.

Para mí el Seitai es el más grande regalo que he recibido jamás. El panadero que me vendía cada día el pan me habló por primera vez de esto, y le estaré eternamente agradecida. Ahora yo te lo entrego a ti.

¿Has desembalado ya tus alas? Hemos alcanzado destino. Yo te digo adiós y buena suerte. No me gustan las despedidas. Seguro que nos encontraremos en algún lugar. Quizá nos conozcamos en persona en alguna de las conferencias que impartiré, en alguno de los talleres vivenciales que ofreceré, en alguna de las presentaciones que haré de este libro que ya no es mío, sino tuyo. A lo largo de este recorrido nos hemos ido encariñando y seguro que ese hilo no se va a romper nunca, sino que nos mantendrá unidos y nos asistirá en este vuelo en el que estamos encaramados de la inteligencia vital.

El Seitai jamás hace proselitismo. Sus conocimientos y sus prácticas son un tesoro, pero no todo el mundo será capaz de percibir la dimensión que encierran. Comunícalo si te apetece, y si no quieren escuchar, no pasa nada. A los humanos nos cuesta romper estructuras e incorporar novedades reales. Somos más de fusionar... *Malos tiempos para la lírica*... Pero todo lo que merece la pena al final encuentra su lugar y su momento. Si tú vas haciendo, los demás irán observando tus cambios. Son cambios intangibles, y al fin y al cabo, lo intangible es lo más real. Estamos rodeados de materia, de cosas, pero lo intangible, lo que no se puede medir, es lo que realmente nos proporciona las experiencias bonitas de la vida. Que yo sepa, hasta ahora nadie ha podido someter a una métrica el amor, la emoción de ver cómo rompen los capullos de un almendro en una incipiente primavera, el sentimiento inexplicable de recibir el nuevo nacimiento de un bebé, que por repetido y antiguo, no deja de sobrecogernos... ¿Quién puede atreverse a cuantificar el valor de una conversación alrededor de un buen fuego, disfrutando de una copa de vino junto a la persona amada?

> La inteligencia vital jamás podrá ser *medida* por ningún humano. Sin embargo, puede ser *vivida* por cualquiera.

La vida que nos gusta está llena de momentos que no se pueden computar. Yo soy fan de lo intangible, de eso que no se puede tocar, ni ver, pero que al mismo tiempo ocupa la vida entera. Somos guerreros sagrados de lo intangible. Y cuando reparamos en esto, lo tangible se contamina de lo intangible y la vida alcanza una dimensión en la que quizá podamos hacernos por fin merecedores del título de seres humanos con mayúsculas.

Epílogo
Hemos llegado al destino

Escribo este epílogo en el tren, camino a Barcelona, mientras escucho una música maravillosa. No sé si la conocerás. Es el *Adagio para cuerdas, op. 11*, de Samuel Barber.

No hay vez que la oiga, que en mi interior no se dé la emoción. Lo normal es que llore. ¿Qué sensibilidad duerme en el interior de alguien capaz de crear algo semejante? ¿Y qué me dices de este maravilloso poema, reflexión, llámalo como quieras, de Borges?

Si pudiera vivir nuevamente mi vida, trataría de cometer más errores.
No intentaría ser tan perfecto, me relajaría más.
Sería más tonto de lo que he sido, de hecho tomaría muy pocas cosas con seriedad.
Sería menos higiénico. Correría más riesgos, haría más viajes,
contemplaría más atardeceres, subiría más montañas, nadaría más ríos.
Iría a lugares adonde nunca he ido, comería más helados y menos habas,
tendría más problemas reales y menos imaginarios.
Yo fui una de esas personas que vivió sensata y prolíficamente cada minuto de su vida;
claro que tuve momentos de alegría. Pero si pudiera volver atrás,
trataría de tener solamente buenos momentos.
Por si no lo saben, de eso está hecha la vida, solo de momentos; no te pierdas el ahora.
Yo era uno de esos que nunca iban a ninguna parte sin un termómetro,
una bolsa de agua caliente, un paraguas y un paracaídas;
si pudiera volver a vivir, viajaría más liviano. Si pudiera volver a vivir,
comenzaría a andar descalzo a principios de la primavera
y seguiría descalzo hasta concluir el otoño.
Daría más vueltas en calesita,
contemplaría más amaneceres, y jugaría con más niños,
si tuviera otra vez vida por delante...
Pero ya ven, tengo 85 años... y sé que me estoy muriendo

Instantes, Jorge Luis Borges

Yo me quedo muda ante la creación humana, pero todo lo que hemos creado es nada ante la creación de la vida. Inteligencia es vivir sin una sobredosis de ella. Vivir sin tanto control da poder. No saber nada... El círculo no tiene principio ni fin.

Noguchi siempre despedía sus conferencias de la misma manera. Mamine ha adoptado idéntica fórmula.

Y yo haré lo mismo:

Continuaremos...

Datos de interés

Puedes encontrar mucho más en:

Webs:	https://www.bioseitai.com https://www.escuelaseitai.com
Correos:	hola@bioseitai.com hola@escuelaseitai.com
LinkedIn:	https://es.linkedin.com/in/lauralopezcoto
Youtube:	https://www.youtube.com/c/SeitaiInteligenciaVital
Instagram:	https://www.instagram.com/bio_seitai/
Facebook:	https://www.facebook.com/BioSeitai
Podcast Spotify:	https://open.spotify.com/show/3w3hxJr3pybwLp932wKJP1
Podcast Ivoox:	https://go.ivoox.com/sq/1459165

ANEXO

Ilustraciones, prácticas y movimientos

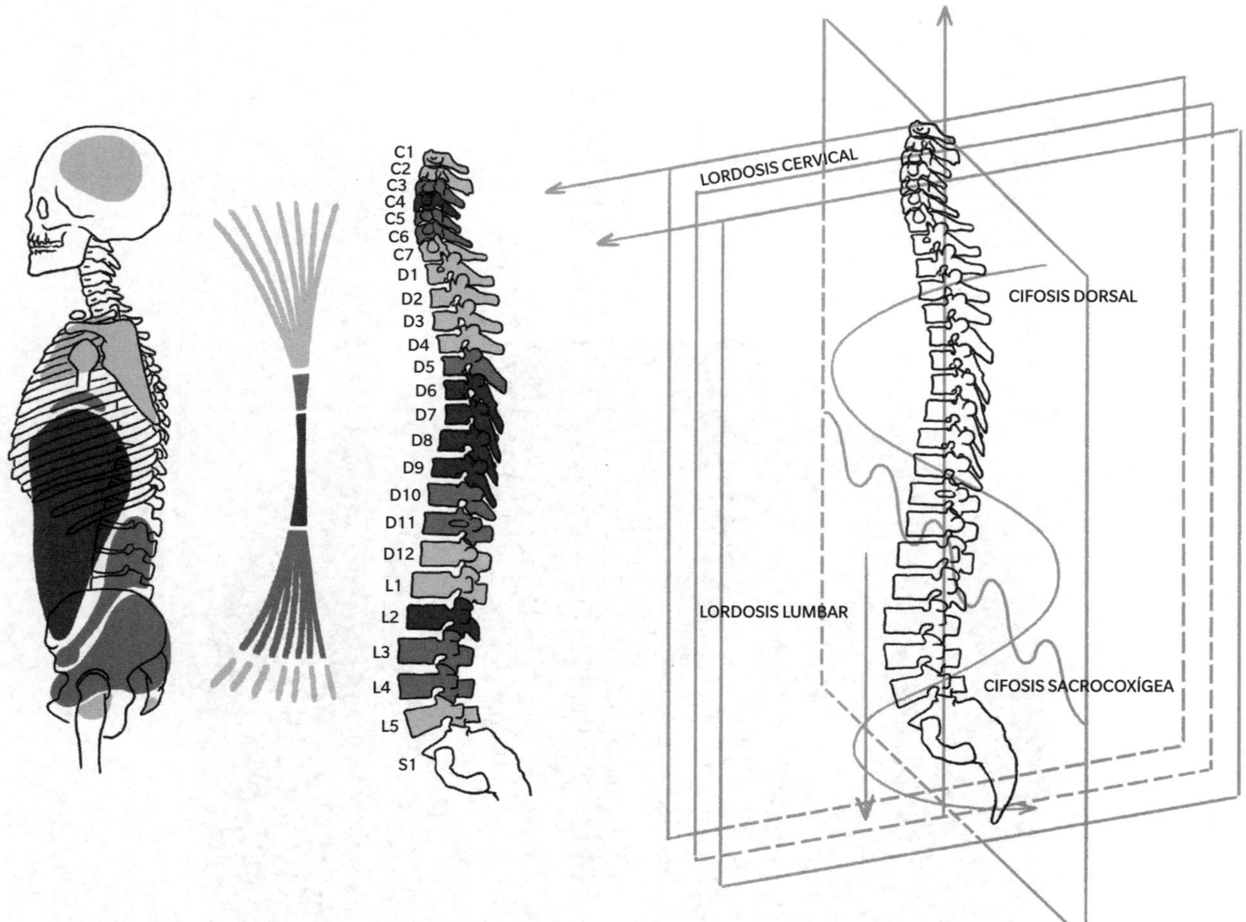

Ilustraciones nº 1 y nº 2: columna vertebral y vértebras según regiones.

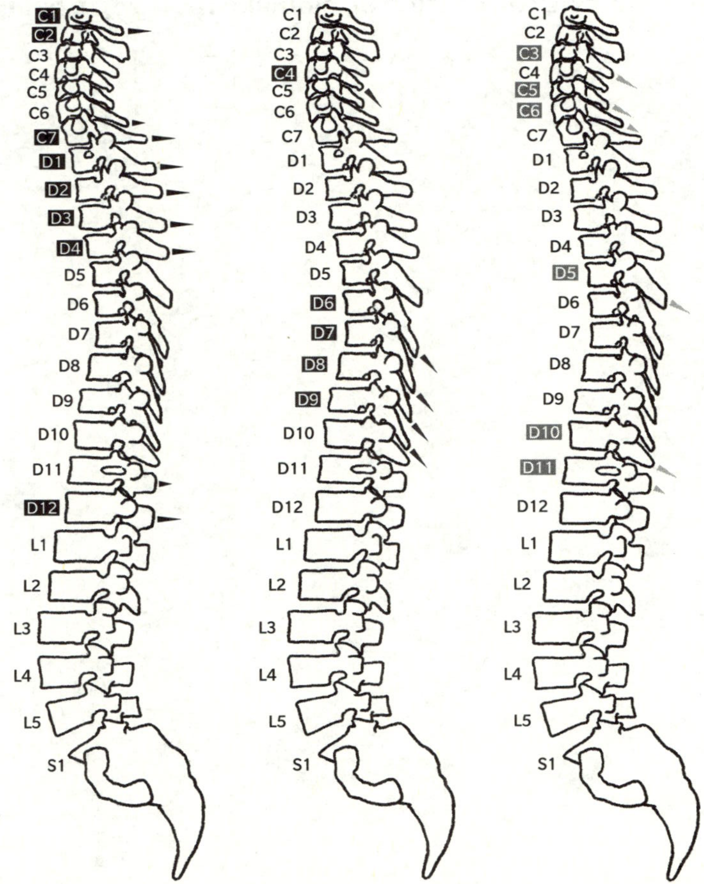

Ilustración nº 3: columnas vertebrales y apófisis espinosas según regiones.

Ilustración nº 4: ejemplo de práctica de katsugen undo.

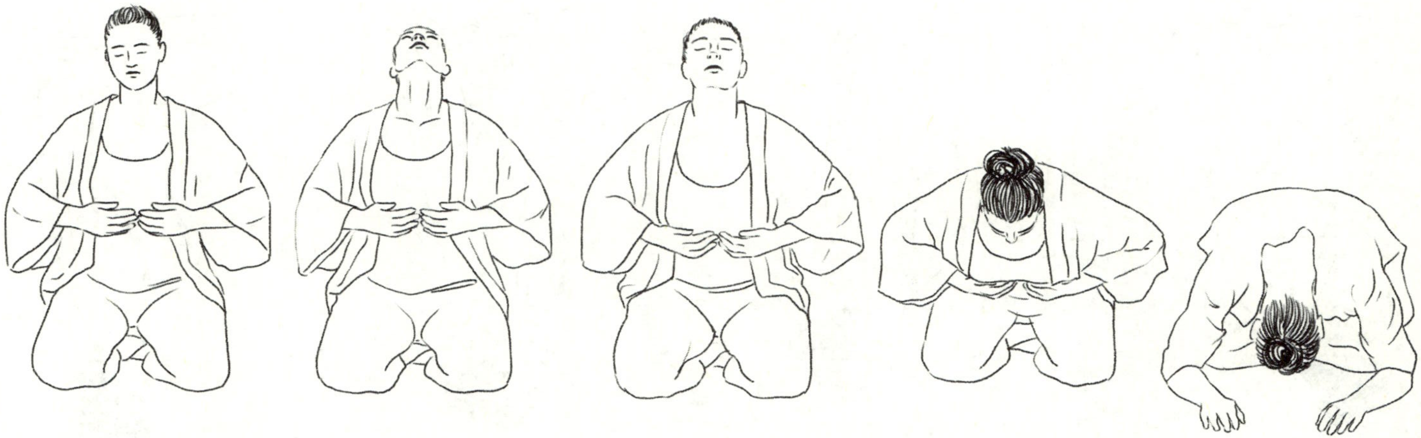

Ilustración nº 5: gesto 1 - vaciado del ki.

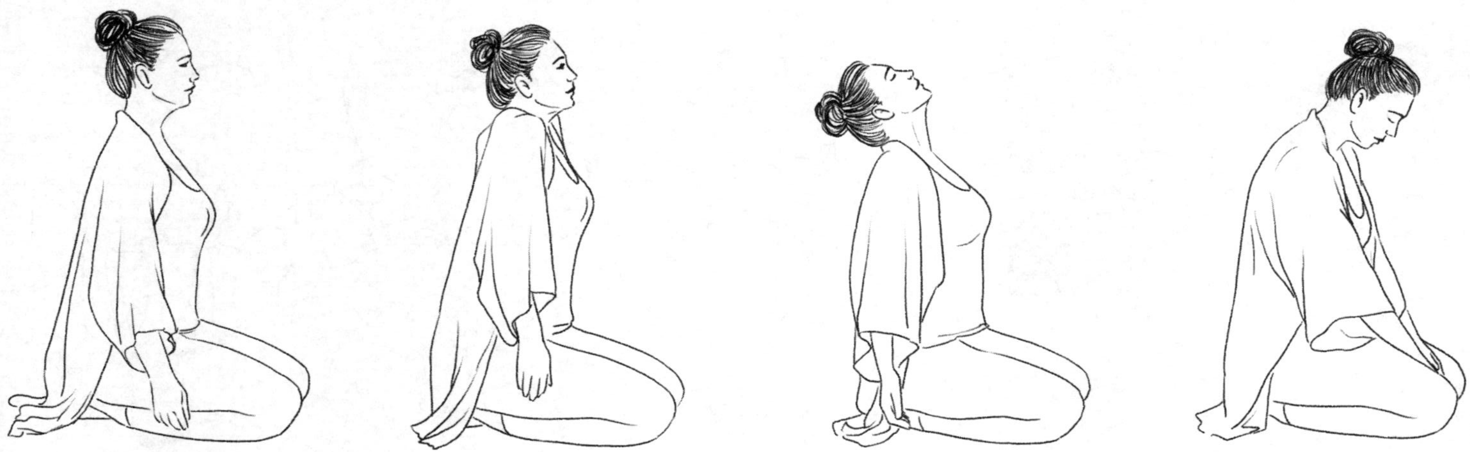

Ilustración nº 6: gesto 2 - hombros.

Ilustración nº 7: gesto 3 - girar cintura.

Ilustración nº 8: gesto 4 - activación del bulbo raquídeo.

Ilustración nº 9: vaivén frontal.

Ilustración nº 10: vaivén frontal.

Ilustración nº 11: vaivén lateral.

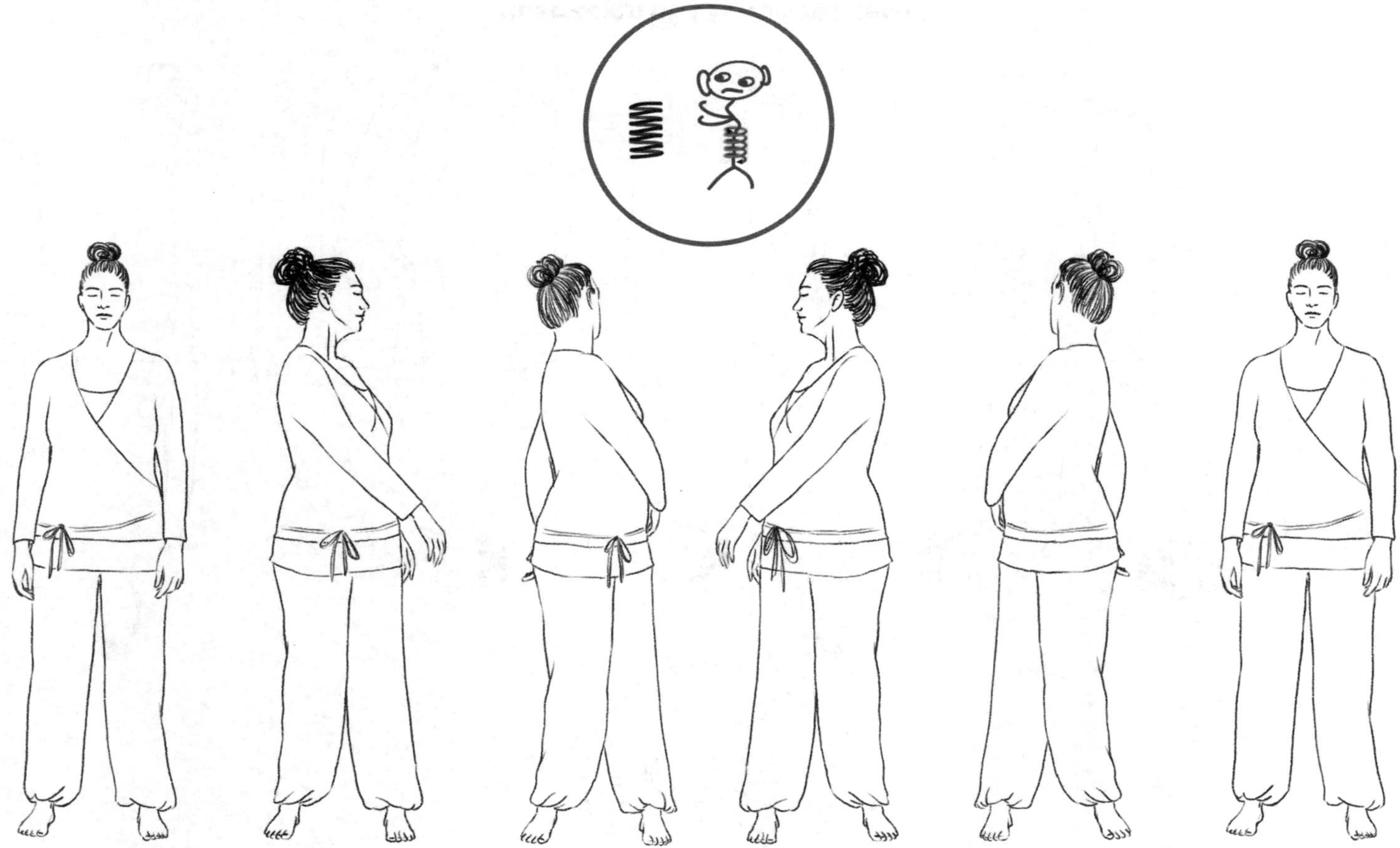

Ilustración nº 12: vaivén rotatorio.

Ilustración nº 13: vaivén central.

Ilustración nº 14: Prácticas de yuki.

Ilustración nº 15: Práctica de gyoki.

Relación de prácticas y movimientos

El Seitai está reconocido por el Ministerio de Educación, Cultura y Ciencia japonés desde 1959 como actividad esencial para la salud pública e incluso se utiliza en algunos hospitales como recurso complementario para ayudar a la recuperación de los pacientes.

Dentro de ti hay una inteligencia vital innata. Solo tienes que configurarla. Disfruta... Conserva tu salud...

¡Y vive!

La información contenida en este libro tiene únicamente carácter educativo. No pretende de ningún modo sustituir el consejo médico profesional.

El lector debería consultar siempre con su profesional de la salud a la hora de decidir la idoneidad de la información para su situación personal, o en el caso de que tenga cualquier duda referente a un problema médico o a un tratamiento.

La lectura de la información contenida en este libro no establece una relación médico-paciente.